**가계부처럼 쉽게 읽는
'5분 재무제표'**

가계부처럼 쉽게 읽는 '5분 재무제표'

발행일	2018년 3월 9월

지은이	박 시 대
펴낸이	손 형 국
펴낸곳	(주)북랩

편집인	선일영	편집	오경진, 권혁신, 최예은, 최승헌
디자인	이현수, 김민하, 한수희, 김윤주, 허지혜	제작	박기성, 황동현, 구성우, 정성배
마케팅	김회란, 박진관, 유한호		
출판등록	2004. 12. 1(제2012-000051호)		
주소	서울시 금천구 가산디지털 1로 168, 우림라이온스밸리 B동 B113, 114호		
홈페이지	www.book.co.kr		
전화번호	(02)2026-5777	팩스	(02)2026-5747

ISBN	979-11-5987-987-6 03320 (종이책) 979-11-5987-988-3 05320 (전자책)

(주)북랩 성공출판의 파트너

북랩 홈페이지와 패밀리 사이트에서 다양한 출판 솔루션을 만나 보세요!

홈페이지 book.co.kr • **블로그** blog.naver.com/essaybook • **원고모집** book@book.co.kr

가계부처럼 쉽게 읽는

5분 재무제표

박시대 지음

북랩 book Lab

책을 펴내면서

재무제표는 기업의 활동내용이 고스란히 기록돼 있는 문서이다. 재무제표는 복식부기라는 세계 공용의 비즈니스언어로 기록되어 있어 어느 국가를 막론하고 재무제표의 내용을 읽을 수 있다. 재무제표는 투자자와 여신기관에 필수적인 자료이다.

20년 전 IMF외환위기로 전 국민이 고통을 받게 된 것은 기업이 재무제표를 분식하여 은행돈을 빌려 흥청망청 쓴 결과 발생한 사건이었다. 당시 부도가 난 기업들의 재무제표를 제대로 읽었다면 예외가 없이 모두가 다 분식회계로 만든 엉터리 재무제표이었음을 알 수 있었다.

재무제표는 가계부를 작성하고 읽을 수 있는 수준이면 누구나 쉽게 엉터리인지 아닌지 알 수 있다. 그럼에도 불구하고 실제 재무제표를 읽는 것이 어려웠던 이유는 복식부기의 원칙을 제대로 이해하지 못했기 때문이다.

가계부인 현금출납장이 복식부기 대차일치 원칙으로 만들어졌다는 것과 가계부와 기업의 복잡한 재무제표는 근본 원리가 같다는 사실을 증명하여 보이겠다.

이후, 가계부의 현금출납장과 같은 형식의 5분 재무제표를 만드는 방법과 읽는 방법을 설명하겠다.

5분 재무제표를 읽는 방법이 충분히 숙지한 다음 1997년 IMF 악몽을 불러온 기업들의 당시 재무제표를 5분 재무제표의 현금출납장으로 읽어보고, 실제로 재무제표가 어떻게 분식되었는가를 확인한다. 특히, IMF사태의 주범인 대우그룹의 재무제표로 최고경영주의 경영철학이 어디에 있었는지도 확인해 보고, 이후 서민에게 하루의 피곤을 씻어 주었던 진로소주가 왜 망하였는지도 재무제표로 알아보겠다.

2003년 SK글로벌 분식회계 사건, 2013년 STX그룹 도산의 실체를 5분 재무제표로 확인해 보았다.

미국 주식시장을 뒤흔든 2001년 엔론사태, 2002년 월드콤사태로 만들어진 사베인즈옥슬리법(Sarbanes-Oxley, SOX)이 미국 주식시장이 세계시장의 중심에 이르게 한 법이라는 사실을 되새겨 보자. 이어서 2015년 5천만 불 매출분식으로 투자자들에게 무려 90%의 손실을 안겨다 준 벨린트(Valeant Pharmaceutical International) 사건을 사례로 설명하였다.

워렌 버핏의 투자지침에 입각하여 국내 가치기업과 미국 최대기업을 서로 벤치마킹하여 실체를 들여다본다. 시장을 주도하고 있는 주가 매력기업의 실상과 현재 위기에 처해 있는 기업들, 분식회계로 수조 원의 사기대출을 받아 온 기업과 현재 분식회계 의혹을 받고 있는 기업의 실상을 재무제표로 확인해 보았다.

가치기업, 주가매력기업, 캐시 카우(Cash Cow)기업, 배당기업, 단기차익타깃기업, 전환사채 주식전환으로 자본잠식을 벗어나 성공한 기업,

분식회계기업, 전술회계기업, 위기에 놓인 기업, 상장폐지 벼랑에 선 기업 순으로 관련기업의 재무제표를 읽어보았다.

투자의 책임은 투자자 본인에게 있다고 한다. 개인투자자들이 시장에서 돈을 잃는 이유는 비대칭정보 때문이라고도 한다. 재무제표에는 기업의 실체가 고스란히 드러나 있다. 워렌 버핏은 말하기를 자신이 무엇을 하고 있는지를 모르는 것이 바로 리스크라고 하였다. 5분 재무제표 읽기로 리스크를 사전에 관리하는 투자자가 되기를 소망한다.

그 실체를 확인한 다음에 본인의 책임 하에 투자하여 2018년에는 성공한 개인투자자들이 대세를 이루는 한 해가 되기를 기원해본다.

차례

PART 2.
사례중심 재무제표 속독법

PART 1.

재무제표 독해법

1

재무제표 읽기가 어려운 이유

자산은 마이너스

단식부기로 만드는 가계부는 누구나 작성할 수 있다. 그러나 가계부도 실제로는 복식부기회계 원칙에 의하여 작성되고 있다. 기업의 재무제표도 실제 가계부와 똑같은 원리로 만들어진다. 가계부는 원천에서 시작하여 지출로 기록된다. 원천은 플러스이고 지출은 마이너스이다.

이제 복식부기의 기초인 차변과 대변을 영문으로 바꾸어 보자. 대변은 Debit 차변은 Credit이다. 차변은 Credit, 플러스(+), 자산을 생성하는 원천(source)이다.

대변은 Debit, 마이너스(-)로 생성된 원천을 사용(use)하여 취득하는 자산이거나 비용이다.

복식부기는 대차일치(Equation)가 불변의 원칙이다. 회계주체에게 대변은 채권이고 차변은 채무이다. 회계주체의 재산은 마이너스 부호인 대변에 기록되어있다. 자산이 손실과 비용의 마이너스와 같다는 사실만 이해하면 재무제표 읽기는 쉬워진다. 재무제표를 제대로 읽기를 원하는 전문가는 이제 차변과 대변을 거꾸로 읽어보라. 구름이 걷히고 태양이 빛나는 세상을 보게 될 것이다.

대차일치(Balance Sheet Equation) 원칙

복식부기의 철학은 대차일치의 원칙이 기본이다. 플러스(+), 마이너스(-)가 동시에 일어나 제로가 되는 것이다. 플러스는 원천, 마이너스는 그 원천을 사용하는 것이다. 그 원천은 차입이 될 수도 있고 자산에서 올 수도 있다. 현금의 원천은 부채이다. 현금을 지불하여 지하철 서비스를 이용하였다면 현금인 자산을 대가로 지불하고 서비스를 취득한 것이다. 자산인 현금이 감소하는 대신에 서비스를 취득한 것이다. 자산의 부호인 마이너스를 줄이기 위하여 플러스 부호로 현금자산을 감소시킨다. 서비스의 사용은 마이너스 부호의 비용이다.

다시 강조하지만 자산의 부호는 (-)이다. 플러스(+)가 와야만 자산을 감소시킬 수 있다. 현금을 지불하고 지하철을 이용하면 가지고 있는 현금은 감소한다. 현금 감소는 (+), 서비스 취득은 (-), 우리가 잘 알고 있는 비용의 부호 (-)와 같다.

현금을 대가로 기본구간을 이용하였다면 현금 지불 (+)1,250, 서비스 취득 (-)1,250이 된다. 신용카드를 사용하여 지하철을 이용하였다면 신용카드 부채 (+)1,250, 서비스 취득 (-)1,250이 된다. 원천이 없는 취득은 존재하지 않는다. 바로 복식부기 불멸의 철학인 (+), (-) 대차일치의 원칙이 작동한다.

현금을 지불하고 주택을 구입하였다면 현금자산이 감소하는 대신에 주택이라는 자산이 늘어난다. 그 현금의 원천이 부채이면 플러스 부호의 부채가 증가하고 대신에 주택이라는 자산이 증가하여 대차가 일치한다.

회계 전문가들조차 어려워하고 혼란스러워한 것이 회계부호 (-)였다. 자산의 부호가 마이너스 부호라는 사실에 충격을 받은 것이다. 부호가 바뀌면 재무제표를 제대로 읽는 것이 불가능하다.

가계부는 복식부기로 만들어진다

가계부는 손익계산서와 단식부기로 만들어져 있어 읽기가 쉽다. 하지만 그 이면에는 복식부기의 대차일치 원칙이 정확하게 지켜져 만들어진다. 가계부는 1종 오류(옳다고 믿은 것이 틀렸을 때에 사용하는 통계용어, Type I Error)가 없는 재무제표이다.

가계부는 손익계산서와 대차대조표를 하나로 묶어서 기록한 현금흐름표이다.

기업의 재무제표도 가정에서 작성하고 있는 가계부와 똑같은 원리로 만들어져 있다. 가계부를 읽는 데에 어려움이 있는 사람은 없다. 가계부의 대차원리가 어떻게 작용하는지 알아보자.

복식부기 대차일치의 원칙을 토대로 부호(+)와 부호(-)로 가계부를 만들어보자.

가계부 만들기 1

수입은 (+), 지출은 (-), 잔액은 현금이 남아 있으면 (+) 부족하면 (-)이다.

급여 수입 1,158,170에서 생활비(226,340), 주거비(261,860) 지출 후 남은 금액이 669,970이다. 669,970 흑자 가계부이다. 수입의 절반보다 적은 금액을 지출하여 현금자산을 보유하고 있다.

적요	지출	수입	잔액
급여		1,158,170	1,158,170
생활비	226,340		931,830
주택운용비	261,860		669,970
투자	780,450		-110,490
무이자 부채		126,850	16,370
차입금		89,860	106,230

여윳돈 669,970으로 780,450을 투자하여 현금 110,490이 부족하다.

이자가 없는 무이자부채 126,850과 차입금 89,860을 조달하여 부족한 현금 110,490을 메우고 106,230을 현금으로 보유하고 있다.

현금자산이 차입금 89,860보다 많다. 수입금액에 비하여 생활비와 주거비와 같은 일상적인 지출이 절반인 것을 감안하면, 이후에도 현금잉여가 지속될 것을 예상할 수 있다. 번 돈 내의 절제된 지출로 만든 여유현금으로 투자하고 있으며 현금유동성을 확보하고 있는 건전한 가계부이다.

복식부기로 대차일치 여부를 확인하여 보자.

체크할 사항

- 현금원천은 자본과 부채이다

- 순수익은 자기자본이다

적요	지출(-)	수입(+)	현금	대차
급여		1,158,170	-1,158,170	0
생활비	-226,340		226,340	0
주택운용비	-261,860		261,860	0
투자	-780,450		780,450	0
무이자 부채		126,850	-126,850	0
차입금		89,860	-89,860	0
합계잔액	-1,268,650	1,374,880	-106,230	0

주 수입인 급여와 부채로 유입된 현금은 총 1,374,880이다. 총지출 현금은 1,268,650이다. 남아있는 현금 106,230으로 대차가 일치한다.

급여로 유입된 현금이 부채로 조달된 현금보다 훨씬 많다. 부채상환에 따른 위험이 전혀 없다. 단식부기로 만들어진 가계부와의 차이는 현금부호이다. 현금계정은 현금지출은 부호가 (+)이고 현금이 늘어나면 (-) 부호가 된다. 현금은 자산이기 때문이다.

가계부를 복식부기로 전환하면서 나타나는 차이는 부호뿐이다.

급여수입 (+)1,158,170과 현금자산 (-)1,158,170. 잔액 0. 대차가 일치한다.

생활비 (-)226,340은 현금자산 (+) 226,340. 잔액 0. 대차가 일치한다.

현금지출(+)로 취득하는 것은 모두 (-)부호다. 그것이 자산이나 아니면 비용이냐의 차이일 뿐 부호는 똑같은 (-)부호이다. (-)부호인 현금자산을 감소시키기 위해서는 (+)가 사용된다. 다른 가계부를 만들어보자.

가계부 만들기 2

적요	지출	수입	잔액
급여		11,000	11,000
생활비	52,510		-41,510
주거비	8,710		-50,220
투자회수		7,790	-42,430
소계	61,220	18,790	-42,430
급여가불		5,120	-37,310
무이자부채		7,250	-30,060
차입금		30,060	0
부채합계		42,430	

수입은 (+), 지출은 (-), 잔액은 현금이 남아 있으면 (+) 부족하면 (-)이다.

급여수입이 11,000이다.

생활비(52,510), 주거비(8,710) 지출 후 (-)50,220 적자다. 수입의 여섯 배를 지출하여 다섯 배의 적자가 발생하였다.

마이너스 50,220을 투자금 회수 7,790원, 가불 5,120, 무이자부채 7,250. 차입 30,600으로 생활고를 일시 모면하고 있다.

생계비를 5천으로 줄여도 흑자가계로 만들어 차입금과 가불 등으로 조달한 빚 총 42,430을 상환하는 데 8년 이상이 걸린다. 이러한 가계가 존재할 수 있었던 배경은 무엇일까? 가장은 어떤 인격을 가진

분일까? 지난 가계부를 보지 않고는 상상하기가 어렵다. 복식부기로 대차를 확인해보자.

가계부를 복식부기로 전환하여도 그 결과는 같다. 수입을 초과하여 지출하면 적자가 된다. 적자를 막기 위하여 가계부를 쓴다. 사례의 가계는 수입이 11,000인데 61,220을 일상생활에 지출하여 적자가 났다.

(+)부호 열의 급여 11,000, 투자회수 7,790, 급여가불 및 차입금으로 61,220을 만들어 지출 61,220을 메웠다.

적요	지출	수입	현금	대차
급여		11,000	-11,000	0
생활비	-52,510		52,510	0
주거비	-8,710		8,710	0
투자회수		7,790	-7,790	0
급여가불		5,120	-5,120	0
무이자부채		7,250	-7,250	0
차입금		30,060	-30,060	0
	-61,220	61,220	0	0

단위를 바꾸어 읽어보자

기업의 재무제표는 거의가 백만 단위로 읽는다.

가계부 만들기 1의 흑자를 백만으로 읽으면 669,970백만, 6690억7천만 원이다. 단위를 억으로 올리면 66조9970억 원이 된다.

가계부 만들기 2를 억 단위로 읽으면 적자가 5조220억 원이다.

단위가 억을 단위로 읽으면 가계부 2의 생계비 지출은 61,220원이 아닌 6조1220억 원이 된다. 무려 5조220억 원의 적자가 발생한 것이다.

재무제표의 숫자는 단위를 높여 암산이 가능하도록 읽어야 읽는 속도를 높일 수 있다.

재무제표 읽는 것은 가계부와 같다

가계부 사례 1은 삼성전자 18년 가계부이다.

사례2는 5조 원 분식회계 사태의 주인공인 대우조선해양이다. 기업 생활비를 비용으로 처리하지 않고 순이익으로 분식하여 왔다.

대우조선해양의 생활비 적자가 5조 원임에도 생존할 수 있었던 것은 국책은행이 밑 빠진 독에 물 붓기 식으로 금융을 지원해 왔기 때문이다. 국책은행의 전문가들이 가계부를 읽는 실력만 있었다면 5조 원에 이르는 분식으로 혈세를 낭비하는 일은 없었을 것이다. 사례2의 기업과 사례1의 기업을 비교해 보면 두 기업의 경영 자세를 쉽게 판단할 수 있다.

기업재무제표를 읽는 순서도 가계부를 읽는 순서와 같다.

5분 재무제표는 항상 맨 오른 쪽에 가계부와 같이 수입에서 지출을 하는 순서로 만들어져 있다.

가계부의 수입이 급여라면 기업의 주 수입은 목적사업에서 번 돈인 순이익이다.

생활비는 매출원천자산과 같고 주거비는 고정자산 지출이다. 매출원천자산은 순이익을 벌기 위하여 매출을 일으키는 과정에서 발생한 일체의 지출이다.

목적사업의 주 수입인 순이익으로 증가한 매출원천자산과 고정자산에 지출하고 잉여현금흐름을 유지하고 있다면 가계부 급여에서 생계비를 지출하고 남은 흑자흐름을 유지하고 있는 것과 같다.

그러나 수입을 초과한 일상지출(매출원천자산, 고정자산 증가)은 적자가 되어 부채로 현금을 조달하지 못하면 도산한다.

기업은 핵심자산인 매출원천자산과 고정자산의 질로 평가하여야 한다. 장기간 순이익을 초과하는 매출원천자산은 질이 나쁜 자산이다. 손실로 처리하지 않고 순이익을 분식한 가공자산이다. 순이익을 초과하는 매출원천자산 또는 순이익이 매출원천자산에 머물고 있다면 그 기업은 매출원천자산으로 순이익을 분식한 가공기업이다.

손익계산서에 나타나는 순이익으로 기업을 분석하면 1종 오류를 범하게 된다. 불량인 기업을 우량기업으로 오판하게 되는 것이다. 매출원천자산에서 증가한 금액이 순이익을 초과하는지를 필히 확인하여야 한다.

하지만 적자원인이 순이익을 초과하는 고정자산에 있다면 새로운 설비 투자에서 온 것으로 일상지출이 아닌 1회성 지출로 인내를 가지고 성과를 지켜봐야 한다. 고정자산을 읽을 때에 염두에 두어야 할 것은 고정자산은 제품을 생산하는 인프라이다. 이를 고정자산(fixed asset)이라고 하는 이유는 고정자산은 기업의 제1호 재산이지만 현금으로 전환되지 못한다. 모두 "감가상각"이라는 명목의 경비로 사라진다. 기업의 목적사업이 실패하면 고정자산은 즉시로 모두 고철덩어리로 전락한다. 부실자산이 된다. (은행의 여신 중에서 고정여신은 이자를 제대로 받지 못하는 여신을 의미하는 데, 기업의 핵심을 고정자산이라고 부르는 것은 그만큼 금융리스크가 높다는 것을 에둘러 표현한 것으로 해석하면 된다.)

고정자산의 가치는 원자재라는 물질을 보다 더 가치가 높은 물질로 전환(Transforming)시키는 데에 있다. 즉, 경제적 이익을 창출하여 빚을 상환하는 엔진역할을 한다. 기업의 생존여부는 고정자산의 효용성에 달려있다고 하여도 과언이 아니다. 고객에 혜택이 돌아가는 제품을 생산하고 이익을 창출하지 못하는 고정자산은 생산의 실체가 없는 마이너스 부호의 손실이다. 과거 IMF시절 손실로 처리하여야 함에도 고정자산으로 분식하여온 대표적인 기업이 ㈜고합과 ㈜현대반도체로 기억된다. 수조 원의 고정자산(고합 2조 원, 현대반도체 6조 원)이 실제로 제품을 생산하지 못하는 장부상의 고정자산이었다. 디폴트 이후, 생산의 실체가 없는 마이너스인 손실이었음이 밝혀졌다.

회계 절차를 보면 원천자산에 지출한 현금은 우선 자산으로 처리되지만 결산하는 과정에서 비용으로 처리한다고 읽으면 오류가 없다. 매출채권은 비용에서 다시 자산으로 둔갑한 것이다.

손익계산서를 대차대조표와 연결하여 읽어야 기업의 실체를 제대로 파악할 수 있다. 즉, 가계부를 읽는 방식과 같이 읽으면 기업의 실체를 쉽게 파악할 수 있다.

대우조선해양 사태는 주식 애널리스트와 금융기관 경영자들이 한결같이 손익계산서의 맨 하단에 있는 순이익과 최상단에 있는 매출 규모로 기업을 평가해 왔기 때문에 발생한 재앙이었다. 복식부기의 플러스 부호를 가지는 매출, 영업이익, 순이익은 모두 실체가 없는 허상이다. 그 실체는 자산이다. 매출은 매출원천자산이 실체이고, 영업이익의 실체도 역시 매출원천자산이다. 순이익의 실체는 매출원천자산과 고정자산이다.

대우조선해양은 손실이나 비용으로 처리해야 하는 매출원천자산을 자산으로 처리하여 오랫동안 순이익을 가공해온 것이다. 매출원천자산은 매일매일 뉴 페이스가 되어야 하는 운명의 자산이다. 실체가 없는 자산으로 만들어진 기업은 실체가 없는 기업이다. 이를 신기루 경영이라고 한다. 신기루 경영의 주체는 바로 최고경영자이다.

미국은 Securities Exchange Act of 1934에 의거하여 최고경영자와 최고재무책임자는 물론 이사회 멤버 전원이 매분기 마다 재무제표에 서명하여 정확성과 신뢰성을 제고하고 있다.

2

5분 재무제표 만들기

5분 재무제표는 가계부와 같이, 재무상태표, 손익계산서 및 현금흐름표 및 자본변동표 4가지를 하나로 묶어 한 눈에 읽도록 만들어 놓은 것이다.

다음에 설명하는 5분 재무제표를 만드는 방법을 숙지하면 누구나 쉽게 만들 수 있다. 자산 100억 원 이상 기업의 재무제표는 금융감독원 공시실에서 온라인으로 다운받을 수 있다.

재무상태표 또는 대차대조표를 영어로 자산부채 잔액표(Balance Sheet)라 한다. 대차대조표는 손익활동의 결과로 나타나는 자산과 부채 자본의 잔액을 표시하여 놓은 것이다. 손익계산서를 분석하면 대차일치의 원칙에 의하여 자산과 부채에 그 결과가 남게 된다.

일본에서 재무제표를 1초 만에 읽는 책을 일본에서 발간하여 수많은 독자를 우롱한 적이 있다. 만약 1초 만에 재무제표를 읽어야 하는 위급한 독자가 있다면 다음과 같이 재무제표를 읽어보라.

1. 먼저 자본에 있는 이익잉여금이 자본에서 차지하는 비중을 메모하거나 암기한 다음,

2. 유동자산에서 현금성자산을 뺀 것(추정 매출원천자산)과 고정자산을 합산한 목적사업자산이 총자산의 변동이 순이익을 초과하는 지를 보면 금방 정상적 기업인지 아니지를 알 수 있다. 만약 매출원천자산이 수년간 순이익을 초과하고 있다면 그 이익은 분식된 것이다.

감독원 공시자료로 나와 있는 대우조선해양의 2014년 연결감사보고서를 1초 만에 읽을 수 있는지 예로 들어 보자.

"총자산이 20조, 자본 4.7조 중에서 이익잉여금이 4조. 유동자산 12조에서 현금자산 0.2조 원을 뺀 11.8조 원이 매출원천자산으로 추정, 고정자산 6조 원을 합하면 목적사업자산이 17.8조, 즉 18조 원이 목적사업자산이다. 순이익은 1천억 원이다. 순이익 1천억 원을 만들기 위하여 무려 18조 원이 투입된 것이다. 자산은 전년도 18조에서 20조로 늘어났다. 늘어난 자산 2조 원은 매출원천자산이다. 2014년 순이익 1천억 원을 만들기 위하여 18조 원을 지출하는 경영진은 이 세상이 없다. 순이익이 분식되었음을 금방 알 수 있다."

총자산은 목적사업자산과 비목적사업자산으로 구성되어 있다. 목적사업자산은 매출을 일으키기 위하여 이루어진 일체의 지출이다.

비목적사업자산은 매출과는 무관한 자산으로서 거의가 투자자산이다. 투자자산은 관계사투자자산과 유가증권투자자산으로 구분한다. 대여금, 이연법인세 자산도 역시 비목적사업자산이다. 플러스 부호인 자본을 마이너스 부호인 비목적사업자산에 플러스, 마이너스를 합산한 결과 플러스가 되면 여유자본이 있는 기업이다. 여유자본이 많을수록 목적사업에 지출된 자산을 지원하게 되어 재무구조가 좋아진다. 반대로 마이너스 부호가 되면 목적사업 보다는 비목적사업에 집중하고 있는 비정상적인 기업이다. 글로벌 신용평가사인 S&P, Moody's는 소위 자본구조(Capital Structure) 평가에 장기차입금을 자본에 합산하고 있다. 부채의 장단기 분석은 ALM(Asset & Liability Management) 리스크관리 항목이지 여유자본과는 무관하다.

목적사업자산은 매출원천자산과 고정자산

사례로 든 삼성전자 2010년 재무제표로 5분 재무제의 매출원천자산과 고정자산을 추려서 목적사업자산을 구해보자.

매출원천자산은 회색 부분 계정의 합이다. 매출원천자산에 고정(유형)자산을 합한 것이 목적사업자산이다. 유형자산이 5분 재무제표에서 고정자산이라는 명칭을 사용하는 이유는 고정자산이 금융기관 여신분류에 사용하는 고정여신과 의미와 같기 때문이다. 선진금융기관에서는 Fixed Asset이라 한다. 고정자산은 한번 지출이 되면 되돌릴 수 없는 위험자산이다.

추가 고정자산의 투자는 번 돈에서 이루어져야 한다. 이것이 정설이다. 신규 고정자산에 투자하기 위하여 차주의 요청이 있을 때에 금융기관은 이를 Fixed Asset이라는 개념에서 여신을 심사한다.

목적사업자산은 일상적 지출

삼성전자는 2010년 순이익 13조를 시현하는 데에 매출원천자산이 26조로 전년도 20조에서 6조 원이 추가로 지출되었다. 일상지출 후 남은 현금이 6조 원이다. 남은 현금으로 고정자산 추가 취득에 6조 원을 지출하고 있다. 번 돈 내에서 위험자산인 고정자산에 지출하였다.

삼성전자	제41기: 2009년 12월 31일			제42기: 2010년 12월 31일	
(10억 원)	감사보고서		5분 재무제표		5분 재무제표
	순이익			13,236	
	포괄이익			859	
매출원천자산	4. 매출채권	9,871	(19,798)	13,378	(25,738)
	5. 미수금	1,387		1,609	
	6. 선급금	1,332		905	
	7. 선급비용	772		1,097	
	8. 재고자산	3,634		4,751	
	9. 기타유동자산	460		587	
고정자산	3. 유형자산	32,307	(32,307)	38,709	(38,709)
	6. 장기선급비용	2,343		3,412	
	목적사업자산		(52,105)		(64,447)
자산총계		89,609		107,179	
부채총계		22,855		27,212	
자본총계		66,754		79,967	

2009년 목적사업자산 52조 원은 자본 67조 원 내에 이루어지고 있다. 2010년 목적사업자산은 12조 원이 증가한 64조 원이다. 자본은 80조 원으로 전년에 비하여 12조 원이 증가하였다. 자산총계를 보면 2009년 90조에서 2010년 107조 원으로 17조 원이 증가하였다. 목적

사업자산의 증가 12조 원보다 5조 원이 많다. 총자산에서 목적사업자산을 차감한 나머지가 비목적사업자산이다.

비목적사업자산에서 5조 원이 증가하였다. 총부채는 전년보다 5조 원이 증가하였다. 부채로 조달한 5조 원을 비목적사업자산 취득에 사용한 것이다.

증가한 비목적사업자산과 이를 지원한 부채가 차입에서 온 것인지, 아니면 사업거래부채에 자연 증가한 부채인지 찾아서 읽으면 재무리스크를 파악할 수 있다.

비목적사업자산 구하기

삼성전자		제41기: 2009년		제42기:2010년	
(10억 원)	감사보고서		5분 재무제표		5분 재무제표
	① 목적사업자산		(52,105)		(64,447)
현금자산	1. 현금및현금성자산	2,142	(12,443)	1,826	(13,916)
	2. 단기금융상품	8,197		10,931	
	3. 단기매도가능 금융자산	2,104		1,159	
비목자산	1. 장기매도가능 금융자산	1,309	(1,309)	2,691	(2,691)
관계사 투자	2. 종속, 관계회사 투자	22,047	(22,047)	22,631	(22,631)
고정자산	3. 유형자산				
무형자산	4. 무형자산	1,020	(1,020)	2,439	(2,439)
	5. 보증금	257	(685)	281	(1,054)
	6. 장기선급비용	2,343		3,412	
	7. 기타비유동자산	429		773	
	② 비목적사업자산		(37,504)		(42,732)
자본	자본총계		66,754		79,967

재무상태		(22,855)		(27,212)
자산총계	89,609		107,179	
부채총계	22,855		27,212	
차입금	3,680		4,508	

현금자산을 유동성(Liquidity)이라 한다. 유동성이 고갈하면 기업이 도산한다. 유동성은 리스크가 없는 현금이다. 현금을 금융기관에 '맡겨 운용하는 금융상품자산과 단기매도가능 금융자산은 구성된 포트폴리오에 따라 리스크가 상존한다. 그러나 단기에 현금으로 대체할 수 있는 자산이다. 현금자산은 비목적사업자산의 범주에 들어가지만 결제기능을 가진 자산이어서 따로 구분하여 표시한다.

종속, 관계회사 투자 자산은 순이익과 관련이 있으나 목적사업과는 거리가 있어 비목적사업으로 분류한다.

무형자산은 매출제품과 관련된 기술개발비와 기업인수에 지급한 프리미엄을 포함한다. 선진금융기관에서는 무형자산을 자본과 상계한다. 상계한 자본을 가치자본(Net Worth)이라 한다. 월드콤(WorldCom), Valeant의 위기 진원지가 모두 무형자산이었다.

2002년 월드콤이 현금흐름 분석과 더불어 483억 불의 영업권을 일시에 손실로 처리하면서 미국 금융시장에 대혼란을 야기한 적이 있다. Valeant는 수많은 기업인수과정에 지급한 프리미엄, 즉 영업권을 장기채로 조달하였다가 2015년 분식회계에 의한 주식폭락과 신용등급 하락으로 투자자에게 90%의 손실을 안겨준 것이 무형자산이었다. 무형자산의 가치를 평가하는 것은 예술품을 평가하는 것과 같이 어렵다.

　장기매도자산, 대여금, 보증금, 이연법인세자산 등으로 구성되는 기타수취채권 또는 기타비유동자산은 모두 기타목적사업자산으로 분류한다.

　총자산에서 목적사업자산을 제하고 남은 것이 비목적사업자산이다. 현금자산은 총자산에서 목적사업자산과 비목적사업자산을 차감하고 남은 것이다. 5분 재무제표는 이를 비목적사업자산에서 따로 분리하여 현금자산이 어디에서 온 것인지 쉽게 읽을 수 있도록 하였다.

삼성전자	제41기: 2009년 12월 31일		제42기: 2010년 12월 31일	
(10억 원)		5분 재무제표		5분 재무제표
	순이익			13,236
	① 목적사업자산=목적사업재무포지션	(52,105)		(64,447)
	포괄이익			859
	② 비목적사업자산	(37,504)		(42,732)
	③ 자본총계	66,754		79,967
①, ②	비목사업재무포지션= 여유(부족)자본	29,250		37,236
재무 상태 부채	①, ②, ③	(22,855)		(27,212)
	부채총계	22,855		27,212
	*차입금	3,680		828

　순이익은 목적사업자산과 함께 보면서 수익률을 암산하면서 읽을 수 있도록 하고, 포괄손익은 비목적사업자산과 함께 볼 수 있도록 한다.

삼성전자 42기에 순이익 13조2360억 원은 목적사업자산 64조4470억 원에서 이룩한 성과이다. 전년에 비하여 목적사업자산이 12조3420억 원 증가되었다. 12조3억 원을 지출하여 13조2천억 원을 벌었다. 원천매출자산이나 고정자산이 증가한 결과이다. 증가분을 찾아서 보고 목적사업자산의 질을 평가하면 된다.

포괄손익은 일차적으로 비목적사업자산에서 발생한다. 투자한 유가증권평가이익을 비롯하여 목적사업과 관련이 없는 손익이다.

5분 재무제표는 현금자산을 비목적사업자산에서 분리하여 별도로 읽는다. 현금자산을 분리함으로써 현금의 원천을 보다 쉽게 알 수 있다.

▲ 현금자산을 비목적사업자산에서 분리한 재무상태

	비목적사업자산		(37,504)	(42,732)
	현금성자산	(12,443)		(13,916)
	현금자산 차감후 비목적사업자산		(25,061)	(28,815)
자본총계			66,754	79,967
	현금차감후비목적사업재무포지션		41,694	51,152
	목적사업재무포지션		(52,105)	(64,447)
	현금자산		(12,443)	(13,916)
재무상태	[목적사업+비목적사업 재무포지션]		(22,855)	(27,212)
부채	부채총계		22,855	27,212
	*차입금		3,680	828

현금자산을 따로 떼어 놓아도 최종 재무상태에는 영향이 없다. 2009년 현금자산 12조 원이 주로 거래부채에서 온 것임을 한 눈에 볼 수 있다. 부채의 절반을 현금으로 보유하고 있고, 차입금 3배 이상의 현금으로 가지고 있다. 2010년에는 차입금이 감소하여 차입금 14

배 이상의 현금을 보유하고 있다.

전년 비해 증가한 비목적사업자산 5조 원의 실체

현금자산은 2009년 12.4조 원에서 2010년 13.9조 원으로 1.5조 원이 증가, 장기매도가능 금융자산은 1.9조 원에서 3.7조 원으로 1.8조 원이 증가, 무형자산은 1조 원에서 2.4조 원으로 1.4조 원이 증가하였다.

관계사투자는 22조 원에서 22.6조 원으로 6천억 원이 증가, 5조 원으로 취득한 자산은 현금자산, 장기매도금융자산 및 무형자산이다. 증가한 부채는 거의 사업부채에서 왔다. 매출이 증가하면서 발생하는 자연 부채인 사업부채에서 온 돈을 현금자산과 유가증권 및 무형자산의 취득에 사용하였다.

2010년 대차대조표에 의하면 현금자산의 잔액 14조 원은 차입금 총부채 27조 원의 51%이다. 유가증권을 포함하면 61%에 이른다.

삼성전자 2010년 14조 원의 현금은 사업부채에서 온 것임을 확인하였다. 이익잉여금을 쌓아두고 투자를 하지 않는다는 시민단체들의 주장과는 상반되는 장면이다.

자본에서 비목적사업자산을 차감한 비목적사업 재무상태(Financial Position)로 여유자본으로 자본구조를 평가한다

기업의 재무구조를 금방 파악하는 방법이 바로 여유자본을 확인하는 것이다. 자본의 여유가 있느냐 없느냐로 기업을 평가하여도 된다. 캐피탈 버퍼(Capital Buffer)는 기업에 위기가 왔을 때에 완충작용을 하는 중요한 재무지표이다.

자본은 크게 납입자본인 자본금과 자본잉여(Capital Reserve)금, 이익잉여금(Revenue Reserve)으로 구분한다. 주식발행 초과금 또는 자산재평가 차액은 자본잉여금이다. 자본잉여금은 순이익과 관련이 없는 자본활동에서 온 것이다. 감자차익도 여기에 해당된다. 목적사업에서 번 돈으로 배당금을 지불하고 남은 돈은 모두 이익잉여금에 남아 있다.

자본을 비목적사업자산과 상계하여 자본 여유를 계산하는 이유는 목적사업과 관련이 없는 자산이기 때문이다. 비목적사업의 자산을 취득하면서 자본을 낭비하여 여유가 없는 기업은 목적사업에 생존할 자신이 없어 요행을 바라는 기업이다. 이런 기업은 대부분 도산으로 기업의 종말을 고한다. 비목적사업자산을 지원한 기관의 종말도 이와 같다.

비목적사업자산이 자본을 초과하면 자본의 여유가 없어 차입에 의존한다. 간단히 재무구조의 질이 극히 나쁜 기업이다. 반대로 자본이 비목적사업자산을 초과하여 자본여유가 있는 기업은 재무구조가 좋은 기업이다.

여유자본을 보유하고 있어야 목적사업자산에서 발생하는 손실 또는 부실자산을 흡수하여 생존할 수 있다. 재무상태표는 자본구조(Capital Structure)를 먼저 파악하고 읽어야 한다. 5분 재무제표에서 비목적사업포지션이라는 명칭을 사용하고 있다.

비목적사업자산은 이익잉여금으로 투자하여야 한다

목적사업의 성공이 연속되어 이익잉여금으로 주로 구성된 자본이 목적사업자산을 충분히 충당하고 잉여상태가 계속되면 현금자산에 의한 재무리스크를 방지하기 위하여 잉여현금으로 사업을 확장한다. 목적사업에 성공한 지속가능한 경영을 5년 이상 지속하여온 기업은 비목적사업에서도 대부분 성공한다.

자본 총액에는 당기순이익이 이익잉여금 속에 들어있다. 올해 자본 총액에서 전년도 자본총액을 차감하면 올해 당기순이익과 포괄손익으로 변동되어 있어야 한다. 만약 배당금을 지불하거나 기타 자사주 매입 등이 있었다면 차이가 발생한다.

그러므로 올해 자본총액에서 당기순이익과 포괄손익을 차감하여 전년도 자본총액을 차감하면 자본변동에 따른 금액을 알 수 있다. 자본변동금액으로도 경영철학을 엿볼 수 있다.

자본변동금액은 기업성과를 현금흐름으로 분석할 수 있게 하는 핵심이다. 〈5분 재무제표〉의 성과지표인 현금흐름은 자본변동과 함께 기업의 성과를 가계부처럼 빠르고 정확하게 읽을 수 있도록 고안되었다. 감사보고서에서 접하는 현금흐름표는 현금잔액의 변동을 확인하는 것에 불과하다. 〈5분 재무제표〉는 현금자산의 변동요인을 쉽게 파악할 수 있다. 현금 원천은 목적사업의 FCF, 유상증자(자본변동) 아니면 부채이다.

앞서 설명한 대로 완성하여 놓은 삼성전자 2010년 5분 재무제표이다. 2010년 성과를 나타낸 것이 가계부 현금출납장이다. 수입과 지출을 일목요연하게 표시하여 쉽게 성과를 현금흐름으로 읽을 수 있다.

5분 재무제표

(단위: 10억)	FY09	FY10	FY10 성과
순이익	6,208	13,236	13,236
매출원천자산	(19,798)	(25,738)	(5,940)
고정자산	(32,307)	(38,709)	(6,402)
목적사업자산 ①	(52,105)	(64,447)	**894**
포괄손익	89	859	859
무형자산	(1,020)	(2,439)	(1,419)
관계사투자	(22,047)	(22,631)	(585)
비목적사업자산	(1,994)	(3,745)	(1,751)
자본	66,754	79,967	**(883)**
비목적사업 순자산 ②	41,694	51,152	**(3,779)**
사업재무상태 ①, ②	(10,411)	**(13,296)**	**(2,884)**
현금 ③	(12,443)	(13,916)	**(1,473)**
재무상태 [①+②+③]	(22,855)	(27,212)	**(4,357)**
부채	22,855	27,212	**4,357**
차입금	3,680	4,508	828
자산	(89,609)	(107,179)	**(17,570)**

비목적사업자산과 자본변동 수치 구하기

[비목적사업자산]: (자산)-(목적사업자산+무형자산+관계사투자+현금)
[자본변동]: FY10 자본 - FY16 자본 - (순이익+포괄손익)
      (883)=79967-66754-[13236+859]

3

5분 재무제표 읽기

5분 재무제표로 만든 현금 출납장 가계부를 읽어보자.

삼성전자 2010년 가계부 단위: 원

	지출	수입	잔액
수입		13,236,461,000,000	13,236,461,000,000
생활비	5,940,143,000,000		7,296,318,000,000
주거비	6,402,078,000,000		894,240,000,000
투자	3,778,511,000,000		(2,884,271,000,000)
사업부채		3,529,396,000,000	645,125,000,000
차입금		827,551,000,000	1,472,676,000,000

수입 13,236에서 생활비 5,940, 주거비 6,402 지출 후 894가 흑자이다. 투자에 3,779을 집행한 결과 2,884 현금 부족이 발생하였다. 거래 부채 3,529와 차입금 827로 현금을 유입시켜 현금잔액이 1,473가 되었다.

십억 단위로 읽으면 순이익 13조2365억 원으로 매출원천자산에 5조9401억 원, 고정자산의 증가에 6조4020억을 지출하여 8942억 원의 FCF 또는 이익잉여현금흐름의 흑자를 기록하였다. 투자에 3조

7785억 원을 사용하여 2조8843억 원이 부족하여 사업부채로 3조 5294억 원, 차입금으로 8276억 원을 조달한 결과, 현금 1조4727억 원이 증가하였다.

현금흐름 성과

순이익 성과 13조를 시현하기 위하여 매출원천자산에 6조, 고정자산 6조 합하여 12조가 지출되었다. 그 결과 이익잉여현금흐름은 또는 FCF는 약 1조 원의 잉여현금흐름을 시현하였다. FCF 1조로 비목적사업 경영에 4조 원을 순지출하여 3조 원이 초과 지출된 가운데 현금자산 1조 원을 포함, 4조 원의 부정적인 재무흐름이 발생하여 부채가 4조 원 증가하였다. 부채 중 차입금은 0.8조 원이 증가하였다.

재무상태

자본 79.9조에서 비목적사업자산에 지출 후의 여유자본은 51.1조이다. 여유자본(Capital Cushion 혹은 Buffer) 51.1조 원으로 목적사업자산 64.4조 원에 지원한 결과, (-)13.2조 원이 부족하다. 현금자산 (-)13.9조 원을 더하여 (-)27.2조를 부채 27.2조로 조달하였다. 사업 재무상태는 전년보다 2.8조 원이 악화되었고 유동성 확보 1.5조 원을 포함하여 부채는 전년보다 4.3조 원이 증가하였다. 증가하는 부채는 거의 자연 증가한 사업부채이다.

재무상태 평가: 목적사업리스크 자산의 79% 이상을 여유자본으로 충당하고 있다. 재무구조가 양호하다.

현금 유동성 평가: 현금 13.9조 원이 주로 사업부채에서 왔다. 차입금은 4.5조 원이다. 차입금 상환에 따른 리스크는 없다.

분석 포인트: 늘어난 목적사업자산의 리스크 자산의 질은 과거 재무성과를 2년, 3년, 4년, 5년으로 기간을 늘려서 FCF의 적자 여부를 확인하면 된다.

경영진 의사결정에 의하여 집행되는 비목적사업 초과 지출 3.7조 원은 배당금 등 주주이익환원에 0.8조 원 FCF전액을 주주에게 돌려주고, 관계사 확장에 0.5조, 무형자산에 1.4조, 기타비목적사업에 1.7조 원이 지출되었다. 기타비목적사업자산 증가분 1.7조 원 중 1.3조 원이 투자유가증권이다.

재무상태표에 의하면 현금잔액은 13,916이고 부채는 27,211, 차입잔액은 4,507이다. 차입금 대비 약 4배의 현금을 보유하고 있다. 부채의 절반을 현금으로 보유하고 있다. 디폴트 리스크는 전무하다.

2010년 이후, 2017년 3분기 현재까지 약 18년의 성과는 다음과 같다. 매출, 영업이익, 순이익은 누적이다. 자산, 자본, 부채는 2017년 3분기 잔액에서 2009년 잔액을 차감한 것이다.

읽기 사례

■ 5분 재무제표: 삼성전자 별도재무제표 10년 성과(2010년부터 2017년 9월까지)

단위: 10억			누적성과
삼성전자별도	FY9	3Q-17	FY10~FY 3Q 17
매출	89,773	119,784	1,059,405
영업이익	7,387	23,598	126,962
순이익	6,208	18,795	115,817
매출원천자산	(19,798)	(42,432)	(22,634)
고정자산	(32,307)	(58,493)	(26,186)
목적사업 FCF	(52,105)	(100,926)	66,997
포괄(손)익	89	0	(965)
무형자산	(1,020)	(2,688)	(1,668)
관계사투자	(22,047)	(55,689)	(33,642)
비목적사업	(1,994)	(6,441)	(4,447)
자본	66,754	144,283	(37,323)
비목적 경영 NFCF	41,694	79,466	(78,045)
사업현금흐름	(10,411)	(21,460)	(11,049)
현금	(12,443)	(23,066)	(10,623)
재무흐름	(22,855)	(44,526)	(21,671)
총부채	22,855	44,526	21,671
차입금	3,680	12,667	8,986
차입금/총부채	16%	28%	41%
현금/차입금	338%	182%	118%
총자산	(89,609)	(188,809)	(99,200)

2017년 9월 동안 115.8조를 벌어 일상지출(매출원천자산, 고정자산)에 48.7조를 사용하고 66.9조를 남겼다. 경영자가 운용할 수 있는 FCF 는 66.9조이다. 번 돈을 주주에게 환원하는 데(자사주 매입, 배당)에 37.2

조를 사용하고 포괄손실 0.9조, 관계사투자 33.6조, 무형자산 1.6조, 비목적사업자산 4.4조, 총 78조를 지출하여 (-)78조 원의 비목적사업 현금흐름을 기록하였다. FCF 흑자 67조 원에서 비목적사업에 78조 원을 지출한 후, 사업현금흐름은 (-)11조 원이다.

비목적사업 지출에서 가장 큰 항목은 배당금 및 주주환원으로 37조, 그리고 관계사 투자에 34조를 지출하였다. 관계사투자의 성과는 연결재무제표로 확인하면 된다.

현금자산 10.6조를 포함하여 부채가 21.6조 늘어났다. 이중에서 차입금은 8.9조 늘었다.

2017년 3분기 재무상태를 보면 목적사업자산은 100.9조이고 79.4조 자본여유가 있다. 여유자본으로 목적사업자산을 지원하고 부족한 21.5조 원을 부채로 충당하고 있다. 목적사업자산을 대부분 사업부채로 충당하고 있다. 현금자산 23조 원을 포함한 총부채는 44.5조원이다. 부채에서 차입금 12.6조 원이 차지하는 비중은 28%이다.

삼성전자 별도재무제표 맨 오른쪽의 현금흐름을 가계부로 읽어보자.

삼성전자 18년 가계부			단위: 원
	지출	수입	잔액
수입		115,817,000,000,000	115,817,000,000,000
생활비	22,634,000,000,000		93,183,000,000,000
주거비	26,186,000,000,000		66,997,000,000,000
투자	78,045,000,000,000		(11,048,000,000,000)
사업부채		12,685,000,000,000	1,637,000,000,000
차입금		8,986,187,000,000	10,623,187,000,000

약 18년 동안 수입 115,817, 생활비 22,634, 주거비 26,186을 지출하여 남은 돈은 66,997이다. 투자활동에 78,045를 지출하여 11,048이 초과 지출되었다.

사업부채 12,685와 차입금 8,986으로 현금을 유입시켜 은행잔고는 10,623이 늘었다. 수입의 절반을 생계비로 사용하고 남긴 잉여현금은 투자에 활용하고 있다.

단위를 최대한 축소하여 읽으면 재무제표 읽기가 쉬워진다. 조 단위로 읽어보자.

수입 116조로 지출 49조, 남은 돈 67조에서 79조를 투자하여 부족한 현금 11조 원을 자연 증가한 사업부채 13조와 차입금 9조로 충당한 결과 11조 원을 현금자산에 추가하고 있다.

■ 5분 재무제표: 삼성전자 연결재무제표 18년 성과

연결재무제표로 투자성과를 확인하여 보자.

종속기업을 포함한 연결재무제표의 FCF는 78.1조 원이다. 투자활동에 69.7조 원을 지출하여 8.4조 원의 여유현금에 사업부채로 주로 구성(차입비중 20%)된 46.7조 원을 더하여 55.1조 원의 현금을 확보하고 있다.

연결로 본 삼성전자는 번 돈보다 투자를 줄여 현금유동성을 확보하는 보수적인 경영을 시현하고 있다. 55조 중에서 부채로 온 돈이 47조 원(차입금 9조)이다.

관계사투자 34조 원의 성과는 FCF 78조로 별도재무제표 FCF 67조

보다 11조 원이 많은 성과를 이룩하고 있다.

이러한 힘겨운 성과에도 불구하고 삼성재벌이 현금을 쌓아두고 투자하지 않는다고 시민단체와 일부언론은 주장하고 있다. 현금 76조원은 부채에서 온 것이다. 과거 조선업 호황기에 업체들이 사업부채 선수금으로 설비확장에 사용하다 모두 도산하였다. 이자 없는 사업부채도 장단기 만기에 맞는 자산으로 보유하여 자금 불일치에 따른 리스크를 선제적으로 관리하여야 한다.

삼성전자는 만기가 없는 현금자산 76조 원으로 부채 86조 원에 대비하고 있다.

삼성전자			단위: 십억
FY	FY09	3Q.FY17	누적성과 (FY10~FY 3Q 17)
매출	136,324	173,597	1,531,751
영업이익	10,980	38,498	217,277
순이익	9,761	29,932	179,337
매출원천자산	(32,663)	(68,369)	(35,705)
고정자산	(43,560)	(109,006)	(65,446)
목적사업/FCF	(76,224)	(177,375)	78,186
포괄(손)익	(662)	(96)	(2,491)
무형자산	(1,256)	(15,376)	(14,120)
비목적사업자산	(6,482)	(21,880)	(15,398)
관계사 지분투자	(7,335)	(5,914)	1,420
자본	73,045	210,691	(39,200)
비목적사업/NFCF	57,973	167,425	(69,789)
순현금흐름 [①+②]	(18,251)	(9,950)	8,397
현금(취득)처분	(20,883)	(76,033)	(55,150)
재무상태/변동	(39,135)	(85,983)	(46,753)
부채변동	39,135	85,887	46,753
차입금변동	9,426	18,562	9,136

차입금/부채	24%	22%	20%
현금/차입금	222%	410%	604%
총자산변동	(112,180)	(296,579)	(184,399)

■ 5분 재무제표: 대우조선해양 연결 4년

조선업의 리더로 군림하여 왔던 대우조선해양의 최근 4년간 성과를 5분 재무제표로 다시 읽어보자.

대우조선해양㈜			
단위:10억	FY10	FY14	FY10~14
매출	12,989	16,786	60,053
영업이익	1,168	471	3,656
순이익	776	34	1,100
매출원천자산	(6,570)	(11,820)	(5,251)
고정자산	(5,362)	(6,233)	(871)
목적사업/ FCF	(11,931)	(18,053)	(5,022)
포괄(손)익	89	10	(50)
무형자산	(145)	(121)	24
비목적사업자산	(2,954)	(1,853)	1,100
관계사지분투자	(103)	(85)	18
자본	4,027	4,764	(313)
비목적사업/ NFCF	824	2,704	779
순현금흐름 [①+②]	(11,107)	(15,350)	(4,243)
현금(취득)처분	(689)	(176)	512
재무상태/변동	(11,796)	(15,526)	(3,730)
부채변동	11,796	15,526	3,730
차입금변동	3,969	7,935	3,966
차입금/부채	34%	51%	106%

현금/차입금	17%	2%	-13%
총자산변동	(15,823)	(20,290)	(4,467)

현금출납부로 본 대우조선해양은 순이익 1.1조 원에도 불구하고 일상적인 지출, 특히 생활비와 같은 성격인 매출원천자산에 무려 5.251조 원이 지출되었다. 5.022조 원의 적자가 발생하였다. 4년에 걸쳐 과도한 매출원천자산의 지출로 현금적자를 기록하고 있다. 대우조선해양은 4년 전 부도가 예고되어 있었다.

전형적인 매출원천자산 분석으로 만든 순이익이다. 허구자산에는 만기가 없다. 손실이 만기이다. 과거 빚으로 투자한 비목적사업자산을 회수하여 1.1조 원의 현금을 조달하고 있으나 과부족이다. 목적사업적자에도 빚으로 만든 돈으로 투자에 활용하여 왔다. 엉터리 경영의 표상이다.

목적사업에서 적자가 발생하면 유동성 위기는 지속된다. 부채로 조달한 현금이 고갈되고 있다. 추가 차입이 어려워지면서 나타나는 전형적인 현상이다. 2014년 현재 차입금 대비 현금자산의 비중은 2%이다. 4년 동안 늘어난 차입금 3.966조 원으로 현금적자를 충당하여 오다 막장에 이르고 있다.

총자산 20조 원에서 부실매출원천자산 5조 원을 손실로 처리하게 되면 장부상의 가공자본 4.764조 원은 모두 사라진다. 자본잠식으로 남은 자산 15조 원은 부채와 같아진다. 주식에 투자한 돈은 허공으로 사라진다.

FCF (-)5조 원에서 추가분석으로 순이익을 위장하려면 매출원천자산 지출에 매년 1조 원 이상 차입을 하여야 주식시장을 속이면서 부실경영을 계속할 수 있다.

대우조선해양에 지원해온 금융기관들은 모두 손익계산서의 영업이익 또는 순이익으로 상환능력을 평가하여 왔다.

조선업이나 건설업 장부에는 매출원천자산에 '미청구공사'라는 항목이 있다. 미청구공사는 매출채권과 같은 상대계정이 매출이다. 하지만 미청구공사는 거래처 인수증이 없는 매출이다. 매출채권과는 완전히 다른 채권이다. 매출채권은 제품을 거래처에 납품하여 제품이 계약조건대로 만들어졌다는 확인하는 인수증을 받아야만 매출채권으로 장부에 기록된다. 거래처에서 제품인수 후 계약조건에 따라 대금을 결제 받는다. 미청구공사는 인수증이 없이 공사 진척에 따라 지출원가에 매출이익을 임의로 처리한 장부상 임의채권이다.

조선업은 장기간이 소요되는 배 건조기간에 따른 결제 리스크를 방지하기 위하여 소위 초과청구공사 명목으로 선수금을 받는다. 선수금 수령을 하려면 은행으로부터 소위 보증서(Advance Payment Guarantee)를 받아 선주에게 제출하여야 한다. 선주는 보증서를 받은 다음 조선사에 선급금을 지급한다. 선수금은 은행지급보증으로 이자발생이 없는 차입금이다. 대우조선해양은 이자 없는 차입금으로 흥청망청 써오다 막장에 이른 것이다.

전신인 대우중공업도 똑같은 사유로 부도가 발생하였다. 2조 원이 넘는 돈을 차입으로 조달해서 부실 관계사에 투자하였다. 92년부터 98년까지 누적순이익 5440억 원에 매출원천자산 5조2780억, 고정자산 4조5730억 원으로 FCF는 (-)9조3070억 원이었다.

대우조선해양 2011년~2014년 4년을 가계부 현금출납장으로 읽어
보자.

대우조선해양 4년 가계부			단위: 원
	지출	수입	잔액
수입		1,100,254,000,000	1,100,254,000,000
생활비	5,250,816,000,000		(4,150,562,000,000)
주거비	871,278,000,000		(5,021,840,000,000)

수입 1,조 원에 생계비로 6조 원을 지출하여 적자 5조 원이 발생하
였다. 생계비로 수입의 6배를 지출하였다. 4년 동안 빚으로 지탱하여
왔다. 6조 원에 달하는 생활비를 줄이지 못하면 파산이다. 이미 파산
한 상태이다.

이익잉여현금을 시현하는 FCF가 바로 가계부의 핵심이다. 가정에
서 가계부로 번 돈으로 생활비를 충당할 수 있는지를 매일 매일 확인
한다. IT의 발달로 기업의 재무제표도 일일결산이 가능해졌다.

국가 경제를 견인하고 있는 삼성전자와 금융시장에 위기를 조장하
여 왔던 대우조선해양을 읽어 보았다. 대우조선해양이 파산상태에
이른 원인을 재무제표로 간단히 확인하여 보았다.

'밑 빠진 독에 물 붓기 금융' 본산인 국책은행의 여신관리 수준을
아울러 확인하여 보았다. 기업이 도산하는 것과 가계가 도산하는 것
은 지출이 수입보다 많아 빚을 갚지 못하는 데에 있다. 적자가계에
수 년 동안 현금을 지원하는 금융기관은 이 세상 단 한 군데도 없다.

4

5분 재무제표 용어

5분 재무제표로 가계부의 현금출납장과 같은 방식으로 읽도록 만든 것이 5분 재무제표의 핵심이다. 현금출납장을 읽고 난 다음에 대차대조표에 있는 자산을 확인하면 재무제표 읽기는 끝난다.

대우조선해양은 4년 동안 매출원천자산 5조 원으로 순이익 1조 원을 만들어왔다. 복식부기회계 원칙을 어겨 만든 분식된 재무제표는 5분 재무제표로 찾아낼 수 있다. 5분 재무제표 만들기 설명이 끝나면 IMF 위기를 불러온 기업들의 재무제표를 〈5분 재무제표〉 가계부로 재무제표 속독법을 익혀보기로 하자.

기업의 생활비는 매출원천자산이다

가계부로 읽는 5분 재무제표의 핵심은 매출원천자산이다. 매출원천자산은 기업이 매일 매일 지출한 것을 자산으로 표시한 것이다.

손익계산서에 나타나는 비용은 당기순이익을 산출하기 위하여 해당 기간 동안 발생한 수입에 맞게 매출원천자산을 비용으로 옮겨 놓은 것이다. 이를 발생주의회계라 한다. 그러나 실제지출은 손익계산서에 나타나는 비용과 매출원천자산을 더한 것이다.

매출원천자산은 매일 매일의 기업 활동과정에서 발생하는 생활비로 이를 지출하지 못하면 활동이 정지된다.

지출할 돈의 원천은 부채 아니면 번 돈이 포함되어 있는 자본이다.

기업 주거비는 고정자산이다

목적사업에 기준하여 지출을 두 가지로 분류한다. 수익적 지출과 자본적 지출이다. 수익적 지출인 매출원천자산은 매출을 발생시키는 데에 사용된 일체의 지출이다. 판매에 사용할 제품을 생산하는 인프라 지출을 자본적 지출이라고 한다.

손익계산서의 최 하단에 있는 순이익을 자본에서 꺼내어 가계부와 같이 최상단에 둔다. 생활비와 같은 매출원천자산을 그 아래, 그리고 주거비와 같은 고정자산이 증가하여 발생한 지출을 세 번째에 둔다.

플러스인 순이익에서 마이너스인 매출원천자산과 고정자산의 변동금액을 합산한 결과, 여유가 있으면 수입으로 생계비를 제한 후에도 여유가 있는 것이다. 매출로 현금이 창출된 것이다. 순이익보다 더 많은 생계비를 지출하게 되면 적자가 된다. 수입보다 많은 생계비를 지출하게 되면 자연 부채로 생계를 꾸릴 수밖에 없다. 기업도 마찬가지이다.

이익잉여현금흐름, FCF 그리고 흑자가계

순이익보다 매출원천자산과 고정자산에 지출하게 되면 차입으로 기업을 꾸려가야 한다. 차입경영이 시작된다. 순이익 내에서 매출원천자산과 고정자산에 지출할 수 있어야 지속 가능한 경영을 할 수 있다. 매출원천자산과 고정자산을 지출하고 남은 이익을 이익잉여현금흐름 또는 FCF(Free Cash Flows)라고 한다. FCF를 창출하지 못하는 기업은 지속 가능한 경영이 불가능하다.

번 돈 내에서 생계를 꾸려야 하는 것은 가계나 기업이 똑같다. 경영의 핵심이 번 돈 내에서 매출원천자산과 고정자산에 지출하여 수지를 맞추는 것이다.

그리고 자금의 미스매치(mismatch) 현상으로 일시적으로 수입을 초과하여 매출원천자산이 발생하면 필히 매출원천자산은 단기간 내에 현금자산으로 전환되어야 한다. 그래서 매출원천자산을 현금전환자산, 사이클자산 또는 CCA(Cash Conversion Asset)라 한다. 따라서 수익적 지출인 매출원천자산은 비용 아니면 현금으로 1년 이내에 전환되어 사라지고 새로운(current) 자산이 나타나야 한다. 매출원천자산이 유동자산에 기록되어 있는 배경이다.

순이익을 초과하는 매출원천자산

사업초기 1년 동안 발생한 매출원천자산을 운영자산이라고 한다. 운영자산의 원천을 운전자본(부채)이라고 한다. 1년 차부터는 사업초기 기초원천자산에서 순이익을 초과하여 지출해서는 안 된다. 순이익을 초과한 매출원천자산은 거의 90% 이상이 비용으로 처리하지 않은 가공자산이다.

자본적 지출인 고정자산은 제품생산에 필요한 인프라가 노후화되는 기간 동안에 손익계산서에서 감가상각이라는 이름으로 비용 처리한다. 사업초기 1년 후에는 감가상각비용 이상의 고정자산 지출이 발생한다. 지속 가능한 경영기업은 매년 매출이 증가하거나 고객이 원하는 제품을 선보여야 하기 때문이다. 정도의 차이는 있지만 모두 순이익 내에서 지출이 이루어져야 한다. 거대 고정자산 지출에 의한 FCF적자인 경우에도 최소한 수년 이내에 흑자로 전환해야 지속 가능한 경영을 할 수 있다.

5분 재무제표 목적사업자산 다이어그램

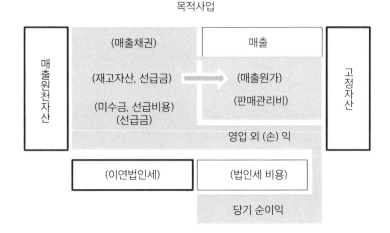

대차대조표와 손익계산서를 다이어그램으로 연결시켜보자. 그러면 5분 재무제표와 가계부가 같은 원리임을 알 수 있다.

매출로 잡히는 수익은 목적사업자산인 매출원천자산과 고정자산으로 만들어진다. 목적사업의 자산은 모두 현금지출로 만들어진다. 만들어진 자산은 결산시점에 비용으로 전환된다.

자산으로 남아있는 자산도 만기에는 비용으로 전환되어 순이익을 산출하는 데에 사용된다. 다이어그램(diagram)에서 보는 바와 같이 매출원가는 재고자산에서 미수금이나 선급비용 등은 판매관리비나 영업외 손익으로 이동한다.

매출원천자산의 최상위 지배자 매출채권은 비용과 이익의 합산

매출원천자산의 최상위에 있는 매출채권은 매출원가, 판매관리는 물론이고 법인세 비용에 순이익이 더해져 있다. 매출채권이 현금으로 전환되지 못하면 처리하여 자본의 일부에 들어가 있는 이익은 물론이고 기존에 처리한 비용까지 모두 한 묶음이 되어 손실로 처리되어 자본과 상쇄된다. 제조 원가를 비롯하여 판매관리비 및 법인세 비용은 물론이고 순이익이 포함되어있는 것이 매출채권이기도하다.

손익계산서의 최종 잔액인 플러스 부호의 순이익을 마이너스 부호인 목적사업자산과 연결 또는 합산하여 보면 분식회계 리스크가 있는 엉터리 이익인지 아닌지 가늠할 수 있다.

자산은 현금지출에서 만들어진다. 현금지출이 없는 매출은 존재하지 않는다. 자산은 목적사업에서 발생하는 매출활동을 지원하는 목적사업자산과 자본이득을 목표로 하는 비목적사업자산으로 구분된다. 목적사업자산과 순이익을 연결하여 읽는다. 포괄손익은 비목적사업자산과 연결하여 읽는다.

목적사업자산은 순이익과 연결하여 FCF를 구하고 비목적사업은 포괄손익으로 비목적사업의 성과를 파악할 수 있다. 비목적사업자산과 자본을 합산하여 자본여유(Capital Cushion)를 파악할 수 있다.

지속가능경영은 <5분 재무제표> FCF로 결정

지속가능한 기업인지 아닌지는 FCF로 결정된다. 순이익보다 목적사업에서 지출이 더 많으면 마이너스 FCF가 된다. 순이익이 기업의 운명을 결정짓는 것이 아니고 FCF가 결정한다. 현금 적자가 지속되면 외부로부터 현금을 조달하여야 한다. 순이익은 총수익에서 총지출을 차감한 것이다. 지출은 비용과 자산으로 구성된다. 발생주의회계 원칙에 따라 비용과 자산으로 구분된다. 그러나 마이너스 FCF로 모자라는 현금을 추가로 외부에서 수혈을 받지 못하면 그동안 지출된 돈은 허공으로 사라진다. 매출원천자산은 매출활동 과정에서 발생한 비용이다.

아래 그림에서 보는 것처럼 비용자산인 매출원천자산을 줄이면 비용이 늘어나면서 이익이 줄어든다. 반대로 매출원천자산을 늘려 비용을 줄이면 순이익이 늘어난다.

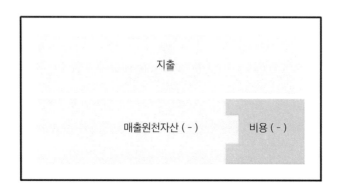

매출원천자산을 늘리면 이익이 늘어난다

　순이익이 늘면 대차대조표의 자본이 늘어나면서 자산이 늘어난다. 늘어난 자산의 실체가 매출원천자산이면 가공된 순이익일 가능성이 농후하다. 그러므로 순이익에서 매출원천자산을 차감하여 실체가 있는 이익인지를 확인하여야 한다. 매출원천자산이 순이익을 초과하면 실체가 없는 이익이다. 현금을 조달하여야 지속가능한 경영을 할 수 있다.

　현금지출로 만들어진 자산을 고의로 비용처리하지 않고 자산에 두면 이익이 늘어난다. 발생주의 회계요술이다. 회계요술을 제거한 것이 가계부 〈5분 재무제표〉의 핵심이다. 현금의 원천이 이익금에서 온 것인지 아니면 부채 또는 유상증자에서 온 것인지 확인하여 지속 가능경영을 판단할 수 있다. 과거 부도기업을 통계로 내어보면 회계 요술은 최대 5년 동안 주주나 채권자를 속일 수 있다.

번 돈 내에서 생활비와 주택유지비, 즉 생계비를 지출하기 위하여 가계부를 작성한다. 번 돈을 초과하여 지출을 하게 되면 가계부채가 늘어난다. 회계요술로 현금을 창출하는 것이 불가능하다. 수년 동안 번 돈을 초과하여 지출하게 되면 가정이 도산한다. 기업이 재무제표를 작성하는 목적도 도산을 방지하게 위한 것이다. 기업은 회계요술로 채권자나 주주들을 속일 수 있다. 그러나 순이익을 초과한 지출을 유상증자로 자본을 늘리지 못하면 결국 도산의 길을 걷게 된다. 5년 이상 마이너스 FCF에도 생존하고 있는 기업들은 한결같이 유상증자 시점에 미래수익을 강조하여 주가를 올리는 방식의 주식장사로 현금유동성을 조달하여 도산을 방지하고 있다.

기업의 감사보고서에 있는 현금흐름표는 부채가 증가한 이유를 판독하는 것이 쉽지가 않다. 가계부인 〈5분 재무제표〉는 복잡한 재무제표를 단순화하여 현금원천이 순이익에서 온 것인지 아니면 가계부채에서 온 것인지를 쉽게 파악할 수 있다.

기업의 생활비는 매출원천자산(지출)이고 주거비는 고정자산(지출)이다.

기업은 1년마다 결산을 해서 당기순이익을 산출한다. 당기 순이익에서 당기에 발생한 매출원천자산의 지출과 고정자산의 지출 후에 남은 돈이 이익잉여현금흐름, 즉 FCF이다. 번 돈을 초과한 지출로 마이너스가 발생하면 마이너스 FCF가 된다. 마이너스 FCF를 메우는 수단은 부채(차입금)로 만들어진 현금이다.

재무제표를 5년 단위로 읽어야 하는 이유

5년 단위로 재무제표를 읽어야 하는 이유는 매출원천자산이 일시에 증가하여 FCF가 적자로 돌아설 수 있기 때문에 기간을 두고 읽는 것이다. 5년의 세월 속에서도 매출원천자산이 증가하여 FCF 적자가 지속된다면 존속 가능성이 없는 기업이다.

도산할 가능성이 높은 기업이다. 그럼에도 생존하는 기업이라면 대출금 회수를 위해서 금융기관에서 연명시키고 있는 것이다. 코스닥 상장기업에서 자주 보는 현상은 거대 FCF적자로 현금이 고갈되면 주가를 띄워 유상증자로 현금을 조달하는 경우도 있다.

금융기관 중에서 부실기업을 가장 많이 거느리고 있는 곳이 산업은행이다. 대출금 회수 목적으로 여신을 출자전환하여 대주주가 된 것이다. 퇴직직원의 일자리 창출 수단으로 활용하고 있다는 비난을 받고 있다.

감사보고서에 있는 현금흐름표는 1년 단위이다. 1년 단위로 기업의 실체를 파악하는 것은 전문가에게도 어렵다. FCF는 필히 5년 누적으로 읽어야 기업의 실체와 더불어 미래를 보다 잘 예측할 수 있다.

지금까지 설명해온 지출의 의미를 한 번 더 설명하겠다. 회계학에서는 지출을 다음과 같이 정의한다.

지출은 수익적 지출(Revenue Expenditure)과 자본적 지출(Capital Expenditure)이다. 수익적 지출은 매출, 즉 수익을 발생시키기 위한 일체의 지출로 비용과 매출원천자산을 더한 것이다. 그러나 대부분의 교과서에서는 손익계산서에 나타나 있는 비용으로 기술하고 있다. 그리고 고정자산 취득에 지출된 현금이 자본적 지출이다. 고정자산은 매출을 일으키는 제품이나 서비스를 생성하기 위한 인프라구축에 거대한 비용이다. 초기 자본적 지출은 일시에 비용으로 처리하지 않고 인프라활용이 가능한 기간에 걸쳐 손익계산서 내에 감가상각비 비용으로 처리한다. 수익적 지출과 자본적 지출을 합한 자산이 목적사업자산이다.

재무제표를 읽고 현금창출능력을 지속할 수 있는가를 판단할 수 있어야 한다. 가계부 〈5분 재무제표〉는 기업이 지속적으로 현금을 창출(FCF)할 수 있는지 없는지를 쉽게 판단할 수 있다. 5년 단위로 누적 FCF가 바로 답이다.

지속가능한 경영은 수년 간 순이익으로 일상지출(목적사업자산의 증가)을 번 돈인 순이익 내에서 지출하고 있는 기업이다. FCF여유가 있어야 사용한 빚을 갚고 또 일상지출(수익적 지출 및 자본적 지출)을 계속할 수 있다. 지속가능한 경영은 목적사업에서 현금을 창출(새로운 재화 창출)하는 것이다.

5분 재무제표는 13년, 22년의 재무스토리도 쉽게 만들어 읽을 수 있다. 13년의 누적순이익과 14년 대차대조표가 있으면 된다. 22년 기업 재무스토리를 보려면 23년 전 대차대조표와 22년 누적순이익을 구하면 된다.

지속가능한 경영성과를 측정하기 위해서는 5년 단위로 읽기를 권한다.

5년 동안의 FCF를 구하기 위해서는 5년 누적 당기순이익과 포괄손익을 구한 다음에 최근 매출원천자산과 고정자산 잔액에서 6년 전 잔액을 차감하면 된다.

5분 재무제표는 복식부기 철학에서 만들어졌다. 복식부기의 철학을 깊이 이해하고 재무제표를 읽는다면 재무제표 이면에 숨어있는 기업의 경영철학을 파악할 수 있다. 경영철학이 단순히 돈을 벌겠다고 되어 있는 재무제표는 절대로 지속가능한 경영을 할 수 없다.

5

재무상태표는 무엇인가?

목적사업포지션과 비목적사업포지션

2010년 IFRS(International Financial Reporting Standards) 도입 이후에는 국내 감사보고서는 과거 대차대조표라는 용어 대신에 재무상태표라는 용어를 쓴다. 해외에서는 여전히 자산 부채 잔액표(Balance Sheet)라고 한다.

재무상태는 영어로 Financial Position이다. 5분 재무제표는 목적사업자산을 목적사업포지션이라고 표현하기도 한다. 목적사업에 지출된 재무상태이기 때문이다.

그 다음 용어가 비목적사업포지션이다. 비목적사업 재무상태는 비목적사업 자산에서 자본을 차감하여 구한다. 이 재무상태로 여유자본이 있나 없나를 알 수 있다. 자본에서 목적사업과 관련이 없는 자산을 차감하면 여유가 있는지를 쉽게 평가할 수 있다.

사업(재무)포지션 + 비목적사업(재무)포지션 = 사업(재무)포지션

목적사업재무포지션과 비목적사업의 재무포지션을 합하면 사업재무포지션이 결정된다. 목적 비목적사업의 재무상태를 알 수 있다.

사업재무상태 + 현금자산 = 기업의 최종 재무상태

사업재무상태에서 현금자산을 더하면 기업의 최종 재무상태가 된다. 현금자산을 사업재무와 분리하면 현금의 원천을 보다 쉽게 알 수 있다. 단지 결제기능을 하는 자산일 뿐 현금 그 자체는 아무런 의미가 없다. 현금자산이 부채를 초과하는 기업은 번 돈을 금고에 넣어두고 있는 것과 같다.

5분 재무제표 현금흐름표는 현금출납장

5분 재무제표에서 항상 맨 오른쪽에 위치하는 것이 현금흐름표이다. 현금흐름표를 성과라는 용어로 표현하기도 한다.

순이익에서 목적사업포지션의 변동을 더하면 이익잉여현금흐름인 FCF(Free Cash Flows)가 된다. 가계부 현금출납장의 수입에서 생계비를 지출한 후에 남은 현금과 같다.

이어서 포괄손익을 비목적사업자산과 자본변동을 합하면 증자를 하거나 배당 후에 남은 현금으로 목적사업과 관련이 없는 투자 후의 현금흐름을 알 수 있다,

FCF와 자본변동 후 투자 현금흐름을 합하여 잉여가 발생하여 현금자산을 늘리거나 부채를 상환하는 데에 사용할 수 있다.

6

복식부기 철학

국제회계기준(IFRS)에서는 재무상태표, 포괄손익계산서, 자본변동표, 현금흐름표, 주석표의 5가지를 재무제표라고 정의한다. 재무제표는 복식부기회계의 원칙에 의하여 작성된다,

기업의 성과를 제대로 파악하여 분석하려면 최소한 5개년의 재무제표를 읽어야만 기업의 비즈니스 추이와 실상을 이해할 수 있다. 재무제표를 모두 읽는 데는 엄청난 시간이 소요된다. 또한 읽은 수치는 금방 잊어버리기 쉽고 재무비율을 일일이 계산하여 보지 않고는 기업의 안정성을 파악하는 것이 거의 불가능하다.

따라서 재무제표를 읽는 것은 그렇게 즐거운 일이 못 된다. 대체로 전문가의 경우에도 부담되기는 일반인이나 마찬가지이다. 전문가들에게도 복잡한 내용의 재무제표를 읽는 일은 고달픈 정신노동을 요하기 때문에 특별한 목적이 없이는 읽는 것 자체가 부담이 되는 것도 사실이다.

하지만 앞으로 재무제표를 신문이나 일반서적을 읽듯이 편하게 읽고 쉽게 분석할 수 있다. 5분 재무제표를 활용하면 된다. 5분 재무제표의 핵심 요소인 복식부기의 원칙만 제대로 이해하면 된다. 그간 회

계원칙을 반대로 이해하고 있었기 때문에 제대로 이해하는 데에 약간의 어려움이 있을 수 있다. 하지만 올바른 회계원칙의 개념을 집중하여 읽고 이해하면 재무제표를 읽는 것이 즐거운 독서거리가 될 수도 있다. 재무 상태를 정확하게 파악하는 주관적 능력을 갖추게 되면 앞으로 경제생활을 해나갈 때 편리함과 혜택을 누릴 수 있다.

재무제표를 쉽게 읽기 위해서는 먼저 복식부기회계의 철학과 원칙이 무엇인지를 이해하는 것이 필요하다. 복식부기의 원칙은 매우 간단하다. 원칙의 근간을 이해하면 재무제표를 쉽게 이해할 수 있는데, 문제는 원칙을 이해하는 일이다. 5분 재무제표는 철저히 복식부기회계의 단순한 원칙에 입각하여 만들어졌다.

복식부기회계(double-entry accounting)

플러스는 마이너스의 원천이라는 복식부기회계의 원리는 약 500년 전 이태리 가톨릭 수사(修士)이며 수학자인 루카 파치올리(Luca Pacioli; 오늘날 회계의 아버지라고 부른다)에 의하여 고안되었다. 당시 베네치아 상인들은 복식부기를 활용하여 거래내용을 정확하게 기록하였고 사업의 상태를 쉽게 파악할 수 있었다. 그 결과 사업이 크게 번창하여 엄청난 부를 축적하였고 축적된 부를 효율적으로 관리할 수 있었다.

독일의 경제학자 좀바르트(Werner Sombart)는 복식부기를 "유기적인 사고에 기초하여 세워진 우주의 질서"라고 극찬하였고, 독일의 문호 괴테는 "인간의 지혜가 낳은 가장 위대한 발명의 하나이며 최고의 예술"이라고 하였다.

〈프로테스탄티즘의 윤리와 자본주의 정신〉이라는 책으로 유명한 독일의 사회학자 막스 베버(Max Weber)는 보다 구체적으로 '복식부기는 서구 근대자본주의 출현에 결정적인 영향을 미친 요인 중의 하나'이며 '자본주의의 경영원칙을 확립하는 길을 열었다'고 규정하였다.

좀바르트의 주장처럼 유기적인 사고와 엄격한 질서를 원칙으로 하는 복식부기회계는 글로벌 경제의 근간이 되었다. 오늘날 기업의 복식부기회계는 이제 '비즈니스언어(the langue of business)'라고까지 불린다. 복식부기를 모르면 비즈니스언어로 기록된 재무제표를 읽을 수가 없다. 마치 문맹인이 자유 시장경쟁체제 하에서 경제사회생활을 하는 것과 같다. 복식부기회계의 기본원리를 알아야만 막스 베버가 지적한 바와 같이 '자본주의 경영원칙'과 '시장경제'의 흐름을 이해할 수 있어 현명한 경제생활을 할 수가 있다.

이 세상에 실존하며 눈에 보이는 모든 물질은 반드시 이를 존재할 수 있도록 작용하는 '생성원천(Source)'이 있다. 따라서 생성된 물질의 입장에서 볼 때 '원천'은 '갚아야 하는 빚'의 의미를 가진다. 이 세상에는 아무 대가 없이 그냥 생긴 것이 없다는 원칙이 복식부기 이론에 깔려 있는 기본정신이다. 좀바르트는 이를 우주의 질서라고 정의하였다.

이와 같은 생각은 모든 종교의 철학과도 일치한다. 세상에 존재하는 모든 것은 나름대로 존재할 수 있도록 한 원천에 빚을 지고 있으며 그 빚은 갚아야 하는 것이다. 그리고 그 빚을 온전히 갚기 위해서는 올바르게 살아야 한다는 것이다. 불교에서는 이를 업이라고 한다. 특히 기독교에서는 서로 사랑하고 주어진 달란트(능력, 자원)를 발전시켜 풍요롭고 아름답게 사는 것이 조물주에 대한 빚을 갚는 길이라고 한다. 막스 베버의 프로테스탄티즘(protestantism)의 윤리는 자본주의 경제철학의 바탕이라고 생각한다.

눈에 보이는 자산(물질)은 눈에 보이지 않는 빚(정신)을 가지고 있다. 빚을 갚기 위해서는 물질을 변화 발전시켜 인간정신의 발전에 이용할 수 있어야 한다. 이것이 자본주의 경영원칙이다. 이에 반하여 사람의 고귀한 정신도 물질적 소산일 뿐이라고 주장하는 유물론(materialism)에서는 복식부기회계의 정신인 빚이라는 개념이 없다. 물질은 본래부터 있어 왔던 것이다. 물질은 본래 한정된 존재자원으로 이를 변화시키거나 발전시키기보다 공평하게 나누는 일이 더 중요하다. 물질은 본래부터 존재하여 왔던, 거저 생긴 것이므로 갚을 필요가 없다. 따라서 공평하지 못하게 더 많이 가진 자는 부도덕하고 나쁘다고 생각한다.

물질주의자들에게는 복식부기 원리가 삶에 적용되지 않는다. 불행하게도 물질주의적인 사고를 가진 경영자에 의하여 경영되는 기업은 시간이 흐르면 거의 모두 사기범죄 집단으로 몰락한다. 겉으로 자본주의 경영자인 것처럼 가장하고 있지만 이들 집단은 '기업자산이 갚아야 할 빚'이라는 개념이 아예 없다. 복식부기 철학에 입각하여 재무제표를 읽어보면 이러한 성향을 금세 감지해낼 수 있다.

복식부기회계 철학과 자본주의 경영원칙

한정된 물질을 변화 발전시켜 경제적인 부를 생산할 때에 반드시 정도와 원칙을 지켜야 한다. 깨끗한 부(淸富)는 정도와 원칙을 지켜야만 생성된다. 깨끗한 부로 이루어진 물질은 인간정신의 발전에 기여한다. 이처럼 깨끗한 부를 생산하여 물질적으로나 정신적으로 풍요롭게 사는 것이 자본주의 사회정의다.

오늘날 경영학의 아버지로 일컬어지는 피터 드러커(Peter Drucker)는 '물질의 변화, 즉 경제적 변화(economic change)는 인간생활의 향상이라는 사회정의를 실현하는 가장 강력한 엔진'이라고 그의 불멸의 저서 〈경영의 실체(The Practice of Management)〉(오늘날 경영학 교과서의 바이블로 읽혀지고 있다)에서 서술하고 있다. 그리고 그 엔진을 가동하는 것은 경영자이다. 깨끗한 부는 복식부기회계의 원칙을 엄격하게 지키는 경영자의 경영에서 생성된다.

자본주의 경영원칙이란 빚으로 조달한 귀중한 물질을 생산으로 연결시켜 경제를 발전시키는 것이다. 이것이 바로 빚을 갚는 것이다. 이때에 경영자는 기업의 경제를 발전시키는 주체이다. 자본주의 경영원칙을 지키는 깨끗한 기업경영의 책임이 있다. 크고 작음을 떠나 깨끗한 부(淸富)여야만 인간정신을 풍요롭게 하는 건강한 사회를 이룩할 수 있다.

자본주의 경영원칙인 빚을 정직하게 갚기 위해서는 잘 살아야 한다. 건강하게 잘 살아가는 것이 바로 빚을 갚는 것이다. 기업이 건강하게 잘 살아가는 방법은 지속경영을 실현하여 기업을 항상 건강하게 유지하는 길이다. 매일 매일 자본주의 경영원칙을 지키면서 깨끗한 부, 즉 청부(淸富)를 꾸준히 일구고 가꾸는 것이다.

기업의 자산은 자기자본과 타인자본(차입금)을 조달하여 취득한다. 타인자본은 금융기관과 거래기업으로부터 조달하고 자기자본은 주식시장과 투자자로부터 조달한다. 만약 어떤 사람이 남에게 돈을 빌려주거나 투자하고자 하면서도 대상기업의 재무제표를 제대로 읽지 못하거나 이해하지 못한다면, 마치 이는 귀중한 돈을 투기상에 날려 놓고 그저 행운을 기다리고 있는 것과 같다고 비유할 수 있다.

기업에 돈을 빌려주거나 투자를 하려고 한다면 검증되지 않은 소문에 의존하기 보다는 그 기업의 경영자 성향과 자질이 고스란히 녹아 있는 재무제표를 읽고 판단하는 것이 올바른 재무리스크(finance risk: 예상보다 낮은 수익을 얻거나 손실이 발생할 가능성) 관리방법이자 재테크방법이라 하겠다. 앞으로 재무리스크라는 표현을 자주 사용하게 되는데, 이 책에서 사용하고 있는 재무리스크는 미래의 불확실성에 의해 발생될 수 있는 경제적 손실을 의미한다.

기업의 생존은 종국적으로 경영자에 의해 결정된다. 그런데 재무제표는 경영성과를 기록한 것으로서 경영자의 자질과 능력이 고스란히 담겨 있다.

기업은 사회정의를 실현하는 귀중한 도구이다. 자본주의 경영원칙에 따라 기업을 경영하여 직원들에게 풍요한 삶을 제공하고 세금을 납부한 후의 순이익금으로 미래에 도래할 수 있는 위기에 대처할 수 있는 경영을 할 수 있어야 한다.

재무제표를 읽어보면 그 기업이 기업의 귀중한 자원을 발전시켜 사회정의(social justice)를 실현하는 경제조직인지, 아니면 사기범죄인 집단인지를 금방 가려낼 수 있다. 사례로 소개하는 분식회계 경영 집단의 재무제표를 5분 재무제표로 읽어보면 그들이 어떤 부류의 집단인지 금방 알 수 있다.

회사재산은 경영자 전유물이 아니다

기업의 재산은 경영자의 것이 아니다. 빚을 갚는 귀중한 자산이다. 미국의 기업부호들이 축적해온 거대한 부를 사회에 환원하는 것이 당연하다고 여기는 것이 바로 자본주의 청부(淸富)정신이다. 사회정의를 실현하는 아름다운 우주질서의 정신이다.

자본주의 청부정신이 없는 물질만능주의를 추구하는 경영자의 기업집단은 결국 망한다.

귀중한 현금을 빌려준 주주와 채권자에게 빚을 갚겠다는 정신이 없기 때문이다. 이러한 경영자는 기업자산은 본래 내 것이고 내 마음대로 해도 된다는 잘못된 생각을 갖고 있다. 그들은 실체가 없는 것을 자산이라고 속이고 재무제표에 거짓으로 기록하는 분식회계를 죄라고 생각하지 않는다. 이들이 경영하는 기업의 재무제표를 읽어 보면 거의 대부분이 없는 자산을 있는 것처럼 꾸며 이익을 부풀려 재무제표를 분식한다. 거짓 비즈니스언어를 사용하는 사기집단이다.

거짓말을 하는 경영자가 축적한 기업의 재산은 설령 실체가 있다고 하더라도 대부분 남을 속이고 깨끗하지 못한 더러운 방법으로 모은 재산이다. 이렇게 축척된 부(富)는 사회정의를 실현할 수 없다.

지금부터는 근저에 이러한 철학을 깔고 있는 복식부기회계의 원리에 대하여 본격적으로 살펴보기로 하자.

'플러스'와 '마이너스' 원리는 영원불멸의 복식부기 철학

대부분의 일반인들이 회계를 복잡하게 생각하는 이유는 이제까지 '플러스'는 좋은 것(富를 가져다주는 이익)이고 '마이너스'는 나쁜 것(貧을 의미하는 손실)이라는 개념에 젖어 있는 것에서 비롯한다. 단순손익계산의 경우에는 그렇다고 할 수 있다. 그러나 복식부기회계를 제대로 이해하려면 지금껏 이해하고 있는 단순손익계산에 사용되는 '플러스' '마이너스'와는 다른 개념으로 재무상태표(과거의 대차대조표)를 읽어야한다. 즉 과거 대차대조표의 '플러스'와 '마이너스' 의미를 이제는 '플러스=생성원천=갚아야 할 빚', 그리고 '마이너스=재산'으로 이해하여 읽기로 약속하자.

기업의 상태를 제대로 파악하려면 반드시 손익계산서와 재무상태표를 연결하여 읽어야 하는데 플러스와 마이너스의 개념을 제대로 이해하게 되면 쉽게 손익계산서와 재무상태표를 연결하여 읽을 수 있다. 플러스와 마이너스의 개념을 제대로 이해하기 위해서는 앞서 설명한 복식부기회계의 역사와 철학에 함축된 의미를 먼저 알아 둘 필요가 있는 것이다.

복식부기에서 모든 상거래 행위는 현금을 매개로 이뤄지고 있다. 현금취득을 가능케 하는 원천은 (+), 현금사용은 (-)으로 구분하여 기록하는 것이다. 아무리 복잡하고 수많은 거래일지라도 플러스와 마이너스 부호를 사용하여 간단히 기록할 수 있다. 그리고 부호의 주체별로 거래내용을 쉽게 분석할 수 있어 재무상황을 빠르고 정확하게 파악할 수 있다.

플러스와 마이너스는 동양의 철학적 사고의 핵심인 음양사상과도

일치한다. 즉, 하나의 사물이 존재하기 위해서는 대응하는 상대가 있어야 한다는 것이 바로 그것이다.

복식부기회계에서 정한 규칙은 플러스(plus) 부호는 회계주체에 대하여 빚을 갚는 다는 언약 또는 계약(covenant)을 의미한다. 반대로 마이너스(minus) 부호는 회계주체가 소유하는 사물의 실체를 의미한다. 복식부기회계에서는 눈에 보이는 모든 실체는 마이너스의 부호를 갖는 것으로 정한다. 또한 이러한 실체가 존재함과 동시에 이런 실체가 존재할 수 있도록 원천이 되어준 주체에 대하여는 갚아야 하는 빚(플러스 부호)이 항상 존재한다는 원칙이다. 그리고 플러스와 마이너스의 대차는 항상 일치하며 플러스와 마이너스의 합은 반드시 0이 된다.

복식부기의 원리는 동양의 음양원리와 같은 이치이다. 음양의 조화, 즉 서로 일치하지 않으면 세상이 어려워진다. 분식회계는 엉터리로 대차를 일치시켜 놓은 것으로 음양의 원칙에서 바라보면 쉽게 찾아낼 수 있다.

복식부기 '플러스'는 자산의 원천

복식부기회계에서 자산의 원천이 되는 부채와 자본금은 모두 플러스 부호를 갖는다. 자본금은 경영자가 1차적으로 책임져야 하는 주주에 대한 부채이다. 차입금을 타인자본이라고 하는데, 이는 자본금을 자기자본이라고 표현하는 것과 같은 이치이다.

자본금이 차입금 성격의 부채와 큰 차이점은 단지 만기와 이자가 없다는 것뿐이지 공짜로 생긴 돈이 아니다. 원금과 이자를 만기에 상환하는 대신 보다 높은 수익을 발생시켜 주주에게 상환하여야 하는 막중한 경영책임이 따른다. 주주에게 자본금의 빚을 상환하는 방법은 두 가지이다. 당기에 발생한 이익금을 배당금 형식의 현금으로 상환하는 직접적인 방법과 지속가능한 경영으로 미래가치를 높여 주주에게 환원하는 것이다.

매출과 수익은 실체가 없다

매출 또는 수익은 실체가 없고 눈에 보이지 않는다. 복식부기회계로 탄생한 새로운 플러스 부호의 현금생성 원천의 개념이다. 매출이나 수익은 실체가 없고 추상적이다. 단지 손익계산에 필요한 가상개념이다. 그러므로 이에 대응하는 마이너스 부호의 자산에 의하여 부의 실체가 나타난다. 현금대가가 없는 매출이나 수익은 물질 또는 실체가 없는 부(富)이다. 실체가 없는 수익은 모두 분식회계의 결과물이다. 흑자도산 기업의 실상(substance)은 분식회계이다. 1997년 IMF위기 당시 국내 대부분의 기업은 흑자를 시현하고 있었지만 실상은 분식회계에 있었다.

실체가 없는 가공자산은 분식회계의 산물

분식회계로 이익을 부풀리는 기업은 실체가 없는 자산을 만들어 주주를 속이고 또한 돈을 빌려준 채권자를 속이는 사기집단에 불과하다. 복식부기회계의 원칙을 이해하면 깨끗한 부 혹은 더러운 부를 만들어 내고 있는 기업인지를 쉽게 가려낼 수 있다.

분식회계는 한마디로 실체가 없는 가짜로 된 부를 만들어 내는 행위이다. 위조지폐를 생산하는 것과 같다. 과거 우리가 겪은 1997년 IMF위기는 일종의 사기꾼 집단이 축적시킨 엄청난 규모의 가공자산 때문이었다.

서비스나 물질을 취득하는 모든 행위는 '마이너스'

현금을 사용하여 서비스나 물질을 취득하는 모든 행위는 마이너스 부호로 표시되는 행위이다. 자금의 생성원천(자기자본금 또는 타인자본금)에 의하여 취득한 현금(마이너스 부호)이 서비스나 물질과 교환된 것이다. 현금을 대가로 취득하여야 자산이다. 현금을 지출하고 받는 서비스 또는 음식을 사먹거나 자동차를 구입하는 것은 현금이 음식이나 자동차로 변환한 것이다.

대부분 경비로 분류되는 현금지출은 이들을 취득함과 동시에 눈에서 사라진다. 따라서 경비는 실체가 없다. 비용이나 손실은 모두 마이너스 부호를 갖는다. 자산도 마이너스 부호를 갖는다. 부호에는 차이가 없다. 그러나 자산은 현금으로 다시 변환될 수 있는 반면에 비용은 현금으로 다시 변환될 수 없다는 차이가 있다.

분식회계란 비용과 손실을 같은 마이너스 부호인 자산으로 속이는 행위

분식회계란 똑같은 마이너스 부호를 가진 비용이나 손실을 고의로 자산으로 속이는 것이다. 분식회계를 일삼는 경영자는 자격이 없다. 만약 이러한 경영자가 모든 경영권을 행사하는 기업의 주식을 소유하고 있거나 대출을 제공하고 있다면 현재 높은 수익을 가져다주는 기업일지라도 하루 빨리 주식을 처분하거나 거래를 끊는 것이 좋다. 이러한 결단이 사회정의를 실현하는 길이기도 하다.

분식회계는 실체가 없는 자산을 허위로 만드는 가공행위라고 설명하였다. 실체가 없는 자산은 주주에게서 자본금 형식으로 빌려온 투자자금이나 금융기관 등에서 빌린 차입금의 빚을 갚을 수가 없다. 이러한 사실을 알면서도 실존하지 않는 자산을 만드는 행위는 사기 범죄다. 흑자도산 기업을 복식부기회계 원칙에 의하여 분석하여보면 대부분 실체가 없는 자산으로 채워져 있다.

허위 자산은 현금을 받고 팔 수가 없다. 경영자의 역할은 빚으로 조달한 현금을 가지고 이익을 내기 위한 목적으로 취득한 자산을 보다 체계적이며 생산적으로 활용하는 일이다. 경영자는 이러한 경제적 발전성과를 이루어 인간생활을 향상시킬 수 있어야 한다. 경영자는 자본주의 사회정의를 실현하는 중요한 원동력이다. 이러한 자질을 갖추고 있는 경영자인지 아닌지를 알려면 기업이 가지고 있는 자산의 질을 재무제표를 통하여 분석해 보아야 한다.

분식회계는 자본주의를 파괴하는 행위이다

2001년 10월 미국에서 발생한 최대 분식회계로 주식투자자들에게 740억 불(81조)의 손실(주가 US$90.75→ US$1)을 가져다 준 엔론 스캔들(Enron scandal)의 주도자인 엔론 설립자이자 최고경영자(Kenneth Lay)에게 검찰은 350년을 구형하였다. 350년 구형의 요지는 분식회계는 자본주의의 핵심인 우리가 만든 룰을 고의로 어겨 자본주의를 파괴한 행위로 자본주의 사회에서 영원히 격리시켜야 한다는 취지였다.

엔론의 최고경영자 케네스 레이(1942~2006)는 45년 징역형(109살까지 교소도) 선고를 앞두고 심장마비로 죽었다. 세계적인 평가사 무디스는 Baa3 투자적격등급을 부여하고 있었고 적정의견을 주어온 세계 5대 회계법인 아더앤더슨(Arthur Andersen)은 엔론분식에 부역한 혐의로 역사에서 사라졌다. 가계부로 읽어 보면 엔론의 도산은 3년 전에 이미 예견된 것이었다. IMF 부도기업 대우그룹에 이어 엔론사태 사례를 참고 바란다.

우리가 20년 전 겪은 1997년 IMF위기는 분식회계에서 온 것이었다. 당시 도산한 기업들을 가계부로 읽어본 결과 오래전에 예견되어 온 것이었음을 알 수 있다. 분식회계의 주범들 대부분은 오늘도 풍족한 삶을 이어가고 있다.

발생주의 회계는 분식회계의 근간

과거의 회계부정은 주로 세금을 줄여 보자는 데에서 시작되었다.

매출을 줄이기 위해서 세금계산서를 조작하거나 비용을 부풀리는 방법으로 이익을 줄이는 것이었다.

주식시장이 활성화되면서부디는 이익을 부풀려 세금을 현금으로 납부하더라도 현금을 시장이나 금융기관에서 차입하여 기업을 계속함으로써 얻는 이익이 오히려 더 크다는 사실을 인식하면서 이익을 부풀리는 분식회계가 시작되었다. 회계 전문가들에게 새로운 비즈니스 영역(컨설팅)으로 자리를 잡기 시작하였다.

초보적인 분식회계가 '발생주의 회계'를 이용하는 방법이다. 발생주의 회계는 회계전문가들에 의하여 거의 250년 동안 개선 발전되어 왔다. '수익과 비용'의 매치원칙(match)이 발생주의 회계의 핵심이다.

기업의 목적사업 활동은 매일 매일 지출하는 현금으로 이루어진다. 왕성한 현금지출을 하는 기업이 왕성한 활동을 하는 살아있는 기업이다. 현금지출이 멈추는 그 순간이 기업의 수명이 다하는 날이다.

기업의 현금지출은 크게 두 가지로 분류할 수 있다.

1. **수익적 지출**(revenue expenditures)

2. **자본적 지출**(capital expenditures)

수익적 지출은 기간이 경과하게 되면 비용으로 처리하게 된다. 그 기간이 대부분 지출 후, 1년 이내에 이루어지는 것이 통상적인 회계 절차이다.

분식회계는 수익적 지출을 기간이 경과하여도 비용으로 처리하지 않고 고의로 자산에 그대로 둠으로써 이익을 부풀리는 것이다.

역사적으로 과거 현금주의 회계에서 분식은 이익을 줄여 세금을 적게 납부하는 것이 목적이었다. 모든 관련자가 탐욕에 물들어 공모하여 장부를 분식한 결과 국가재정이 허약해져서 국가가 망한 사례가 유럽에 허다하다. 로마제국이 망한 것도 엄격한 회계규칙을 적용하지 않고 분식회계로 국고를 탕진한 사례이다.

IFRS 공정가치와 전술회계

IFRS를 도입하게 된 가장 큰 배경은 숨겨진 자산이나 부채를 장부에 기록하여 재무제표를 투명하게 읽을 수 있도록 하는 것이었다.

글로벌 빅4 회계법인들은 IFRS를 근거로 기업의 자산을 갑자기 수조 원으로 부풀려주어 수십억 원의 컨설팅 수익을 거두는 수단으로 이용하기도 한다. 자산이 갑자기 수조 원 늘어나면서 자본이 그만큼 늘어나는 것이다. 이를 전술회계라고 한다. IFRS원칙으로 보아 위법이 아니라는 것이다. IFRS로 부풀려진 자산은 필히, 현금흐름으로 다시 복원하여 재무제표를 읽어야 기업의 실체를 알 수 있는 세상이 되어버렸다.

전술회계, 회계조작, 회계분식, 회계사기 차이

'Accounting tricks - tactics - manipulation - fraud'는 미국 증권시장에 상장한 기업의 재무제표에 이상한 징후가 발견되었을 때 시장

참여자들이 의혹을 제기하는 수순이다.

트릭은 회계절차의 틈을 교묘하게 이용해서 실제와 다르게 매출을 파나하게 빌표한 후 소싱하는 수법이고, 회세선술은 소위 IFRS의 허점을 정당화시켜 순이익을 부풀리는 방식이다. 주로 회계 컨설팅회사인 글로벌 빅4 회계법인이 거액의 성공보수를 목적으로 영업하는 상품이다. 은밀히 피감사 기업을 대상으로 영업한다.

분식회계는 발생주의 회계를 가지고 자산을 비용보다 높게 계리하여 그 발생 기간에만 영업이익을 부풀리는 기법으로 기간이 경과하면서 분식의 실체가 서서히 드러난다.

회계사기는 위와 같은 기법으로 만들어진 재무제표를 이용하여 기업이 부당하게 이익을 취득하고 이를 믿고 현금을 조달하여 준 채권자 또는 주주에게 거액의 손실을 입힌 경우에 주로 사용되는 용어이다.

재무제표는 필히 현금흐름 형태로 바꾸어 읽어보고 그 차이를 확인하는 습관을 들이면 회계조작, 전술회계, 분식한 재무제표를 활용한 회계사기로 이득을 챙기려는 목적이 무엇인지 정확히 가려낼 수 있다.

상장기업이 전술회계 분식회계로 노리는 목표는 단 하나, 주가를 올리거나 차입을 용이하게 하려는 데 있다.

PART 2.

사례중심
재무제표 속독법

1

IMF

1997년 IMF사태

영국 런던 소재 투자은행 모간그렌펠에 근무할 당시에 IMF사태가 발생하였다. 국제시장에서 국가신용으로 기초 원자재를 도입할 수 없는 상황이 된 당시 비철금속을 국내에 들여와 원자재 위기를 극복하는 데에 일조한 적이 있다. 금융기관에서 활동 중이었던 선배들의 조언으로 기업신용분석기법이라는 책을 출판하여 국내은행의 심사역과 금융감독원의 유관부서 직원들에게 신용분석을 하는 방법을 가르쳐왔다.

우리가 20년 전 IMF의 위기를 맞게 된 이유는 재무제표를 제대로 읽지 못하였기 때문이다. 비전문가가 신용위험지배구조의 최상위에서 엉터리로 은행을 경영하여왔기 때문이었다. IMF사태 당시 신용분석기법을 국내은행에 전수하는 과정에서 항상 받아온 질문은 재무제표는 대부분 분식으로 만들어져 있기 때문에 재무제표는 의미가 없다는 것이었다. 대차일치 원칙이라는 복식부기 철학을 이해하지 못하였기 때문이다. 손익계산서의 영업이익과 순이익이 기업의 실체라고 오판했기 때문이다. 분식은 비용을 줄이고 이익을 늘리는 행위이다. 이익의 실체인 자산을 보면 분식으로 만들어진 재무제표인지 아닌지를 금방 알 수 있다.

거대은행이 한순간 부도에 직면하는 이유는 대부분 거대기업이 갑자기 도산했기 때문이다. 도산한 기업을 5분 재무제표로 읽어보면 최소 2년, 최대 5년 전에 도산이 예견되어 있었음을 알 수 있다.

복식부기 철학을 이해하였다면 모두 전문가

5분 재무제표 읽는 법과 복식부기 철학을 이해하였다면 독자 여러분은 이제 모두 재무분석 전문가이다.

1997년 우리나라를 IMF위기로 부른 것은 모두가 저명한 기업들이었다. IMF부도기업을 읽어보고 경영철학을 알아보자. 기업을 부도로 이끄는 것은 바로 최상위 지배자의 경영철학에서 비롯된다.

IMF에 기업을 잃어버린 사람들 중 일부는 정권의 미움을 받아 멀쩡한 기업이 사라져 버렸다고 항변하기도 한다. 재무제표에 그 진실이 고스란히 기록되어 있다.

IMF 도산기업 리스트

IMF 당시, 부도가 난 대기업의 수는 1996년 27개, 97년 146개, 98년 112개, 99년 32개, 2000년 23개, 2001년 16개, 2002년 17개로 두 자리 숫자로 이어오다가 2005년에 이르러 한 자리 숫자로 줄어들었다. 14개 종금사가 영업정지를 당했고 고려증권, 동서증권, 동방페레 그린, 장은증권이 문을 닫았다. 시중은행 14개사, 지방은행 10개 및 특수은행 6개사로 30개였다. 이들 은행의 부실채권을 매입하는 방식으로 유동성을 지원하였다. 동화은행, 동남은행, 대동은행, 경기은행, 충청은행 5개 은행은 98년 6월29일 퇴출선고가 내려졌다. 97년 말 33개이었던 은행은 18개로 줄어들었고, 종금사는 30개에서 2개사만 남았다. 15개사의 증권사와 20개의 보험사가 문을 닫았다. 저축은행 은 51개사가 간판을 내렸다. 신협은 97년 말 1666개사 중에서 642개 사가 파산하였다.

국가신용등급은 97년 12월 21일 Baa2 ⇒ Ba1 투자부적격으로 하향되었다. 99년 1월 25일 BB+ ⇒ BBB로 투자적격으로 상향된 다음, 2002년 3월 28일 Baa2 ⇒ A3로 상향되었다.

부도가 난 기업의 차입금은 1996년 12조, 1997년 56조, 1998년 89조, 99년 144조로 늘어났다. IMF위기로 168조3천억 원의 공적자금이 투입되었다. 아직 회수하지 못한 공적자금은 54조 원이다.

1997년 부도 도미노 현상은 한보그룹(자산 6조)을 필두로 삼미특수강(0.6조), 진로(2조), 대농(0.5조), 한신공영(1.3조), 기아자동차(9조), 해태(1.2조)로 이어지고 있었다. 금융권 여신이 9조 원이었던 기아자동차 부도가 IMF구조금융의 직접적 원인이었지만 당시 기아자동차의 재무구조를 보면 부도는 일찍이 예고된 것이었다. 거의 대부분의 대기업은 지출이 번 돈보다 훨씬 많은 상태로 차입금으로 연명하고 있었다. 당시 기업인들은 은행 돈을 못 쓰면 바로라고 생각했다. 은행돈이 바로 수입(이익)이라고 착각하였던 것이다.

IMF당시에 부도가 난 상장기업들이다.

회계법인명을 넣었다. 적정의견을 주어오다가 부도 이후에는 한정의견 또는 의견거절로 점철되어 있다. 상장법인은 당시 엄격한 심사를 거쳐 감독원의 관리로 상장기업들은 거의 대부분이 투자적격 등급을 받아왔다. 5분 등급은 5분 재무제표의 방법론으로 출력된 등급이다. 크라운제과를 제외하고는 모두 투자부적격이다. 크라운제과는 관계사 과대보증으로 부도가 발생하였다. 목적사업에서는 수익과 현금을 창출하고 있었다. 크라운제과를 제외한 나머지는 모두 기업의 생활비를 벌지 못하여 차입으로 연명하던 기업이었다. 현재에서 보면 IMF는 기업체질을 혁신하게 한 기회이기도 하였다.

IMF 상장사 부도기업 I.			
기업명	부도일	회계법인	5분등급
고려시멘트(주)	02-Jul-96	안건	B-
(주)위너스인프라인	19-Jul-96	삼화	CCC
(주)삼익악기	23-Oct-96	영화	B-
(주)건영	26-Oct-96	안건	CCC
(주)동신	23-Dec-96	신한	B-
(주)논노	26-Dec-96	삼일	CC
(주)녹십자	31-Jan-97	영화	B-
대동조선㈜	31-Jan-97	안건	B-
(주)씨앤상선	01-Feb-97	삼덕	CC
삼미특수강(주)	18-Mar-97	안건	B
진로(주)	21-Apr-97	삼덕	BB-
(주)에스피씨삼립	13-May-97	삼일	BB
한신공영(주)	31-May-97	영화	CCC
광덕물산(주)	02-Jul-97	삼덕	CC
삼양광학	10-Jul-97	안건	CCC
대원제지㈜	11-Jul-97	청운	CCC
(주)카스코	15-Jul-97	청운	BB+
기아자동차(주)	28-Jul-97	청운	BB+
(주)스마텔	28-Jul-97	세종합동	CCC
태일정밀(주)	05-Oct-97	산동	B-
(주)해태유통	01-Nov-97	안건	BB
(주)메디플란트	17-Nov-97	안건	B-
핵심텔레텍	21-Nov-97	안건	BB+
(주)수산중공업	25-Nov-97	안건	CCC

IMF 상장사 부도기업 II.			
기업명	부도일	회계법인	5분등급
(주)부흥	26-Nov-97	세원합동	B
아세아페이퍼텍(주)	01-Dec-97	삼화	B-
(주)셰프라인	05-Dec-97	청운	BB+
영진약품(주)	05-Dec-97	삼덕	B
(주)한라	06-Dec-97	청운	BB-
경남모직(주)	10-Dec-97	삼일	CCC
삼성제약(주)	11-Dec-97	세동	B
(주)씨크롭	12-Dec-97	안건	BB-
신풍제약(주)	16-Dec-97	한선합동	B
(주)서광건설산업	19-Dec-97	삼일	B
효성기계공업(주)	22-Dec-97	안진	BB-
한국기술산업(주)	22-Dec-97	청운	B-
(주)디아이씨	26-Dec-97	삼일	B
진양산업(주)	03-Jan-98	삼화	BB-
금강공업(주)	05-Jan-98	삼일	B
신광기업(주)	06-Jan-98	삼일	B-
(주)지에스글로벌	09-Jan-98	산동	BB-
쌍용자동차(주)	09-Jan-98	삼일	B-
㈜나산	14-Jan-98	안건	BB
(주)크라운제과	15-Jan-98	안건	BBB-
(주)남양	17-Jan-98	남일합동	CCC
(주)신동방메딕스	20-Jan-98	산동	B-
세신(주)	24-Jan-98	세동	BB
삼양식품(주)	30-Jan-98	삼덕	BB+

IMF 상장사 부도기업 III.			
기업명	부도일	회계법인	5분등급
제일정밀공업	30-Jan-98	산동	B
삼도물산(주)	05-Feb-98	신한	CCC
극동건설(주)	05-Mar-98	청운	BB-
(주)이스타코	06-Mar-98	청운	BB+
(주)미도파백화점	18-Mar-98	청운	BB-
(주)인스코비	30-Mar-98	삼일	CC
㈜국제상사	31-Mar-98	산동	B
동일제강(주)	06-Apr-98	안건	CCC
현대페인트(주)	07-Apr-98	안건	B-
(주)대유플러스	10-Apr-98	영화	B
동해펄프(주)	14-Apr-98	청운	CCC
케이비물산(주)	30-Apr-98	안건	BB-
현대건설(주)	01-May-98	삼일	B
거평패션	11-May-98	청운	B-
휴넥스	13-May-98	청운	B-
쌍방울	19-May-98	삼덕	BB-
(주)모나리자	21-May-98	신한	BB
기아중공업	29-May-98	청운	BB
기아특수강	01-Jun-98	안건	B-
영흥철강(주)	01-Jun-98	안진	B-
삼광유리공업	19-Jun-98	안진	BB-
(주)한일합섬	19-Jun-98	청운	B
태성기공	27-Jun-98	신한	B-
우성식품	06-Jul-98	대주	CCC

IMF 상장사 부도기업 IV.			
기업명	부도일	회계법인	5분등급
동양철관(주)	09-Jul-98	안진	B-
정일공업	14-Jul-98	삼덕	BB-
우방	16-Jul-98	영화	B
에이피이우주통신(주)	20-Jul-98	안진	B-
동양강철	22-Jul-98	안건	B
(주)대현	01-Aug-98	대주	B
동신제약(주)	25-Aug-98	삼일	B
(주)한창제지	01-Sep-98	안건	B
일동제약	03-Sep-98	신한	BB-
근화제약	30-Sep-98	삼정	BB
세풍	01-Oct-98	삼일	BB-
신호제지	01-Oct-98	안건	BB-
신호유화	01-Oct-98	안건	B
대우금속	01-Oct-98	안건	CCC
해태유업(주)	07-Oct-98	청운	BB-
동국무역(주)	16-Oct-98	삼일	CCC
갑을방적(주)	17-Oct-98	청운	B
한국티타늄	18-Oct-98	안건	B-
(주)신원	26-Oct-98	삼덕	B-
한국컴퓨터	01-Nov-98	이원	B-
(주)한창	05-Nov-98	삼일	BB+
(주)현대금속	21-Nov-98	삼일	CCC
동양물산기업(주)	26-Nov-98	청운	BB+
(주)벽산	26-Nov-98	안건	B-

IMF 상장사 부도기업 V.			
기업명	부도일	회계법인	5분등급
(주)대구백화점	27-Nov-98	청운	BB .
통일중공업	28-Nov-98	삼일	CCC
(주)일신석재	30-Nov-98	안건	B-
일성건설(주)	30-Nov-98	신한	CCC
(주)동방	01-Dec-98	삼덕	BB-
성창기업	01-Dec-98	안건	B
맥슨텔레콤(주)	10-Dec-98	삼덕	B
(주)삼원강재	10-Dec-98	청운	B-
영창악기제조(주)	16-Dec-98	인덕	BB
신우	23-Dec-98	삼덕	B
벽산건설(주)	24-Dec-98	신한	B
충남방적	01-Jan-99	안건	B-
(주)남선알미늄	05-Jan-99	삼일	CCC
(주)광명전기	07-Jan-99	안건	B-
(주)무학	09-Jan-99	세동	BB
극동제혁(주)	21-Jan-99	삼덕	CCC
아남반도체	01-Feb-99	삼일	B-
화성산업(주)	09-Feb-99	세동	B-
남광토건(주)	26-Feb-99	안진	CCC
의성실업	05-Mar-99	신한	BB-
경기화학	18-Mar-99	영화	B
아남전자(주)	18-Mar-99	세종	CCC
명성	21-Mar-99	안진	CCC
신송산업	29-Mar-99	삼일	B-

IMF 상장사 부도기업 VI.			
기업명	부도일	회계법인	5분등급
쌍용중공업	01-Apr-99	산동	BB
쌍용양회공업(주)	01-Apr-99	삼일	BB-
한일약품공업(주)	03-Apr-99	안건	B
성원건설(주)	12-Apr-99	청운	B-
고려산업(주)	24-Jun-99	안건	BB
동아건설산업(주)	14-Jul-99	안건	CCC
(주)신동방씨피	21-Jul-99	산동	CCC
대우중공업(주)	25-Aug-99	산동	BB-
(주)대우	25-Aug-99	산동	CCC
(주)신한	04-Sep-99	산동	B
신성통상(주)	09-Sep-99	청운	CCC
세계물산	14-Sep-99	청운	B-
조일알미늄(주)	30-Sep-99	부일	BB-
경남기업(주)	30-Oct-99	안진	B
대우전자부품(주)	30-Dec-99	영화	BB-
세우포리머	15-Feb-00	세동	BB
새한미디어	19-May-00	삼일	BB-
대영포장(주)	31-May-00	삼덕	CCC
제철화학	01-Jun-00	삼일	CCC
새한	02-Jun-00	안진	BB
대한통운	01-Nov-00	삼덕	BB
현대상선(주)	11-Feb-01	삼일	BB+
두산건설(주)	02-Mar-01	영화	BB-
엘렉스컴퓨터	30-Mar-01	영화	BB

IMF 상장사 부도기업 VII.			
기업명	부도일	회계법인	5분등급
고더포디미	02 Apr 01	연희	CCC
동서산업	25-Apr-01	안진	BB
대영전자공업	30-Jun-01	대성	CCC
코스닥			
(주)한글과컴퓨터	18-May-98	삼덕	BB+
(주)바른손	02-Apr-98	삼덕	BB
(주)흥국	24-Dec-97	삼덕	BB-
(주)엔케이바이오	19-Mar-98	산동	BB-
(주)디케이디앤아이	31-Jan-98	삼정	B
(주)심팩메탈	09-Jan-98	삼덕	B
(주)대명코퍼레이션	22-Jan-98	삼일	CC
울트라건설(주)	18-Aug-97	안건	CC
엠바이엔(주)	30-Sep-98	대주	BB+
(주)유니크	28-Jul-98	제원	BB+
(주)아이즈비전	23-Jan-99	세동	BB+
대주산업(주)	17-Oct-98	세동	BB
아진산업	01-Aug-98	안진	BB-
(주)대백쇼핑	27-Nov-98	청운	BB-
에이치엘비(주)	07-Oct-98	안진	BB-
(주)카테아	07-Oct-98	대주	B-
가산전자	20-Jul-98	신한	CCC
프로칩스	31-Mar-01	106호	BB+
그랜드백화점(주)	03-Jul-00	영화	BB+
(주)서한	31-Oct-00	삼일	CC

IMF사태는 회계법인과 신용평가사가 기업과 결탁한 데에서 왔다고 하여도 과언이 아니다. 회계법인의 감사의견이 제대로 감사보고서에 반영되었다면 기업이 한꺼번에 망하는 사태가 일어나지 않았을 것이다. 회계법인의 감사의견의 종류는 다음과 같다.

회계법인의 감사의견

재무제표에 대한 감사를 완료하면 주주 앞으로 회계감사보고서를 작성한다. 회계감사보고서에서 가장 중요한 것이 감사의견이다. 감사의견은 재무제표의 신뢰도를 판단하는 중요한 자료이기 때문이다. 회계감사는 일반적으로 4가지 유형의 의견 중의 하나를 채택하여 보고서에 명시한다.

대부분의 감사보고서는 '적정의견(unqualified opinion)'으로 기술되어 있다. 이는 기업의 내부 회계시스템이 적정하게 잘 돌아가고 있으며, 기업의 재무상태(financial position)가 아름다운 비즈니스언어의 사용원칙에 입각하여 아주 공평하고 진실하게 기록되어 있음을 확인하여 주는 것이다.

적정의견 다음으로 감사보고서에서 많은 것이 '한정의견(qualified opinion)'이다. 이는 어느 특정거래의 내용을 제외하고는 회계원칙에 따라 적정하게 기록되어 있음을 의미한다. 한정의견은 손익과 관련이 있는 것이 대부분이다. 이익을 과소 또는 과대 계상하였다는 것이 대부분이다. 소위 조건을 붙여 재무제표의 기록을 확인하여 주는 것이다.

문제는 감사의견 거절(disclaimer) 및 부적정(adverse)을 가진 감사보고서의 기업이다.

부적정의견은 회계시스템 전반에 걸쳐 문제가 있는 기업으로 한정의견과 같이 어느 한부분에 한정된 특정거래 외에도 더 많은 거래에 심각한 오류가 발견되어 재무상태가 공정하게 기록되어 있다고 확인 할 수기 없다(unable to express opinion)는 것이다. 부적정의견을 낼 때에 는 회계감사는 필히 그 사유를 명시하여야 한다.

부적정의견은 사실상 감사보고서에서 거의 찾아 볼 수가 없다. 기업은 이러한 의견을 받는 것보다는 회계시스템을 변경하는 방법 등으로 사전조처를 강구하기 때문이다. 그럼에도 불구하고 이러한 의견을 받은 기업은 이미 문제가 매우 심각하여 해결이 불가능한 상태에 이르고 있음을 의미한다. 부적정의견을 준 회계감사는 해당기업의 재무제표에 대한 일체의 전문적인 책임(professional responsibility)을 거부한 것이다.

최종적으로 의견거절은 회계시스템 전반에 대하여 동의할 수 없다는 것이다. 일체의 거래에 대한 증빙서류를 확인할 수 없는 경우이다. 즉, 기업이 작성한 재무제표가 모두 엉터리라는 것이다.

회계감사의 의견으로 재무제표의 신뢰성을 100% 믿거나 담보할 수는 없지만 제3자에 의하여 독립성을 가지고 재무제표의 증빙서류를 확인한 결과에 근거한 것으로 상당한 의미를 두는 것이 일반적인 판단이다. 그러므로 회계감사 당사자 또는 법인에 대한 시장의 명성이나 신뢰성을 염두에 두고 재무제표의 주석과 의견을 참고하는 습관을 가지는 것이 좋다.

5분 재무제표로 읽어보면 IMF 부도기업들은 모두가 한정의견 이하를 표명하였어야 하는 기업이었다. 한마디로 외부 회계법인과 공모하여 회계부정이 만연하여 오다 급변사태를 맞은 것이다.

5분 재무제표로 읽어본 IMF 도산기업

5분 재무제표로 IMF사태가 발생한 97년부터 현재에 이르기까지 부도가 난 주요기업의 재무제표를 읽어보자. 우선 IMF사태의 뇌관이었던 한보철강, 삼미특수강, 한신공영, 해태, 기아자동차 순으로 읽어보자.

■ 한보철강

한보철강					단위: 백만
FY	31-Dec-94	31-Dec-95	31-Dec-96	31-Dec-97	누적
순이익	49,789	(16,294)	(233,584)	(227,030)	(427,119)
FCF	(745,359)	(1,424,978)	(2,681,440)	(596,212)	(5,447,989)
(투자)회수	31,360	174,263	(529,883)	125,172	(199,088)
현금흐름	(713,999)	(1,250,715)	(3,211,323)	(471,040)	(5,647,077)

한보는 94년 7140억 원 적자상태로 상환불능 상태였다. 94년 순이익 497억 원에도 불구하고 매출원천자산에의 초과지출로 무려 수입의 20배에 가까운 7454억 원의 마이너스 FCF를 기록하였다.

4년 누적 FCF는 (-)5조4480억 원이었다. 모두 부채로 조달하였다. 한보그룹은 94년 부도가 예고되어 있었다. 순결손 4270억 원에도 불구하고 5조4480억 원을 지출하고 투자 1990억 원으로 부도로 마감하였다. 가계부로 읽어 볼 필요도 없었던 한보철강의 실체이다.

■ 삼미특수강

| 삼미특수강 | | | | | 단위: 백만 |
FY	31-Dec-93	31-Dec-94	31-Dec-95	31-Dec-96	누적
순이익	894	(45,706)	(18,841)	(36,141)	(99,794)
FCF	(173)	(13,336)	(105,387)	(53,299)	(172,195)
(투자)회수	(20,732)	(5,597)	21,495	32,327	27,493
현금흐름	(20,905)	(18,933)	(83,892)	(20,972)	(144,702)
자본변동	(9,405)	(240)	10,430	15,936	16,721

93년 대여금 207억 원으로 적자가 시작되었다. 금융기관이 삼미의 대여금을 지원한 결과 삼미특수강의 비극이 시작된 것으로 해석하여도 된다. 94년부터 순결손의 행진을 이어오고 있었다.

수입을 초과한 지출로 발생한 누적 FCF는 마이너스 1721억 원이 부도가 난 원인이었다. 참고로 부도 한 해 전 96년 매출원천자산의 잔액은 3390억이었으나 부도 후 98년 잔액은 533억 원에 불과하였다. 차이 2857억 원은 모두 손실로 전환, 자본총액은 96년 570억에서 98년 자본잠식 3686억 원으로 마감되었다. 가계부로 읽어 볼 필요도 없었던 삼미특수강의 실체이다.

■ 대농

| 대농 | | | | | 단위: 백만 |
FY	31-Dec-13	31-Dec-14	31-Dec-15	31-Dec-16	누적
순이익	2,735	7,906	4,474	18,983	34,098
FCF	7,087	11,310	(110,430)	(66,731)	(158,764)
(투자)회수	7,761	(3,607)	(3,806)	(15,258)	(14,910)
현금흐름	14,848	7,703	(114,236)	(81,989)	(173,674)

대농은 부도발생 2년 전에 FCF 1104억 원의 적자로 부실을 예고하

고 있었다. 2016년 순이익이 전년도보다 4배 이상 증가한 189억 원인데도 불구하고 FCF는 667억 원적자를 기록하였다. 누적순이익 340억 원, FCF는 1587억 원 현금적자로 인해 이듬해 부도로 마감되었다. 수입을 초과하는 지출로 인한 적자에도 투자를 늘려오다 2년 누적현금흐름 마이너스 1736억에 부도로 마감되었다. 가계 주체는 341억 원을 벌어 생계비로 1930억 원을 지출하고 투자에 149억 원을 지출한 결과, 1737억 원의 빚을 갚을 수 없어 망한 것이었다.

■ 한신공영

한신공영				단위: 백만
FY	31-Dec-94	31-Dec-95	31-Dec-96	31-Dec-97	누적
순이익	4,939	(16,347)	1,278	(88,960)	(99,090)
FCF	(144,080)	(24,299)	(138,990)	110,699	(196,670)
(투자)회수	(168,978)	76,911	42,183	(299,916)	(349,800)
현금흐름	(313,058)	52,612	(96,807)	(189,217)	(546,470)

97년 FCF흑자 1107억은 매출원천자산을 비용으로 전환되면서 왔다. 누적 결손 990억 원에 FCF 적자는 1967억, 투자 2798억으로 4년간 발생한 마이너스 현금흐름은 4765억 원이었다. 부도 3년 전 94년 FCF 적자 1440억 원로 이미 디폴트를 예고하고 있었다. 지출이 수입을 초과하고 있었다. 97년 FCF 흑자는 결손에서 온 것이었다. 수입이 전혀 없어 가계부로 읽어 볼 필요도 없었던 한신공영 실체이다.

기아차					단위: 백만
FY	31-Dec-93	31-Dec-94	31-Dec-95	31-Dec-96	31-Dec-97	누적
순이익	18,662	(69,560)	11,480	7,239	(263,392)	(295,571)
FCF	(1,002,178)	(114,785)	(472,093)	(554,094)	(2,887,657)	(5,030,807)
(투자)회수	89,229	(292,499)	117,501	(134,659)	(184,017)	(404,445)
현금흐름	(912,949)	(407,284)	(354,592)	(688,753)	(3,071,674)	(5,435,252)

순이익과 FCF를 비교해 보면 기아자동차는 93년 이전에 이미 도산이 예정되어 있었다. 93년 순이익 186억 원에 FCF 적자가 무려 1조 원이었다.

5년 누적 FCF는 마이너스 5조 원에도 불구하고 투자에 무려 4044억 원을 부채로 조달하여 지출하고 있었다. 부도 당시 재무상태표에 나타난 부채의 잔액은 8.6조 원, 차입금 잔액은 5.8조 원이었다. 부실이 예고되어 왔던 93년을 가계부로 읽어보면, 186억 원의 수입에 1조208억 원을 지출하여 차입으로 조달한 현금으로 가계를 지탱하고 있었다.

■ 해태

해태제과					단위: 백만
FY	31-Dec-94	31-Dec-95	31-Dec-96	31-Dec-97	누적
순이익	4,939	(16,347)	1,278	(88,960)	(99,090)
FCF	(144,080)	(24,299)	(138,990)	110,699	(196,670)
(투자)회수	(168,978)	76,911	42,183	(299,916)	(349,800)
현금흐름	(313,058)	52,612	(96,807)	(189,217)	(546,470)

4년 FCF가 마이너스 3910억 원이다. 투자는 876억 원을 포함하여 4786억 원의 부채가 늘어나면서 부도로 마감하였다. 수입을 초과

하는 지출이 점점 커져오다 4년 누적 마이너스 현금흐름 4,786억 원에서 도산하였다. 가계부로 읽어보면 4년 수입 214억 원에 생계비로 4,124억 원을 지출하여 마이너스가 3911억 원인 상태에서 투자에 876억 원을 지출하여 4,786억 원을 빚으로 가계를 지탱하고 있었다. 94년 현금적자 652억, 95년 1343억, 96년 1684억, 97년 1106억으로 적자행진을 이어오고 있었다. IMF도산은 모두가 FCF 적자 기업이었다.

부도를 예고하여 온 기업들

나는 영국투자은행에 근무하다 IMF로 위기에 처한 기업들에 기초 원자재 도입의 임무를 마치고 사명감을 갖고 금융기관 여신전문가들에게 신용분석기법을 가르쳐 왔다. 아래 기업들은 부도가 발생하기 수년 전에 사례로 들어 출구전략을 준비하라고 가르쳐온 기업들이다.

당시 권고 및 경고를 외면한 금융기관은 외환은행이 유일하였다. 현대건설, 현대하이닉스 등으로 체질이 허약할 대로 허약해진 외환은행은 SK글로벌 5천억 원 추가 부실로 BIS자기자본이 미달과 함께 경영권이 투자회사 론스타에 넘어갔다. 당시 그들이 나에게 남긴 말은 "검찰에 의하여 부실이 밝혀지지 않았다면 SK글로벌은 건강한 기업이었다."는 것이었다. 거대여신은 최고경영자의 경영철학과도 밀접한 관계가 있다. 은행 최고위 측이 재무제표가 무엇인지 모르고 여신을 지원한 것이 화근이었다.

금융기관 여신전문가들에게 부실사례로 제시하여 사전 출구전략을 마련하여야 한다고 경고한 기업들은 아래와 같다. 총 부실은 92조

3천억 원이었다. 이미 손을 댈 수 없었던 대우그룹 46조 원을 제외하면 부실은 46조3천억 원이다.

디폴트	기업명[기관]	자산→손실	금액	회계법인
1997년	진로그룹 [Morgranfell]	단기대여금	2조	산동[KPMG]
1997년	태일정밀[Morgranfell]	매출원천자산	6천억	산동[KPMG]
1998년	현대건설 [신한은행]	매출원천자산	4조	삼일[PWC]
1999년	고합 [Morgranfell]	고정자산	1.7조	산동[KPMG]
1999년	동아건설 [Morgranfell]	매출원천자산	4조	산동[KPMG]
1999년	대우그룹 [제일은행]	매출원천자산	46조	산동[KPMG]
2000년	새한 [신한은행, SK생명]	고정자산	10조	안진[Deloitte]
2001년	KDS [기업, 신한]	매출원천자산	8천억	삼덕
2001년	현대반도체 [신한은행]	고정자산	10조	삼일[PWC]
2002년	메디슨 [신한은행]	매출원천자산	2천억	삼일[PWC]
2003년	SK글로벌 [외환,신한, 대투]	매출원천자산	2조	영화[EY]
2013년	STX그룹 [신한은행]	임의투자자산	6조	삼일[PWC]
2016년	대우조선해양[금감원]	매출원천자산	5조	안진[Deloitte]

■ 진로

진로 FY	30-Sep-93	30-Sep-94	30-Sep-95	30-Sep-96	30-Sep-97	단위: 백만 누적
순이익	6,393	13,133	15,363	16,871	13,231	64,991
FCF	(42,664)	(84,382)	(38,142)	(96,916)	(4,623)	(266,727)
(투자)회수	(32,718)	9,757	(163,292)	(12,072)	(303,714)	(502,039)
현금흐름	(75,382)	(74,625)	(201,434)	(108,988)	(308,337)	(768,766)

현금부족 현상이 이미 93년부터 발생하고 있었다. 95년에 이르러 현금부족이 2천억 원을 초과하였다. 진로는 92년 차입금 4천억 원에서 96년 말 1조 원으로 늘어났다. FCF 적자에도 불구하고 투자를 늘

러 사업을 확장하여 오다 부도로 마감한 사례이다. FCF 적자에도 불구하고 차입으로 투자를 늘리는 기업이 생존하는 사례는 지구상에 없다.

영국에서 위스키 몰트를 수입하겠다고 여신을 요청하여 왔으나 거절한 기업이다. 특히, 진로의 국제금융자문역이 주가가 갑자기 왜 하락하는 이유를 설명하여 달라고 조르던 기억이 남는다. IMF당시 화의 중에 있던 부실채권 매입을 거래기업에 권하여 엄청난 수익을 안겨준 적이 있다.

가계부로 읽어보면 5년 수입 675억 원에 3342억 원을 생계비로 지출하여 2667억 원 적자에도 차입으로 5020억 원을 조달하여 부실투자를 늘려오다 망한 사례이다.

진로그룹의 실상을 좀 더 들여다보자.

㈜진로는 1924년에 설립하여 1973년 기업공개 이후까지 순이익을 시현하고 있던 우량기업이었다. 우량기업 ㈜진로가 1997년 4월 21일 갑자기 재산보전을 위한 화의신청을 낸 이유는 무엇일까?

기업의 실체는 회계장부 내의 자산에 기록되어 있다. 그 실체인 자산의 질이 어떠한가를 평가해보면 미래에 이 기업의 생사를 파악할 수 있다.

진로그룹의 몰락은 디폴트 5년 전인 1992년에 이미 이 기업의 자산의 질에 예고되어 있었다.

㈜진로가 1992년부터 1997년까지 자산의 질이 어떠했는지를 백만 원 단위로 분석해보자.

결산일	30-Sep-92	1997-09-30	CF
매출	217,408	489,055	2,112,244
영업이익	12,601	60,865	226,806
순이익	2,526	13,231	67,517
매출원천자산	(58,330)	(140,873)	(82,543)
고정자산	(107,641)	(356,816)	(249,175)
목적사업포지션	(165,971)	(497,689)	(264,201)
포괄(손)익	645	624	2,689
무형자산	(6,255)	(1,845)	4,410
비목적사업자산	(355,833)	(940,996)	(585,163)
관계사 지분투자	(59,202)	(100,707)	(41,505)
자본	117,402	302,610	115,002
비목적사업포지션	(303,888)	(740,938)	(504,567)
사업포지션	(469,859)	(1,238,627)	(768,768)
현금	(74,324)	(50,638)	23,686
재무포지션	(544,183)	(1,289,265)	(745,082)
총부채	544,182	1,289,265	745,083
차입금	406,992	928,784	521,792
차입금/총부채	75%	72%	
총자산	(661,585)	(1,591,875)	(930,290)

1992년부터 1997년까지 누적 FCF는 마이너스 2642억 원이었다. 매출과 영업이익이 급증하고 있는 반면에 순이익은 정반대로 하락하고 있었다. 이는 비목적사업에 문제가 있었음을 알 수 있다. 비목적사업자산은 1992년 3558억 원에서 1997년 9410억 원으로 6천억 원가량 증가하였다.

현금흐름을 보면 주식시장에서 1,150억 원을 조달하여 비목적사업자산에 5851억 원과 관계사에 415억 원을 투자한 결과가 무려 5045

억 원이 부족한 상태에 이르게 된다. FCF가 마이너스 2642억 원을 포함하여 총 7687억 원으로 그 부족한 현금을 부채로 충당하고 있었다.

비목적사업자산의 실체는 관계사 대여금이었다. 대여금을 포함하여 관계사에 지출한 현금이 92년에 4천억 원에서 97년에 1조 원이 되면서 그 기간 동안 6천억 원이 불어난 것이다. 원인은 92년 관계사 대여금과 관계사투자 총 4150억 원이 현금으로 전환 불가능한 부실로 손실처리를 해야 했음에도 이를 자산으로 올려놓고 회계를 분식해 온 것이다. 1992년 관계사에 지출된 4150억 원도 자본금 1174억 원보다 더 지출하여 실제로 자본잠식이 2976억 원에 이르렀다. 97년에는 부실자산이 1조417억 원으로 늘어나 자본금 3026억 원보다 더 초과하여 자본잠식이 7391억 원으로 늘어나게 되었다.

분식의 형태는 여러 가지이다. 분식의 실체는 모두 자산에 남아있다. 진로의 분식은 관계사 대여금과 투자 손실을 손실로 처리하지 않고 자산에 얹혀 있었다.

■ 태일정밀

태일정밀 FY	31-Dec-93	31-Dec-94	31-Dec-95	31-Dec-96	단위: 백만 누적
순이익	3,474	3,444	4,376	7,822	19,116
FCF	(16,278)	(23,568)	(40,480)	(83,956)	(164,282)
비목적사업	(1,604)	18,175	21,422	(97,920)	(59,927)
순현금흐름	(17,882)	(5,393)	(19,058)	(181,876)	(224,209)
유상증자(배당)	24,582	36,440	46,217	(4,748)	102,491
차입금	38,215	3,551	45,165	114,416	201,347

매년 순이익이 증가하나 FCF는 매년 적자로 4년 누적은 1642억 원
이다. 현금유입이 없는 가운데 증자로 유입한 현금 1025억보다 더 많
은 1624억이 투자활동에 지출되어 600억 원이 초과 지출되어 부도 발
생 1년 전 2242억 원을 부채로 조달하여 오다 97년 부도로 마감하였
다. 간단히 가계부로 보면 191억 원의 수입에 1834억을 생계비로 지출
하고 또 투자활동에 600억 원을 차입으로 조달하여 사용하다 마감
한 기업이다.

중국에서 번 돈을 국내에 처음으로 송금한 기업이라고 언론으로부
터 칭송을 받아온 기업이었다. 영국투자은행에서 근무할 때에 마진
이 좋아 본점 여신 승인 팀이 승인하겠다고 하였으나 분석 후 거절한
한 기업이었다. 가계부로 본 태일정밀의 실체는 언론보도와는 전혀
딴판임을 알 수 있다.

■ 현대건설

순이익을 매년 시현하고 있었으나 FCF는 매년 대규모의 적자를 시
현하면서 부도 발생 2년 전 이미 누적적자가 2조 원을 초과하였다.
현금유입이 없는 가운데 유상증자로 유입시킨 현금보다 1조 원을 초
과 지출하여 총 3조 원의 현금부족을 기록하고 있다. 부족한 현금은
차입으로 조달한 현금이 2.7조 원이었다.

현대건설					단위: 백만
FY	31-Dec-93	31-Dec-94	31-Dec-95	31-Dec-96	누적
순이익	20,741	23,520	22,324	23,150	89,735
FCF	(269,534)	(553,072)	(457,834)	(945,825)	(2,226,265)
비목적사업	(140,751)	(306,190)	(354,142)	(82,783)	(883,866)

순현금흐름	(410,285)	(859,262)	(811,976)	(1,028,608)	(3,110,131)
유상증자(배당)	(5,092)	32,649	96,387	90,122	214,066

가계부로 읽어보면 수입 897억 원에 생계비로 2조3160억을 지출하고, 또 차입으로 조달한 현금으로 투자에 8839억 원을 지출하여 오다 디폴트를 자초했다.

그럼에도 당시 국내 신용평가사가 현대건설에 부여한 신용등급은 AAA이었다.

■ 고합

고합					단위: 백만
FY	31-Dec-93	31-Dec-94	31-Dec-95	31-Dec-96	누적
순이익	4,507	5,725	4,763	8,211	23,206
FCF	(226,323)	(150,738)	(214,002)	(332,444)	(923,507)
비목적사업	(14,360)	17,710	(27,254)	(65,256)	(89,160)
순현금흐름	(240,683)	(133,028)	(241,256)	(397,700)	(1,012,667)
유상증자(배당)	(75)	24,439	(1,322)	(3,234)	19,808
차입금	206,493	152,664	180,645	270,669	810,471

매년 순이익을 시현하였고 부도 2년 전에는 전년에 비하여 순이익이 거의 두 배이다. 그러나 매년 순이익의 50배 이상에 달하는 마이너스 FCF를 기록하였다. 4년 누적 마이너스 FCF가 거의 1조 원이다. 주주에게는 배당금을 지급하여 주가를 방어하기도 하였다. 차입금으로 조달한 현금은 8104억 원이었다.

FCF 적자는 거의 모두 고정자산에서 왔다. 고합은 고정자산으로 순이익을 분석해왔다.

가계부로 보면 수입 232억 원에 9467억 원을 생계비(주거비 9573억 원)로 지출한 기업이다. 주거비를 분석하여 보면 분식이 보이는 기업이었다.

■ 동아건설

겉으로 본 동아건설 역시 매년 순이익을 시현하고 있는 우량기업이었다. 하지만 FCF는 20배, 최대 30배에 이르는 적자를 기록하였다. 누적 적자 FCF는 1조3906억 원이었다. 주식장사로 벌어들인 4천억 원은 모두 계열사 확장에 소진하여 비목적사업에서도 4505억 원의 현금흐름 마이너스를 기록하여 1.8조 원에 이르는 현금부족을 거의 차입금에 의지하였다.

동아건설   단위: 백만

FY	31-Dec-93	31-Dec-94	31-Dec-95	31-Dec-96	누적
순이익	20,057	36,850	38,369	26,294	121,570
FCF	(295,905)	(66,922)	(379,075)	(648,709)	(1,390,611)
비목적사업	47,030	(217,975)	(113,226)	(166,326)	(450,497)
순현금흐름	(248,875)	(284,897)	(492,301)	(815,035)	(1,841,108)
유상증자(배당)	145,296	25,280	73,183	158,242	402,001
차입금	184,754	113,565	553,849	557,935	1,410,103

이러한 재무제표를 가지고 부도 2년 전인 1997년 5월 세계적인 금융회사들이 참여한 만기 10년의 1억 불짜리 전환사채(convertible bond)를 0.25%의 금리로 발행하는 데 성공하였다. 주관사 Jardine Fleming을 위시하여 ING 베어링, SBC Warburg, Barclays de Zoete, Credit Lyonnais, HSBC, MC-BBL, Paribas, Nikko, Societe Generale, Yanaichi 등과 같은 쟁쟁한 글로벌 금융기관들이 참여하였다.

동아건설이 부도가 난 이후에는 금융기관은 재무제표가 분식되어 속았다고 하면서 재무제표만 믿고 우수한 기업으로 알고 투자하였다고 항변하였다.

주관사 쟈딘 플레밍은 135페이지에 달하는 Offering Circular 투자설명서에 기업의 우수성을 깨알 같은 글씨로 설명하고 있다.

당시 회계감사는 안건회계법인(국내 6위)과 영화회계법인(국내 4위)이었다. 안건회계법인은 당시 기아자동차의 회계분식과 코오롱TNS의 분식회계에 대한 부실감사 등으로 시장의 신뢰를 잃자 영화회계법인과 합병하여 현재 한영회계법인(Ernst&Young, EY)으로 이름을 바꿔 영업을 계속하고 있다.

5분 재무제표로 읽어보면 동아건설의 실체가 바로 보인다. 4년 수입 1216억 원에 생계비로 1조5122억 원을 지출, 적자인 상태에서 투자에 4505억 원을 지출해 총 1조8천억 원을 차입으로 지탱하여오다 마감하였다.

■ 대우그룹

대우그룹은 IMF위기가 어느 정도 지나간 99년 말에 이르러 구조조정을 시작하였다. 99년 부도당시 금융기관의 여신총액은 55조 원이었다. 1개 은행이 출구전략을 준비하는 데에는 역부족인 상황이었다. 대우그룹을 93년에서 부도 전인 98년까지를 가계부 형식의 〈5분 재무제표〉로 읽어보자.

대우그룹　　　　　　　　　　　　　　　　　　　　　　　단위: 10억

결산	FY93	FY94	FY95	FY96	FY97	FY98	누적
순이익	23	313	315	295	519	(5)	1,461
FCF	(2,472)	(4,699)	(3,266)	(3,314)	(6,467)	(15,506)	(35,724)
비목적사업 투자	1,062	749	(1,007)	(564)	(3,893)	(3,703)	(7,357)
현금자산	(164)	(264)	(312)	380	(392)	(87)	(839)
재무흐름	(1,575)	(4,214)	(4,585)	(3,499)	(10,752)	(19,296)	(43,920)
차입금	1,957	2,435	3,252	2,289	9,112	18,446	37,492
사업부채	(383)	1,778	1,333	1,209	1,640	850	6,428
유상증자(배당금)	1,191	1,481	(186)	547	835	5,900	9,769
총자산	(18,271)	(24,284)	(29,002)	(33,378)	(45,507)	(70,714)	(55,236)

〈5분 재무제표〉 대우그룹은 대우, 대우전자부품, 대우전자, 대우자동차, 대우차판매, 대우중공업, 대우통신, 오리온전기, 경남기업의 재무제표를 합산한 것이다.

먼저 가계부로 대우그룹을 읽어보자. 6년 간 1조4610억 원 수입에 37조1850억 원을 그룹 생계비로 지출하여 35조7240억 원의 적자를 기록한 가운데에서도 그룹 관계사 투자에 7조3570억 원을 차입으로 조달하여 오다 IMF사태로 더 이상 차입이 불가능해지자 두 손을 들었다. 93년의 가계부를 읽어보아도 대우그룹의 부도는 이미 예견되어 있었음을 알 수 있다.

생계비 36조 원 중에서 생활비용으로 지출된 현금이 26조 원이었다. 생계비를 비용으로 처리하지 않고 자산으로 처리하여 순이익을 분식하여 왔다.

대우그룹은 93년 이미 현금적자 행진이 진행 중이었다. 부도 발생 1년 전까지 순이익 행진을 이어오고 있었다. 93년 이후 FCF 누적적자 36조 원에도 불구하고 비목적사업, 주로 관계사투자에 7조 원을 지

출하고 있었다. 그 원천은 모두 금융기관의 차입금이었다. 회계법인 KPMG는 98년까지 적정의견을 표명하여 오다가 부도시점에야 의견 거절을 표명하였다.

6년 동안에 발생시킨 마이너스 현금흐름은 44조 원이었다.

대우그룹은 1999년 8월 25일 채무불이행 발생 이전까지의 그룹 합산 재무제표로 실체를 들여다보자. 대개 기업부실은 3년에서 5년 전에 징후를 보인다. 대우그룹은 예외이었다. 대우그룹의 몰락은 1993년 훨씬 이전부터 예고되어 왔음을 미루어 짐작할 수 있다.

대우그룹은 1992년부터 1997년 말까지 영업이익은 92년 8천억, 97년 3조 원을 기록하면서 이자보상 배율은 1.6이상이었다. 대우그룹 자산총계의 추이는 영업이익의 추이와 거의 같은 모양으로 증가시켜 추세분석에서 보면 거의 완벽한 재무제표를 만들어 왔다. 세계5대 회계법인인 KPMG가 부도발생 1년 전까지 적정의견을 표명하도록 하였다. 하지만 KPMG의 산동회계법인은 분식회계 방조혐의로 사라졌다.

분식회계 사기범행은 회계법인, 신용평가사의 도움이 없이는 거의 불가능하다. 당시 국내 신용평가 3사는 모두 AA-로 신용등급을 부여하였다.

대우그룹의 총자산은 92년 15조 원에서 98년 71조 원으로 증가하였다. 1998년 대우그룹의 총자산 71조 원은 당시 국가 GDP 524조 원의 약 14%이다. 71조 원은 97년 IMF뇌관이 되었던 부도여신 56조 대비 126%이다. 대우그룹의 차입금은 이듬해인 98년에 전년에 비하여 무려 18조 원이 증가하였다.

IMF뇌관이 대우그룹이 되었다면 아마 IMF위기를 해소하는 데에 엄청난 어려움이 가중되었을 것이다. 대우그룹의 도산이 늦어졌다면

제2의 금융위기가 도래하였을 가능성도 배제할 수 없었다.

IMF사태로 인한 공적자금 168조3천억 투입은 순전히 엉터리 여신 심사에 기인하였다. 재무제표에 고스란히 기록되어 있는 기업의 실체를 알지 못하고 이자보상배율, 유동비율과 같은 비율분석에 의존하여 여신을 결정하여 오다 빚은 참상이었다.

대우그룹의 재무제표로 실체를 파악하는 데에 5분도 채 걸리지 않는다. 순이익에도 FCF 적자 원인이 매출원천자산에 있는 기업의 재무제표는 거의 분식회계로 만들어진 것이다.

대우그룹의 분식회계(Accounting Fraud)는 기업 역사상 가장 큰 규모로 글로벌 금융시장에 알려져 있다. 대우그룹에서 회생한 기업 5개사의 총자산은 13조 원이다. 71조에서 13조를 차감하면 58조 원의 자산이 사라졌다. 김우중 회장은 8년6개월 징역형과 추징금 18조 원을 선고받았다. 징역형은 이듬해 사면 받았다. 추징금은 거의 납부하지 않았다. 현재 베트남에서 호화생활을 하고 있는 것으로 알려지고 있다. 엔론 故 Kenneth Lay가 350년 징역형 구형에 법원의 45년 선고와는 대조적이다.

미국 기업사상 최대 규모의 분식으로 엔론 투자자에게 740억 불의 손실을 안겨준 엔론의 분식 재무제표를 대우그룹과 비교하여 보기 바란다.

대우그룹을 구성하고 있던 핵심기업들의 재무제표를 자세히 읽어 보자.

대우그룹 몰락의 실체 ㈜대우

순이익 대비 매출원천자산의 흐름을 읽어보면 ㈜대우의 실체가 바로 드러난다. 매출원천자산의 규모가 순이익을 100배 이상 초과한다. 매년 목적사업에 필요한 지출(목적사업자산의 증가)이 순이익 대비 천문학적인 수치로 늘어나 98년에는 한 해에 무려 11조 원이 지출되었다.

당해 순이익은 920억 원에 불과하다. 98년 누적 현금흐름은 마이너스 17조 원이다. 현금흐름의 마이너스 요인은 대부분 매출원천자산의 증가에서 왔다.

현금순환이 전혀 없는 부실자산임을 곧바로 알 수 있다. 목적사업 자산의 대부분을 차지하고 있는 매출원천자산으로 순이익을 분식한 회계부정의 결과이다. 그럼에도 불구하고 국내평가 3사에서는 신용등급을 95년 이후 AAA 두 단계 아래인 AA를 부여하고, 97년 IMF 당시에는 오히려 AA+로 신용등급을 한 단계 격상시켰다.

㈜ 대우						단위: 십억 원
결산	FY92	FY95	FY96	FY97	FY98	FY93~8
평가3사 신용등급		AA	AA	AA+	A	현금흐름
순이익	36	60	76	70	92	389
매출원천자산	(3,097)	(4,124)	(4,107)	(6,767)	(16,212)	(13,115)
고정자산	(313)	(524)	(1,057)	(1,340)	(1,627)	(1,314)
무형자산	(25)	(15)	(19)	(549)	(316)	(291)
비목적사업	(2,266)	(3,453)	(3,613)	(4,983)	(8,462)	(6,196)
자본	1,246	1,416	1,815	2,751	3,891	2,257
사업재무 포지션	(4,456)	(6,699)	(6,981)	(10,888)	(22,726)	(18,270)
현금성자산	(523)	(627)	(455)	(863)	(691)	(168)
재무포지션	(4,979)	(7,326)	(7,436)	(11,751)	(23,417)	(18,437)
부채총계	4,979	7,326	7,436	11,751	23,417	18,437
자산총계	(6,225)	(8,743)	(9,251)	(14,502)	(27,308)	(21,804)

비목적 사업자산은 그동안 6.2조 원이 증가하였다. 시장에서 조달한 증자자금으로 2.3조 원을 모두 목적사업과 관련이 없는 투자활동에 소진하였다.

98년 말 누적현금 흐름을 보면 목적사업에서 14조 원이 마이너스이고 비목적상에서 발생한 마이너스 4조 원을 포함하여 18조 원을 부채로 충당하여 지탱하고 있다. 부실자산으로 점철된 기업의 재무제표에도 신용평가사로부터 초우량기업으로 신용등급을 받아 무려 18.4조 원에 달하는 신용서비스를 제공받고 있었다.

㈜대우는 1999년 8월 워크아웃을 신청하게 되면서 기업의 실체가 드러나기 시작한다. 99년에야 신용등급이 BB로 강등되었다.

당기결손 20조 원을 기록하였는데, 이는 98년까지의 재무제표 왼쪽에 표시된 93년부터 98년 동안의 마이너스 현금흐름 18.4조 원과 거의 유사한 금액이다. ㈜대우의 2006년 파산 당시 자본잠식 총액은 21.8조 원이었다.

대우그룹 몰락의 실체 대우중공업

단위: 십억 원	대우그룹 몰락의 실체 대우중공업		FY93~8
	FY92	FY98	현금흐름
순이익	9	162	544
매출원천자산	(528)	(5,148)	(4,621)
고정자산	(644)	(5,217)	(4,573)
비목적사업	(64)	(681)	(617)
리스크자산	(394)	(3,827)	(3,433)
자본	565	3,999	2,890
사업재무포지션	(1,065)	(10,875)	(9,810)
현금성자산	(76)	(416)	(340)
재무포지션	(1,142)	(11,291)	(10,149)
부채총계	1,142	11,291	10,149
자산총계	(1,706)	(15,290)	(13,584)

워크아웃 이전의 재무제표에 의하면 92년 사업자산 1조 원에서 98년 10.8조 원으로 늘어났는데, 모두 부채로 조달한 현금으로 취득한 자산이다.

오른쪽 현금흐름 분석에 의하면 순이익 5440억 원은 매출원천자산에 4조5210억 원이 지출된 상태다. 현금유입이 전무한 장부상만의 이익을 기록하고 있다.

비목적사업자산 취득에 2.8조 원을 써 유상증자 2.9조 원을 거의 소진하였다. 최고경영진은 목적사업에는 관심이 없고 의문의 투자로 대박을 꿈꾸어 왔다.

그리고 매출원천자산 5.1조 원과 고정자산 5.2조 원의 현금지출을 모두 부채로 조달하고 있었다. 지속가능경영과는 거리가 멀다. 그럼에도 국내 평가3사로부터 쇼핑한 등급은 95년부터 97년까지 AA+, 98년 A+이었다. 초우량 기업이라고 평가하여 왔다.

워크아웃 이후의 재무제표에 의하면 99년과 2000년 사이에 모두 7.7조 원의 손실이 발생하였는데, 부실 매출원천자산 5.4조 원과 무형자산 0.7조 원을 손실 처리함으로써 발생하였다.

고정자산과 비목적사업자산 처분으로 유입된 현금을 부실자산과 현금손실에 충당하고, 6.4조 원의 현금유입과 현금자산의 처분 등에서 나온 현금으로 총 6.8조 원의 부채를 청산하고 있다.

대우중공업은 대우종합기계와 현재의 대우조선해양으로 분리되어 경영을 지속하게 되는데, 6.8조 원 부채의 감소는 실제로 현금유입이 없이 신설된 기업에 자산과 부채가 이전하는 과정에 발생한 것이다.

대우그룹 몰락의 실체 대우전자

대우전자의 92년과 98년 재무제표를 가지고 5분 재무제표 현금흐름표(발생주의회계와 신통식인 현금흐름의 융합)도 재무성과를 5분 만에 확인하여 보자.

단위: 10억

㈜대우전자	92년	98년	현금흐름 93년~98년	
순이익	13	6	순이익	196
매출원천자산	(1,246)	(3,303)	현금지출	(2,057)
고정자산	(415)	(1,091)	고정자산	(676)
무형자산	(104)	(497)	무형자산	(393)
비목적사업	(485)	(1,336)	비목적사업	(851)
자기자본	587	1,064	증자	282
부채조달사업자산	(1,663)	(5,163)	순이익현금흐름	(3,499)
현금성자산	(66)	(95)	현금(증가)	(29)
부채조달자산	(1,730)	(5,257)	순현금흐름	(3,528)
부채총계	1,730	5,257	부채조달	3,528

98년까지 6년간의 순이익 누적금액은 196억 원으로 매출원천자산, 고정자산, 무형자산, 비목적사업투자에 현금을 지출하여 3.5조 원의 현금부족이 발생하였다. 3.5조 원의 부채는 주로 매출원천자산(매출발생과 관련된 일체의 지출)에서 발생하였다.

목적사업에서 사업성과가 전무한 가운데 순이익은 장부상의 이익에 불과한 사실을 쉽게 추정할 수 있다. 이듬해 워크아웃 후 99년의 재무제표를 읽어보면 매출원천자산의 부실(분식회계)로 인한 순손실이 발생하였음을 확인할 수 있다.

98년 당기결손 2조9천억 원 중에서 5460억 원은 현금흐름 손실로 부채로 충당하였다. 현금흐름 손실 5천억 원을 제외한 2조4천억 원이 매출원천자산 1.5조 원을 비롯한 부실자산에서 발생하였음을 현금흐름표에서 보여주고 있다.

갑자기 발생하는 대규모 기업부실은 수년간 숨겨온 부실자산(분식회계)에서 비롯된다. 부실자산에 기초한 이익으로 신용공여를 받아오다 채무불이행으로 마감하게 된다.

기업의 부실을 선제적으로 관리하기 위해서는 부실자산이 발생하는 시점에서 손실로 반영한 다음, 부실의 원인을 규명하고 손실방지의 대책을 마련할 수 있어야 한다.

2002년 10월 ㈜대우일렉트로닉스(구 대우모터공업㈜)의 가전, 영상 사업부문 등 사업부문의 양도와 2003년 4월 ME사업부 및 MEMS사업부를 ㈜대우일렉트로닉스에 양도한 이후부터 매출과 관련된 활동이 종결되었다.

자본잠식 4.8조 원으로 대우전자는 사라지고 자본금 1800억 원으로 동부대우전자㈜가 가전제품사업을 이어오고 있다.

한편 국내 신용평가사는 96년 AA-, 97년에는 오히려 한 단계 높인 AA, 98년에는 3단계 하락한 A- 투자적격 신용등급을 부여하고 있었다. 99년 워크아웃 시점에 이르러서야 BB 투자부적격으로 등급을 하향하였다.

대우그룹 몰락의 실체 대우자동차판매

부채로 조달한 사업자산이 92년 580억 원에서 98년 1조4120억 원으로 1조3700억 원이 증가하였다. 동 기간의 순손실 30억 원을 감안하면 사업활동에서 1조3540억 원의 현금이 유출되었고, 현금자산

160억 원이 증가하여 부채는 총 1조3700억 원이 늘어난 것이다.

대우차판매	92년	98년		92년~98년	현금흐름
순이익	(10)	5		누적순이익	(3)
매출원천자산	(26)	(954)		매출원천자산	(928)
고정자산	(28)	(812)		고정자산	(784)
무형자산	0	0		무형자산	0
비목적사업자산	(9)	(365)		비목적사업자산	(356)
자기자본	7	720		자기자본	717
부채조달 사업자산	(58)	(1,412)		FCF	(1,354)
현금성자산	(5)	(22)		현금(증가)	(16)
부채조달 자산합계	(63)	(1,433)		NCF	(1,370)
부채총계	63	1,433		부채증가	1,370

목적사업은 30억 원 손실에 매출원천자산의 증가와 고정자산의 증가를 모두 외부부채로 조달하여 사업을 유지하고 있다. 자본으로 조달한 자기자금 7170억 원은 비목적사업자산에 3560억 원을 투자하고 나머지 잔액을 목적사업에 사용하고 있음은 경영진이 목적사업보다는 비목적사업에 더 열정을 보이고 있음을 알 수 있다.

목적사업의 성과가 없는 가운데 부채로 지탱하고 있는 상황이다. 99년 워크아웃 이후의 재무제표를 읽어보자.

대우차판매	98년	00년
순이익	5	60
매출원천자산	(954)	(598)
고정자산	(812)	(815)
무형자산	0	0
비목적사업자산	(365)	(297)
자기자본	720	616
부채조달 사업자산	(1,412)	(1,094)
현금성자산	(22)	(113)
부채조달 자산합계	(1,433)	(1,207)
부채총계	1,433	1,207

단위: 10억	현금흐름
순이익	(129)
매출원천자산	357
고정자산	(3)
무형자산	0
비목적사업자산	67
자기자본	25
FCF	318
현금(증가)	(91)
NCF	226
부채증가	(226)

[워크아웃 이후 99년~2000년]

　순결손 1290억 원에도 불구하고 부채로 취득한 사업자산을 감소시켜 3180억 원의 현금이 유입되었다. 매출원천자산이 현금으로 순환되어 현금성자산으로 910억 원을 추가 보유한 결과, 2260억 원의 부채를 감소시키고 있다. 매출원천자산 3570억 원의 현금전환에 기인하고 있다. 유통회사의 특성상 매출원천자산이 질보다는 저조한 수익성이 지속경영에 문제가 있었음을 여실히 보여주고 있었다.

　대우차판매는 외상으로 자동차를 구입하여 판매하는 구조로 외부차입보다는 내부부채에 의존하는 경영으로 외부평가사의 신용등급을 받을 필요가 없었다. 최종 손실은 대우자동차 또는 ㈜대우에 귀속되는 구조였다.

대우그룹 몰락의 실체 대우자동차

단위: 10억

대우자동차 읽기	92년	98년	92년~98년 현금흐름	
순이익	(96)	18	누적순이익	237
매출원천자산	(1,526)	(4,499)	매출원천자산	(2,973)
고정자산	(596)	(4,127)	고정자산	(3,530)
무형자산	(67)	(414)	무형자산	(347)
비목적사업자산	(642)	(6,577)	비목적사업자산	(5,934)
자기자본	3	4,073	자기자본	3,832
부채조달 사업자산	(2,829)	(11,544)	FCF	(8,715)
현금성자산	(135)	(541)	현금(증가)	(406)
부채조달 자산합계	(2,963)	(12,085)	총현금흐름	(9,121)
부채총계	2,963	12,085		9,121

93년부터 98년까지의 누적순이익은 2370억 원이다. 늘어난 부채는 9조1210억 원이다. 사업활동에서 8조7150억 원이 사용되었고 현금 자산 취득에 4060억 원을 사용하였다. 사업활동의 내용을 살펴보면 자기자본 3조8320억 원 증자하여 비목적사업에 5조9340억 원을 지출하여 본업은 경영자의 관심 밖에 있었음을 보여주고 있다. 순이익 2370억 원을 시현하기 위하여 매출원천자산 2조9730억 원, 고정자산 3조5300억 원을 지출하여 FCF는 천문학적인 마이너스를 기록하고 있었다.

천문학적인 부족현금은 모두 우량신용등급(AA-)을 매입하여 조달 한 부채(9.1조)로 충당하였다. 회계부정에 의한 천문학적인 매출원천자 산을 매개로 순이익을 가공하여 왔음을 쉽게 확인할 수 있다.

매출원천자산은 본래 손익계산서 상에서 발생한 모든 비용과 순이익을 합산하여 놓은 것으로, 현금으로 순환하지 못하는 자산은 부실이라고 설명해 왔다. 회계부정으로 만들어진 재무제표로 시장과 은행을 속여 돈을 빌려왔다.

99년 워크아웃 신청 이후의 재무제표에 의하면 누적결손 18조 원에 부실자산의 상각 후 11조 원의 현금손실이 발생하여 부채로 충당하고 있다. 2001년 회사정리절차 개시 당시 자본잠식 금액은 17조 원이었다.

대우자동차㈜는 비상장 초대형기업으로 주로 대우그룹의 계열사들이 투자하여 신설된 법인이다. 보통주 ㈜대우 22.40%, 대우중공업㈜ 66.33%, 대우통신㈜ 2.37%를 출자하여 설립하였다. ㈜대우는 대우자동차가 생산한 자동차를 이용하여 천문학적인 분식회계에 활용하여 왔다.

대우그룹 몰락의 실체 대우통신

단위: 10억

대우통신	92년	98년	92년~98년 현금흐름	
순이익	7	(385)	순(손실)	(338)
매출원천자산	(380)	(1,108)	매출원천자산	(728)
고정자산	(63)	(222)	고정자산	(159)
무형자산	(49)	(124)	무형자산	(75)
비목적사업자산	(110)	(479)	비목적사업자산	(368)
자기자본	198	76	자기자본	217
부채조달 사업자산	(405)	(1,857)	사업성과	(1,452)
현금성자산	(32)	(74)	현금(증가)	(43)
부채조달 자산합계	436	1,931	총현금흐름	(1,495)
부채총계	436	1,931	부채증가	1,495

대우그룹의 타 기업과는 달리 누적손실 3380억 원을 기록하여 목적사업의 성과가 없음을 고백하고 있다. 98년 현재 92년보다 부채가 1.5조 원이 증가하였는데, 그 원인은 사업현금흐름에서 거의 모두 발생하였다.

그 내용을 보면 손실에 이어 매출원천자산에 7천억 원, 비목적사업자산에 4천억 원을 지출하고 있다. 유상증자로 조달한 현금 2천억 원은 모두 비목적사업자산의 취득(4천억 원)에 사용하여 경영진의 관심이 본업보다는 비목적사업에 있었음을 알 수 있다.

■ 새한

새한 FY	31-Dec-93	31-Dec-94	31-Dec-95	31-Dec-96	31-Dec-97	31-Dec-98	단위: 백만 누적
순이익	5,165	6,650	8,980	6,763	3,568	14,164	45,290
FCF	(62,749)	(21,247)	(165,871)	(83,067)	(177,138)	(912,417)	(849,668)
비목적사업	(5,133)	(10,603)	10,915	(43,646)	(137,377)	354,717	359,850
순현금흐름	(67,882)	(31,850)	(154,956)	(126,713)	(314,515)	(557,700)	(381,401)
유상증자(배당)	(3,542)	(3,751)	37,881	(5,760)	(1,683)	355,504	378,649
차입금	59,822	7,045	103,281	164,487	357,494	424,909	1,117,038

새한은 순이익의 31배에 달하는 FCF 누적적자를 기록하여 왔다. 유상증자로 3786억 원 현금유입을 시켜 비목적사업 마이너스 현금흐름 방어에 성공하였으나 순이익 453억 원에 FCF 적자 1조4225억 원을 부채로 지탱하여 오다 2년 후 디폴트로 마감한 사례이다.

가계부로 읽어보면 앞서 읽어본 기업들과 마찬가지로 수입을 초과하여 기업 생계비로 지출하여 오다 재계에서 사라진 기업이다.

■ KDS(코리아데이타시스템즈)

KDS					단위: 백만
FY	31-Dec-96	31-Dec-97	31-Dec-98	31-Dec-99	누적
순이익	3,910	4,656	8,069	19,385	36,020
FCF	(4,627)	(11,047)	(233,841)	(157,846)	(407,361)
비목적사업	(23,452)	(22,184)	15,366	125,943	95,673
순현금흐름	(28,079)	(33,231)	(218,475)	(31,903)	(311,688)
유상증자(배당)	13,321	814	2,823	144,632	161,590
차입금	37,082	33,070	216,765	189,672	476,589

95년 상장과 더불어 자체 유통채널로 저가 데스크톱 컴퓨터를 미국시장에 판매하면서 주식시장에 돌풍을 일으켰던 기업이다. 당시 여신전문가들로부터 가장 질의가 많았던 기업이기도 하다.

KDS는 4년 누적순이익 360억 원에 FCF 적자 4074억을 기록하였다. 비목적사업에 투자한 돈을 99년 유상증자로 충당하여 현금부족을 만회하였으나 불어난 부채는 3117억 원이었다. 차입금은 이보다 더 많은 4766억 원이었다. 차이는 늘어난 현금자산 때문이었다. 늘어난 사업부채를 포함한 총부채는 5365억 원으로 사업상에서 온 (-)3117억 원과 (-)현금자산 2248억 원을 충당하고 있었던 것이다. 즉 현금유동성은 번 돈이 아니라 부채에서 온 것이었다.

이듬해 추가로 조달한 차입금 2000억 원으로 (-)FCF를 충당하여 현금유동성을 2000억 원 수준으로 유지하여 오다가 2001년 결손 8000억 원에 FCF (-)3000억을 기록하면서 보유하고 있던 2000억 원은 모두 고갈되고 차이 1000억 원은 사업부채를 늘리면서 마감하였다. 2001년 부도가 발생하면서 실체가 드러난 사건이었다.

당시 은행차입금은 7200억 원이었다. 출구전략을 세워 위기에서 탈출한 금융기관은 당시 기업은행과 신한은행 두 곳이었다.

가계부로 읽어보아도 기업의 운명은 97년 이미 정해져 있었다.

■ 현대전자(現 SK하이닉스)

현대전자						단위: 억 원
FY	31-Dec-96	31-Dec-97	31-Dec-98	31-Dec-99	31-Dec-00	누적
순이익	878	(1,811)	(1,452)	2,155	(25,960)	(26,190)
FCF	(20,190)	(22,902)	(19,308)	(53,727)	(20,511)	(136,641)
비목적사업	(925)	(22,480)	11,858	18,990	22,552	29,996
사업현금흐름	(21,115)	(45,383)	(7,450)	(34,737)	2,041	(106,645)
현금	625	(367)	(839)	77	2,593	2,089
재무흐름	(20,489)	(45,750)	(8,289)	(34,660)	4,634	(104,556)
부채증가(감소)	20,489	45,750	8,289	34,660	(4,634)	104,556
자본변동	770	1,067	10,697	60,213	2,103	74,850

LG반도체를 흡수한 현대전자는 96년부터 2000년까지 5년 동안 누적 FCF (-)13조 6641억 원을 기록하였다. 생존이 불가능함을 5년 전부터 예고하고 있었다. 유상증자로 조달한 현금 7조4850억 원이 허공으로 사라졌다.

부채는 2.7조 원에서 5년 동안 10.5조 원이 증가한 13.2조 원이었다.

■ 메디슨

메디슨					단위: 백만
FY	31-Dec-93	31-Dec-94	31-Dec-95	31-Dec-96	누적
순이익	2,584	5,294	4,137	8,234	20,249

FCF	(11,515)	(9,638)	(12,302)	(29,009)	(62,464)
비목적사업	(4,836)	(514)	(721)	(1,313)	(7,384)
순현금흐름	(16,351)	(10,152)	(13,023)	(30,322)	(69,848)
유상증자(배당)	202	5,591	10,015	15,993	31,801
차입금	16,862	9,598	10,663	32,868	69,991

메디슨은 2002년에 부도가 났으나 96년 코스닥 상장 훨씬 이전에 FCF 마이너스로 디폴트를 예고하고 있었다. 순이익은 모두 부실 매출원천자산에서 왔다.

엄격하게 평가하면 분식된 이익으로 상장에 입성한 것이다. 96년 부채는 1065억에서 2002년 디폴트 당시 4,626억 원으로 증가하였다.

■ SK글로벌

SK글로벌					단위: 백만
FY	31-Dec-98	31-Dec-99	31-Dec-00	31-Dec-01	누적
순이익	8,376	36,943	37,453	(293,364)	(210,592)
FCF	(675,786)	(709,633)	(2,642,868)	200,368	(3,827,919)
비목적사업	(81,032)	(1,049,107)	(396,926)	(526,726)	(2,053,791)
순현금흐름	(756,818)	(1,758,740)	(3,039,794)	(326,358)	(5,881,710)
유상증자(배당)	75,373	2,444,484	(541,317)	(1,461,975)	516,565
차입금	587,721	1,149,320	2,381,967	(442,850)	3,676,158

SK글로벌은 부도 2년 전인 2001년 이전 4년 FCF는 (-)3조8천억 원이었다. 투자활동에서 지출된 현금 2조 원을 합하여 총 5.9조 원을 부채로 조달하여 기업을 존속하여왔다. 2000년 FCF (-)2.6조 원, 현금흐름 (-)3조 원으로 상환능력을 상실한 상태였다.

그럼에도 당시 여신전문가들은 검찰에서 분식회계를 발견하지 않았다면 충분히 건재할 수 있었던 기업이라고 항변하였던 기억이 다시 새롭다. 당시 외환은행은 현대건설, 현대반도체 등 현대그룹의 부실로 자기자본이 위태한 가운데 SK글로벌 부실여신 5천억 원의 직격탄을 맞아 경영권이 론스타로 넘어갔다.

출구전략을 마련하여야 한다고 강력하게 경고하였음에도 신용등급을 낮추어 대손충당금을 늘리는 등 소극적으로 위기에 대응하다가 은행의 종말을 맞은 것이다. 당시 리스크 관리부서에서 녹취한 파일을 보면 특강 10분 만에 "SK글로벌이 1년 이내에 도산하지 않으면 내 손에 장을 지진다."고 되어 있다.

■ STX그룹

FY	FY08	FY09	FY10	FY11	누적
순이익	7,917	(556)	2,607	1,311	11,279
FCF	(34,177)	(10,154)	(4,120)	(16,266)	(64,717)
비목적사업	(27,795)	23,304	5,884	4,381	5,774
순현금흐름	(61,972)	13,150	1,764	(11,885)	(58,943)
유상증자(배당)	30,174	(10,905)	1,002	1,362	21,633

STX 그룹 [상장 5개사 합산] · 단위: 억

부도 2년 전인 2011년 4년 누적순이익 1조1279억에도 불구하고 순이익잉여현금은 반대로 마이너스 6조4717억 원이었다. 목적사업에서 번 돈보다 지출이 무려 7조 5996억 원으로 6.4조 원이 초과하였다. 비목적사업에서 5774억 원을 축소하였으나 사업에서 부족한 현금은 5조8943억 원이었다. 4년간 늘어난 부채가 거의 6조 원에 육박하였다. 한편, 배당 후 유입된 현금은 2조1633억 원이었다. 부도징후는 2007년부터 보이고 있었다.

2013년 부도 후에 나타난 누적결손은 11조7420억 원이었다. 자본잠식 4조1730억 원으로 STX그룹이 마감되었다. 자산 12조1292억 원, 부채 16조3029억 원이 밝혀진 실체이었다. 12조 원의 자산은 ㈜STX 1조, STX조선해양 3.4조, STX팬오션 4.6조, STX엔진 1.2조, STX중공업1.8조 원으로 구성되어 있었다. 2016년 말 현재 남아있는 자산은 8조 원이다. 부도 이후 3년 동안 4조 원이 사라졌다.

STX그룹의 도산은 여신전문가와 주식 투자자들에게 많은 교훈을 줄 수 있는 사례이다. 상장기업 3개사 ㈜STX, STX조선해양 및 STX팬오션의 별도 재무제표로 STX그룹 몰락의 진실을 알아보자. 어떤 기업에 투자하여야 하는가에 대한 지혜를 재무스토리에서 얻을 수 있다. 당시 나의 경고를 받아들인 은행은 여신 1조 원 이상을 줄였다.

STX 그룹 몰락의 진실 그룹지주회사 ㈜STX

STX그룹 강덕수 회장이 총자산을 21조 원으로 키워 그룹을 지배할 수 있었던 것은 99년 부도가 난 쌍용중공업을 인수하면서 시작되었다. 인수 후 사명을 ㈜STX로 바꿔 2003년 주식시장에 상장하였고, 다시 엔진사업부문을 떼어내 그룹의 종합상사로 변신, 내부거래서 만든 수익으로 덩치를 키우면서 지주회사의 역할을 하였다.

㈜STX의 주인은 강덕수와 강덕수 소유인 포스텍이었다. 포스텍은 STX그룹과의 거래에서 수익을 만들어 생존한 기업이었다. 법정관리 중에 있던 부실기업 대동조선(97년 1월 31일 부도)을 2001년 10월에 인수

하여 이를 담보로 다시 부실기업인 범양상선을 산업은행으로부터 인수, 덩치(자산)를 키운 후 그룹형태를 완성하였다.

㈜STX는 2003년 상장 당시의 매출은 5천억 원이었다. 내부거래를 통해 2011년 4조2천억, 2012년에는 4조1천억으로까지 늘릴 수 있었다. 그러나 2013년 초에 디폴트로 마감되면서 매출은 1조9천억 원으로 급락하였다. 내부매출이 모두 사라지면서 2016년의 현재 매출은 1조5천억 원이다.

부실경보가 울리기 시작한 2007년의 순이익은 허구로 만들어진 것임을 알 수 있는 단서가 바로 매출원천자산이었다. 전년도 731억 원에서 2082억 원으로 증가하여 순이익 862억 원의 실체가 매출원천자산이었던 것이다.

목적사업의 현금창출이 전무한 가운데 지주회사의 형태를 갖추기 위해서 관계사 지분을 늘릴 수 있었던 것은 수조 원의 매출로 위장한 순이익과 상장하여 끌어들인 주식장사로 모은 돈과 차입금으로 조달된 현금이었던 것이다.

㈜STX

신평사 신용등급	NR	A-	A-	A-	A-	단위: 십억 원
FY	FY05	FY09	FY10	FY11	FY12	누적
순이익	23	(172)	9	85	(24)	58
FCF	(54)	(73)	83	(179)	130	(611)
비목사업 (투자)회수	(34)	(261)	(311)	(208)	(143)	(1,254)
사업현금흐름	(88)	(334)	(228)	(387)	(13)	(1,865)
자본변동	34	(216)	81	147	(19)	948

FCF에서 지속적인 적자를 기록하면서 순이익으로 분식한 것을 홍

보자료로 사용하여 2009년 신용·평가사로부터 원금상환에 위험이 없는 A- 등급을 받아 차입금을 순조롭게 늘릴 수 있었다. 누적현금 흐름을 보면 신용등급 A-를 받은 해에 차입금이 1조 원을 초과하기 시작한다. 부도발생 1년 전까지 A-등급으로 차입금은 1조8천억으로 늘어났다. 주식장사로 모은 돈은 배당금 지급금을 포함하여 1조2천억 원이었다.

누적현금 흐름으로 가계부를 읽어보면 576억 원을 벌어 6689억 원을 STX생계비로 지출하고 투자에 1조2536억 원, 총 1조8649억 원을 차입한 돈으로 생계비와 부실기업 투자에 사용하였다.

강덕수 전 STX회장이 다수의 지분을 가지고 있었던 ㈜STX를 매개로 장부상 순이익으로 포장한 손익계산서를 이용하여 차입한 돈으로 그룹계열사 지분을 늘려 지주사의 지위를 유지해 오다 10년 만에 신기루경영을 마감한 기막힌 재무스토리를 가계부로 읽어보면 5초도 채 걸리지 않는다.

모래성에 쌓은 ㈜SXT의 신기루경영이 주식투자자의 손실을 제외하고 채권단에 안겨준 것은 1조6천억의 손실이었다.

STX 그룹 몰락의 진실 STX 중간지주회사 STX조선해양

STX조선해양은 STX중공업 및 STX팬오션의 지분을 확보하여 STX그룹의 중간지주회사로서 덩치 키우는 역할을 해왔다. STX조선해양은 2003년 10월 한국증권거래소에 상장하였다.

누적 당기순이익은 2004년 210억 원에서 2010년 3194억 원으로 정점을 찍고, 다음 해 2997억 원으로 하락, 2012년에 결손 3319억 원을 기록하였다. 이익잉여현금흐름(FCF)은 2004년 (-)1376억 원에서 2009

년 (-)2조7963억 원, 2012년 (-)3조456억 원의 레코드를 기록한 다음, 2013년 5월에 디폴트를 선언하였다.

녹석사업에서 현금유출이 지속됨에도 불구하고 중간지주사 위치를 유지하기 위해 관계사 지분투자를 2004년에 3696억 원, 2007년 1조222억 원, 2008년 1조5785억 원으로 늘려왔다. 2012년 FCF와 지분법투자 손실 후 투자잔액 1조1466억 원을 합산하면 총 4조1922억 원을 부채로 조달하여 지탱해 왔다. 그럼에도 국내신용평가(NCRA) 3사는 2008년 이후 여전히 A- 신용등급을 주어 STX조선해양이 차입이 용이하도록 지원하여 왔다.

마이너스 FCF와 관계사 투자에 지출된 현금 4조 원이 어디에서 온 것인지 2012년 재무제표로 검색해보자.

STX조선해양㈜				단위: 억 원
신용등급	NR	NR	A-	누적
결산	FY02	FY03	FY12	
매출	5,639	6,722	33,992	252,123
영업이익	554	475	(4,001)	53
순이익	436	411	(6,316)	(2,908)
매출원천자산	(2,135)	(3,130)	(19,800)	(17,665)
고정자산	(3,415)	(4,391)	(14,861)	(11,446)
목적사업포지션	(5,550)	(7,521)	(34,662)	(32,019)
포괄(손)익	0	0	41	965
무형자산	(8)	(13)	(176)	(168)
비목적사업자산	(381)	(2,263)	(12,775)	(12,394)
관계사투자	(71)	(85)	(11,466)	(11,395)
자본	2,415	2,887	11,153	10,681
비목적사업포지션	1,953	525	(13,263)	(12,311)
사업포지션	(3,596)	(6,995)	(47,925)	(44,330)

현금	(333)	(409)	(513)	(180)
재무포지션	(3,930)	(7,405)	(48,439)	(44,510)
총부채	3,930	7,405	48,439	44,509
차입금	1,671	3,350	25,448	23,777
차입금/총부채	0	45%	53%	
총자산	(6,346)	(10,293)	(59,592)	(53,246)

상장이후 부도 1년 전인 2012년까지 관계사 투자는 상장 전 해 2002년 71억 원에서 1조1466억 원으로 1조1395억 원이 늘어났다. 주식장사로 1조681억 원(배당 후 자본변동)을 조달하였다. 비목적사업자산에의 투자로 현금흐름은 1조2322억 원이 부족하였다. 한편, FCF는 누적결손 2908억 원에서 매출원천자산과 고정자산의 증가로 총 3조2019억 원이 마이너스이다. 목적사업의 적자와 투자적자로 총 4조4330억 원을 부채로 조달하였다.

수입이 마이너스인 적자에도 불구하고 기업의 생활비와 주거비를 포함한 3조2019억 원을 차입으로 조달할 수 있었던 것은 신용평가사로부터 원금상환 위험이 없는 신용등급 A-를 쇼핑할 수 있었던 덕분이었다.

STX 그룹 몰락의 진실 STX팬오션

2004년 STX조선해양이 STX팬오션을 인수함으로써 STX그룹에 편입되었다. STX팬오션은 STX그룹 상장 5개사 중 유일하게 영업현금흐름을 창출해온 기업이다. 그러나 2009년 매출이 52% 급감하면서 영업결손과 함께 STX그룹은 몰락의 길을 걷게 되었다.

기업: 팬오션㈜

신용등급	NR	A	A	A	A	단위:억 원
결산	FY04	FY09	FY10	FY11	FY12	FY04~CF
매출	25,862	39,892	57,689	50,590	49,194	410,401
영업이익	3,415	(812)	1,056	(1,046)	(1,935)	17,015
순이익	2,114	(276)	1,097	(44)	(4,537)	12,118
매출원천자산	(2,008)	(6,671)	(8,576)	(9,672)	(9,335)	(7,299)
고정자산	(5,847)	(28,512)	(35,259)	(45,761)	(51,208)	(45,976)
목적사업 포지션	(7,855)	(35,184)	(43,836)	(55,434)	(60,543)	(41,157)
포괄(손)익	0	(1,647)	(618)	341	(1,661)	(3,585)
무형자산	0	(305)	(253)	(208)	(130)	(130)
비목적사업 자산	(315)	(6,504)	(5,019)	(2,239)	(2,195)	(1,718)
관계사 지분투자	0	(1,563)	(1,952)	(2,369)	(2,058)	(2,051)
자본	4,226	24,753	25,027	25,120	18,653	7,783
비목적사업포 지션	3,910	16,379	17,801	20,302	14,269	299
사업포지션	(3,945)	(18,804)	(26,035)	(35,131)	(46,274)	(40,858)
현금	(2,176)	(6,361)	(5,493)	(3,288)	(1,598)	(824)
재무포지션	(6,121)	(25,165)	(31,529)	(38,420)	(47,872)	(41,682)
총부채	6,121	25,165	31,529	38,420	47,872	41,683
차입금	2,831	20,822	26,226	32,654	41,340	37,262
차입금/ 총부채	46%	83%	83%	85%	86%	89%
총자산	(10,348)	(49,919)	(56,556)	(63,540)	(66,526)	(57,999)

STX팬오션은 2005년 싱가포르 증시에 상장하고 2007년 국내시장에 상장하였다.

2004년부터 2012년까지의 누적영업이익은 1조7015억, 순이익은 1조715억 원이었다. 매출원천자산 7299억 원 지출 후, 영업활동에서 창출한 현금은 9716억 원이었다. 그룹 내 유일한 현금창출 기업이었다.

그러나 그룹에 편입된 2004년부터 2012년까지 누적순이익이 1조2118억 원에 FCF는 (-)4조1157억 원이었다. 고정자산(선박) 4조5976억 원이 증가하면서 마이너스 FCF를 기록하게 되었다. 2008년에 대비하여 STX조선해양 선박구입으로 지출된 현금이 무려 2조6668억 원이나 되었다. 상장으로 유입된 순현금 7783억 원은 비목적사업에 지출하고 남은 현금은 299억 원에 불과, 마이너스 현금흐름을 부채로 충당하였다.

신용평가3사에서 부여한 신용등급은 원금상환 위험이 없는 'A' 로 STX팬오션이 부도로 마감할 것이라고 아무도 예측하지 못하였다.

2013년 디폴트 이후 2014년 2년 동안의 현금흐름으로 본 재무상태는 다음과 같았다. 신용등급은 A에서 BBB+로 3단계 하락한 다음 이듬해 2014년 D가 부여되었다. 전혀 예측력이 없는 신용등급에 의하여 주식투자자는 물론 채권은행에 거대손실을 안겨주었다.

STX 그룹 몰락의 진실 - 그룹의 주인 포스텍

강덕수 회장은 포스텍의 지분을 본인과 STX재단 등의 이름으로 100% 소유하고, 2004년 11월 소형기업인 텔콤을 인수한 후 포스텍으로 사명을 바꾼 뒤, 연속으로 소형 IT 기업인 엔토스정보기술㈜, ㈜포스아이엔씨, ㈜포스아이를 흡수합병하여 덩치를 키워, 지주사인 ㈜STX의 지분을 확보하면서 그룹의 경영권을 장악하였다.

포스텍의 주요 수입원은 STX그룹에 IT서비스를 제공하는 것과 STX조선에 기자재를 수입하여 납품하는 것이었다. STX에서 수익을 만들어 STX그룹을 장악하여 온 것이다. 포스텍의 전신인 텔콤은 총자산이 67억 원, 부채가 5861백만 원, 자본금이 845백만 원에 영업결손이 245백만 원이었던 부실기업이었다. 포스텍은 2016년 6월 27일 창원지방법원에 법정관리 중이다.

포스텍 재무제표로 그룹 내부거래의 수익을 원천으로 STX의 경영권을 확보하는 과정을 살펴보자.

기업: ㈜포스텍(2016-06-27)						단위: 억 원
EWIS PD rank	BB-	BB-	B	CC	C	누적
결산	FY04	FY05	FY11	FY12	FY16	FY04~. CF
매출	173	309	6,547	6,094	810	32,355
영업이익	4	11	374	231	(109)	1,315
순이익	21	174	307	(1,201)	(445)	(3,095)
매출원천자산	(45)	(51)	(1,373)	(880)	(88)	(71)
고정자산	(11)	(8)	(1,333)	(1,213)	(533)	(524)
목적사업 포지션	(56)	(59)	(2,707)	(2,093)	(621)	(3,690)
FCF	(9)	171	(175)	(587)	(224)	(3,690)
무형자산	(2)	(1)	(46)	(27)	(2)	(2)
비목적사업	(138)	(11)	(102)	(95)	(78)	(75)
관계사투자	0	(499)	(4,827)	(3,181)	(2)	(2)
자본	55	216	2,958	1,096	(976)	2,110
비목적사업 포지션	(85)	(295)	(2,017)	(2,208)	(1,059)	2,031
사업포지션	(141)	(353)	(4,724)	(4,301)	(1,679)	(1,659)
현금	(16)	(16)	(569)	(275)	(18)	20
재무포지션	(157)	(369)	(5,292)	(4,577)	(1,697)	(1,639)
총부채	157	369	5,292	4,577	1,697	1,639
차입금	78	216	3,175	2,583	1,206	1,171
차입금/ 총부채	50%	59%	60%	56%	71%	.
총자산	(211)	(584)	(8,251)	(5,673)	(721)	(654)

　2004년 11월 인수 당시의 매출은 172억 원이었으나 이듬 해에는 309억 원으로 급증하였고, 영업이익은 무려 171억 원으로 급증하였다. 동시에 매출원천자산도 급증하였다. 인수 후부터 2016년에 이르기까지 12년 동안의 FCF는 마이너스 3690억 원, 자본금 2110억 원(출자전환 1489억 원 포함)을 수혈하여 얻은 성과는 마이너스 3690억 원이었던 것이다. 그룹 내부수익으로 만든 영업이익 1315억 원에도 불구하고 순결손이 3095억 원이었다. 그 차이 4410억 원은 모두 ㈜STX의 투자손실에서 온 것이다.

　차입금은 2003년 35억 원에서 2011년 3175억 원으로 늘어난 후, 법정관리 신청해인 2016년 채권단의 출자전환 후 1206억 원의 잔액이 남아있다.

STX그룹의 몰락과 함께 매출은 6547억 원에서 2016년 영업손실 109억 원과 함께 809억 원으로 급락하였다. 남아있는 자산은 721억 원, 부채는 1699억 원으로 자본잠식 976억 원이다.

포스텍의 차입부채가 급증한 해인 2011년 3175억 원의 차입요인을 분석해보면 다음과 같다. 목적사업자산 2707억 원, 비목적사업 투자 순자산 2017억 원을 합산하면 사업에 소요된 자금은 총 4724억 원이었다. 당시 매출 6547억, 영업이익 374억 원에도 불구하고 FCF는 (-)175억 원이었다. 차입요인은 관계사인 STX 지분을 취득하기 위한 것이었다.

STX그룹의 몰락이 이미 2007년부터 시작되고 있었음에도 불구하고 금융기관은 강덕수 회장이 STX 경영권을 확보할 수 있도록 포스텍에 금융을 지원하여 왔다. ㈜STX가 그룹의 실체인 포스텍에 출자전환하여 지분 13.74%를 보유하고 있다. 2016년 말 현재 포스텍의 대주주는 우리은행(지분 34.36%)이다.

기업의 흥하고 망하는 것은 기업 최고경영자의 철학에서 결정된다. STX그룹의 최고경영자는 목적사업에서 현금을 창출하여 직원의 안정적인 생활을 책임지고 사회에 기여하는 것보다는 빚으로 조달한 현금으로 부실기업을 늘리는 것이 경영철학이었다. 기업의 생계비도 마련하지 못하여 빚으로 생계를 꾸리면서도 신용등급을 쇼핑하여 낮은 이자에 돈을 빌려 일확천금을 꿈꾸며 부실기업을 확장하여 온 것이다.

사베인즈옥슬리법(Sarbanes-Oxley, SOX)

IMF 습격과 함께 대한민국을 강타한 대우사태에 버금가는 엔론사태는 2001년 10월 미국증시를 공황상태로 만들었다. 엔론 분식회계사기에 이어 월드콤 분식회계로 투자자들은 재무제표를 믿고 투자하는 것이 어려워졌다.

일반적으로 투자자들은 복잡하고 어려운 재무제표를 들여다보는 것 보다 신용평가사의 신용등급을 맹신한다. 신용평가사들은 2001년 엔론이 파산하기 4일 전까지 모두 투자적격 BBB-를 주었다. 회계법인이 적정의견을 낸 재무제표가 분식으로 둔갑하여 갑자기 도산하게 되자 시장이 동요하기 시작한 것이다.

엔론과 월드콤의 사기회계가 발단이 되어 만들어진 SOX는 2002년 제정돼 전 세계적으로 영향을 미치고 있다. 그 핵심은 기업 회계 개혁 및 투자 보호법이다.

공공의 신임을 거의 잃은 기업에 의해 분식회계 스캔들이 잇따라 터지자 재무 조작 및 회계 스캔들 방지를 위해 만들어졌다. 이 법의 목적은 각 기업이 회계 상의 허점을 악용하지 못하게 하여 있는 그대로를 정확하게 보고하도록 한다는 것이 핵심이다.

최고경영자(CEO) 및 최고재무책임자(CFO)가 재무 보고서에 서명하도록 규정하여 감사인이 내부 통제 프로세스에 대해 인증하여 날인토록 한 것이 핵심이다. 기업 내의 모든 커뮤니케이션 저장과 업무, 거래 기타 모든 종류의 비즈니스 거래 문서에 대한 투명한 감시 시스템이 마련되어 당사자 간의 은밀한 접촉이나 거래가 불가능하도록 하였다.

그러나 가장 중요한 것은 회계감사의 독립요건이다. 회계사기의 발단은 회사의 사정에 밝은 회계감사법인이 재무컨설팅 명목으로 어마어마한 돈을 받고 분식회계로 이익을 부풀려 주는 것이다. SOX는 회계감사를 맡고 있는 회계법인이 재무컨설팅을 할 수 없도록 명문화하였다. 같은 해에 캐나다, 독일, 남아프리카에서 법을 제정하였고, 프랑스(2003년), 호주(2004년), 인도(2005년), 일본(2006년), 이태리(2006년), 이스라엘과 터키에서도 유사법안을 만들어 시행하고 있다.

SOX 법 시행이후, 한 때 IPO기업들이 런던시장으로 몰려가면서 뉴욕시장에 위기를 가져오기도 하였지만 정확하고 믿을 수 있는 재무제표로 투자자의 신뢰를 확보한 뉴욕시장에 세계의 돈이 다시 몰리고 있다.

우리나라는 대우조선해양 분식사기회계 사태 이후에야 회계감사와 컨설팅을 병행할 수 없도록 제도화하였다. 최근 발생하고 있는 전술회계는 모두 글로벌 빅4 회계법인의 컨설팅 창조물이다.

엔론은 400억 불의 손실을 투자자에게 안겨주었다. 미국 주식시장을 공황상태로 몰고 갔던 그 유명한 북미 거대 에너지기업 엔론(Enron)과 거대통신사 월드콤의 재무제표를 5분 재무제표로 읽어 보자.

두 사건이 투자자에게 주는 교훈은 투자자 자신이 재무제표를 읽고 자신의 책임 하에 투자하여야 한다는 것이다. 돈이 허공으로 사라진 다음에 정부와 적격등급을 준 신용평가사, 적정의견을 낸 회계법인을 비난해 보아야 소용이 없다.

■ 엔론(Enron)

2001년 10월 부도가 발생하기 훨씬 이전인 98년에 부도가 예정되어
있었다. 98년 7억300만 불을 벌어 생계비로 29억3200만 불을 지출하
고 있었던 것이 그 증거이다.

ENRON				단위: 백만 불
결산	FY98	FY99	FY00	누적
순이익	703	893	979	2,575
FCF	(2,229)	(932)	(7,036)	(10,197)
비목적사업투자	(3,897)	(2,087)	(23,021)	(29,005)
자본변동	727	1,629	921	3,277
현금흐름	(5,399)	(1,390)	(29,136)	(35,925)

순이익은 98년 7억300만 불, 99년 8억9300만 불, 2000년 9억7900
만 불을 기록하면서 시장은 열광하였다. 하지만 FCF는 98년 이미 (-
)22억2900만 불, 99년 (-)9억3200만 불, 2000년 (-)70억3600만 불로
현금적자를 쌓아가고 있었다. 급기야 2000년에는 차입으로 조달한
230억 불로 선물투자를 늘리고 있었다.

목적사업의 적자에도 불구하고 목적사업을 정상화하는 데에 경영
을 집중하기보다는 요행을 목적으로 엄청난 규모의 차입금으로 투기
에 열중하다 2001년 10월 두 손을 든 것이다.

3년 누적 FCF는 (-)102억 불, 비목적사업 (-)257억 불로 총 359억
불을 부채로 조달하여 목적사업보다는 비목적사업 선물투자로 경영
을 하고 있었던 것이다.

비목적사업 투자에 지출된 290억 불 중에서 주식장사로 유입한 현
금은 33억 불이었다. 주식공모 자금도 모두 선물에 투자하여 왔던 것

이다.

세계 3대 신용평가사인 무디스는 엔론을 부도 4일 전까지 투자적격인 Baa3을 부여하고 있었다.

세계 5대 회계법인의 하나인 아더앤더슨(Arthur Andersen)은 그동안 적정의견을 표명하여 오다 엔론사태와 관련 대법원의 판결에 의하여 사라졌다. 한편, 언론을 이용한 엔론의 홍보 전략으로 순이익에 매료된 시장은 엔론의 주가를 최대 US$90.75으로 끌어올리기도 하였다. 2001년 11월 주가가 1불 미만으로 하락하면서 휴지조각이 되었다. 당시 주식투자자들이 잃은 돈은 400억 불이었다.

아더앤더슨이 사라진 지금 세계 4대 회계법인이 글로벌시장을 지배하고 있다.

■ 월드콤

월드콤	월드콤: 2002년 7월 파산		단위: 백만$
FY	FY 2000	FY 2001	1년 성과
매출	39,090	35,179	
영업이익	8,153	3,514	
순이익	4,153	1,501	1,501
매출원천	(8,822)	(7,538)	1,284
고정자산	(37,423)	(38,809)	(1,386)
목적사업자산	(46,245)	(46,347)	FCF	1,399
무형자산	(46,594)	(50,537)	(3,943)
비목자산	(5,303)	(5,614)	(311)
자본	55,409	57,930	1,020
비목적사업자산	3,512	1,779	NIC	(3,234)
사업포지션	(42,733)	(44,568)	NCF	(1,835)

현금	(761)	(1,416)		(655)
재무포지션	(43,494)	(45,984)	NFF	(2,490)
부채	43,494	45,984		2,490
차입금	24,896	30,210		
차입금/부채	57%	66%		
총자산	(98,903)	(103,914)		(5,011)

월드콤은 자산 중 가장 큰 것이 무형자산이다. 무형자산을 상각하지 않고 부채의 대부분을 차지하는 차입금 249억 불, 302억 불의 이자비용을 과소 계상하여 오다 내부 감사에 의하여 들통이 난 사건이다. 여유자본이 10%에도 미달이다. 차입금에 의존하는 전형적인 차입으로 연명하고 있는 기업이다. 극도로 부실한 재무구조에도 무형자산을 부풀리는 방식으로 이익을 분식해 왔다.

월드콤		수정 후	단위: 백만$
FY	FY 2001	FY 2001	변동
매출	35,179	37,668	
영업이익	3,514	(11,444)	
순이익	1,501	(15,597)	(17,098)
매출원천	(7,538)	(6,946)	592
고정자산	(38,809)	(21,486)	17,323
목적사업자산	(46,347)	(28,432)	17,915
무형자산	(50,537)	(2,284)	48,253
비목자산	(5,614)	(1,700)	3,914
자본	57,930	(12,941)	(3,844)
비목적사업자산	1,779	(16,925)	48,323
사업포지션	(44,568)	(45,357)	66,238
현금	(1,416)	(1,290)	126

재무포지션	(45,984)	(46,647)	66,364
부채	45,984	46,647	66,364
차입금	30,210	30,619	39,085
차입금/부채	66%	66%	59%
총자산	(103,914)	(33,706)	70,208

수정 후 재무제표를 보면 무형자산이 505억 불에서 23억 불로 줄면서 483억 불을 비용으로 처리하자 자본잠식이 되었다. 비용을 자산으로 계상하여 온 것이다.

통신회사의 무형자산이 자본금에 육박하는 자체가 언어도단이다.

거대 무형자산의 상각과 이자비용 등으로 재무제표를 수정한 결과 자본잠식 129조달러가 되었다. 부채 466억 불, 자산 337억 불을 초과하였다.

CEO Bernard Ebbers의 경영철학은 주식장사로 거부가 되는 것이 목표이었다. 최고경영자가 월드콤을 매개로 주식장사로 골몰하다 파산으로 마감한 것이다. 부실은 투자자와 돈을 빌려 준 금융기관의 몫으로 남았다.

월드콤과 같이 무형자산으로 주식장사를 해 돌풍을 일으키다 2015년 주식으로 망한 기업이 있다. 벨린트 파마슈티컬(Valeant Pharmaceutical)이라는 캐나다 퀘벡에 본사를 둔 기업이다. 뉴욕시장에 주식을 상장하여 CEO가 기업을 매개로 주식부자가 되었다가 단돈 5천만 불 매출분석으로 불명예와 함께 재계를 떠났다.

■ Valeant Pharmaceutical 2015년 매출분식

Valeant Paharm. Int'l.				단위: 백만$
FY	FY09	FY14	3Q 15	현금흐름
매출	820	8,264	7,710	
영업이익	181	2,040	1,333	
	286	2,825	2,963	
순이익	176	912	75	(41)
매출원천자산	(210)	(3,668)	(4,849)	(4,638)
고정자산	(104)	(1,311)	(1,351)	(1,248)
목적사업포지션	(314)	(4,979)	(6,200)	(5,927)
순포괄(손)익	176	128	(475)	(1,607)
무형자산	(1,436)	(20,602)	(39,757)	(38,321)
비목적사업	(186)	(449)	(1,078)	(892)
자본	1,354	5,435	6,465	6,759
비목적사업포지션	(267)	(15,617)	(34,370)	(34,062)
재무포지션	(719)	(25,447)	(47,245)	(39,989)
현금성자산	(124)	(323)	(1,420)	(1,296)
재무포지션	(843)	(25,770)	(48,665)	(41,285)
부채	705	20,919	41,990	41,285
차입금	326	15,229	30,883	30,557
차입금/부채	46%	73%	74%	
자산	(2,059)	(26,353)	(48,455)	(46,395)

2010년부터 2015년 9월까지 성과는 결손 410억 불이다. FCF는 무려 59억2700만 불 적자이다. 포괄손실과 함께 M&A 프리미엄으로 무형자산이 383억 불 증가한 가운데 유상증자로 67억 불을 조달하였으나 341억 불이 초과지출 되었다. 사업에서 발생한 순현금 흐름은 400억 불이다. 현금유동성 13억 불을 포함하여 총 413억 불의 부채가 증가하였다. 차입금으로 늘어난 부채는 306억 불이다.

벨린트 파마슈티컬(Valeant Pharmaceutical)은 특수 특허의약품 제약업체를 인수하여 세계시장을 장악할 수 있다는 홍보로 주식시장에서 조달한 65억 불로 M&A 프리미엄에 398억 불 지불하고 부족한 자금을 장기채로 조달하였다.

398억 불을 영업권과 무형자산으로 처리하였다. 무형자산을 상계한 가치자본은 마이너스 333억 불이었다. 2015년 5천만 불 매출분식이 공매도 주체에 의하여 밝혀지면서 주가가 폭락하였다. 장기채 398억 불어치를 매입한 투자자들에게 무려 90%가 넘는 손실을 안겨 주었다.

무형자산 실체는 지속가능한 성장으로 거둔 순이익에 의한 이익잉여현금흐름이 없는 기업은 대부분 CEO가 주식으로 떼돈을 벌기 위하여 기업을 매개로 주식장사가 목적인 장사꾼기업이다.

벨린트(VRX)의 주가는 최대 102불에서 9불로 하락하여 투자자에게 엄청난 손실을 안겨주었다. 헤지펀드 빌 애커먼은 30억 불의 손실이 발생하였다.

벨린트의 최대 주주인 헤지펀드 빌 애커먼(Bill Ackman)과 벨린트는 지난 연말 월스트리트 사상 최고의 재앙으로 일컬어지는 2억9천만 불을 내부거래보상으로 지급하기로 하였다. 보톡스기업 엘러간(Allergan)이 제기한 내부거래소송 합의금이다. 한편, 주가는 지난 11월말 11불에서 22불로 오른 후, 다시 하향 추세에 있다.

CITRON(대표 앤드루 레프트)에서 공개문서로 5천만 불 매출조작을 발표하자, 곧이어 미디어 및 SEC 등에 의하여 진실이 신속하게 밝혀졌다. S&P는 신용등급을 B-로 곧바로 하향하였다. 2015년 뉴욕주식시장 최고의 스캔들이었다. 단 5천만 불을 매출에 넣어 분식하다 망하게 된 것이다. 이후, 미 상원의원 청문회에서 밝혀진 것은 특허를 무기로 죽어가는 환자를 살리기보다는 약값을 100배 이상 올려 이익을 수구해 왔다는 사실이었다. 부도덕한 기업으로 낙인이 찍혀 버렸다.

Valeant는 5천만 불 분식회계 사건이후 결손으로 표류하고 있다. 도덕성을 회복하는 데에는 보다 많은 세월이 필요할 것 같다. 398억 불에 달하는 무형자산을 상각하기 위해서는 10년으로 보면 연간 40억 불. 20년 동안 상각을 한다고 하여도 연간 20억 불을 비용으로 처리하여야 하는 상황이다.

SOX가 이룬 성과이다. 미국 주식시장이 활황을 이어가는 것도 투명하고 믿을 수 있는 재무제표를 공시하기 때문이다. Valeant는 2015년 결산재무제표를 제때에 제출하지 못하여 상장폐지 위기에 내몰렸었다.

2

분식된 재무제표가 주는 교훈

미국은 엔론사태에서 얻은 교훈으로 SOX법을 제정하여 상장법인의 재무제표가 보다 투명하고 정확하게 기록돼 선의의 투자자가 갑자기 돈을 잃는 일이 없도록 방지하고 있다.

재무제표에는 기업의 활동이 대차원칙에 의하여 고스란히 기록되어 있다. 5분 재무제표로 보면 기업의 실체를 5분 내에 파악할 수 있다.

경영학의 아버지 피터 드러커는 "경영인의 가장 중요한 책무는 사회정의를 실현하는 일"이라고 하였다. 번 돈으로 직원들의 생활을 윤택하게 하고 국가에 세금을 납부하여 국가를 부강시키는 것이 경영인의 책무라고 가르친 것이다.

지속가능한 경영을 위해서는 FCF 흑자를 실현하여야 한다. 마이너스 FCF를 손익계산서로 분식한 이익으로 사업을 확장하거나 미래의 위기에 대비하는 것은 불가능하다는 것을 일찍이 그의 저서에서 경고하여 온 것이다. 기업인의 책무는 좋은 제품과 서비스로 고객에 효익(Benefit)을 제공하여 번 돈으로 세상을 윤택하게 하는 것이다.

번 돈으로 기업의 생계도 유지하지 못하면서도 빚으로 사업을 확장하는 경영인은 기업인의 책무를 유기하는 배임과 같다. 이런 기업에 금융을 지원하는 것은 금융의 정의를 위배하는 것이다.

기업의 재무제표로 번 돈으로 생계를 유지하는지 못하는지를 확인하여보면 미래예측이 가능하나, 지속가능한 성장을 실현하는 경영자인지 아닌지를 파악할 수 있다.

기업의 실체를 알고 투자하자

개인투자자의 수가 수백만 명이라고 한다. 개인투자자들의 돈으로 움직이는 주식시장의 주체이면서도 시장의 눈치만 보고 비대칭 정보에 의하여 주식을 사고판다.

투자의 귀재로 불리는 워렌 버핏은 "자신이 무엇을 하고 있는지 모르는 것이 리스크"라고 하였다. '자기가 투자한 기업의 실체'를 모르면서 투자하는 것을 두고 하는 말이다.

5분 재무제표로 기업을 읽어보고 주식장사를 하는 기업인지 아니면 사회정의를 실현하려는 기업인지 실체를 파악한 다음에 투자하는 습관을 들이자.

기업의 미래는 경영철학이 결정한다

"위험은 자신이 무엇을 하고 있는지 모르는 데에 있다." 이 말의 또 다른 의미는 기업인의 책무를 무시하고 기업 생계비도 벌지 못하면서 매출과 순이익의 눈속임으로 빚(차입 및 주식공모)으로 경영하는 기업인을 두고 한 말이기도 하다.

5분 재무제표는 꾸준히 목적사업에 열중하여 현금을 창출하는 경영인, 분식회계로 만든 순이익으로 사업을 확장하는 경영인, 개인이 득이 우선인 경영인으로 쉽게 구분할 수 있다. 워렌 버핏은 본질가치(Intrinsic Value)보다 디스카운트된 정직한 경영(honest managers)을 하는 기업을 사라고 하였다.

■ 워렌 버핏 투자조건 10항

1. 기업가치는 일차적으로 장부에 있다.
2. 장부상 순자산가치에 경제적 무형가치(미래가치, 미래이익잉여현금흐름)를 더한 것이 기업의 시장가격이다.
3. 시장가격이 기업가치보다 낮을 때, 즉 값이 쌀 때 주식을 매입 하는 것이 가치투자이다. 시장가격이 장부상 순자산가치에 경제적 무형가치(미래가치, 미래이익잉여현금흐름)를 더한 본질가치가 시세보다 낮을 때 매입하는 것이 가치투자이다.
5. 투자할 때는 시세를 보지 말고 가치를 보라.
6. 기업의 가치를 측정하는 것은 예술인 동시에 과학이다.
7. 자신이 투자한 기업에 대한 확고한 신념을 가지고 끊임없이 연구하고 집중하라.
8. 가치기업을 발굴하면 5년 동안 인내를 갖고 성과를 지켜보라.
9. 책과 신문에 속지 말라.
10. 시장은 스스로 돕는 자를 돕는다.

상장기업의 5분 재무제표로 워렌 버핏이 제시한 투자조건의 미래 경제적 무형가치를 측정하여 보자.

기업의 주식가격을 순이익과 비교할 때에 PER를 주로 많이 사용한다. 주가를 순이익만으로 나누어 몇 년이 걸리는지를 보여주는 지표이다. 본질가치를 생략하고 무낭순이익만으로 수가를 비교한다.

5분 재무제표 PRR 제시

5분 재무제표에서 새로운 방법으로 가격의 적합성을 체크하는 지표를 제시하고자 한다. 시가총액에서 장부상의 순자산을 차감하여 미래무형가치를 산출한 다음에 현재 순이익으로(분기 순이익의 경우 연간 순이익으로 환산) 나누는 것이다. 이 지표를 PRR(Price Realization Ratio)라고 하겠다. 계산방법은 다음과 같이 간단하다.

PRR = 미래가치(시가총액-순자산)/순이익

국내 상장기업을 가치기업, 매력기업, 현금부자기업, 배당기업 순으로 읽어보자. 뉴욕시장에 상장된 상대기업과 벤치마킹하여 주가가 적정한지도 확인하여 보자.

3

가치 기업

삼성전자, 애플(AAPL) 벤치마킹

삼성전자와 NASDAQ 시총 1위인 애플과 최근 5분기 성과로 벤치마킹하여 보면 다음과 같다.

최근 7분기 재무스토리 핵심정리

삼성전자 연결	2016년		2017년			단위: 십억 원
QTD	3Q	4Q	1Q	2Q	3Q	누적
순이익	4,538	7,088	7,684	11,054	11,194	41,558
FCF	9,491	(3,595)	1,363	(3,018)	(3,219)	1,022
(투자), 회수	(4,797)	1,032	(15,433)	(4,163)	762	(22,599)
자본변동	(2,461)	4,348	(5,898)	1,797	(1,112)	(3,326)
현금흐름	2,233	1,785	(19,968)	(5,384)	(3,569)	(24,903)
총자산	(244,471)	(262,174)	(264,217)	(277,589)	(296,579)	(52,619)
ROA	7%	11%	12%	16%		

AAPL 연결	2016년		2017년			단위: 백만$
QTD	3Q	4Q	1Q	2Q	3Q	누적
순이익	9,014	17,891	11,029	8,717	10,714	57,365
FCF	(3,106)	19,133	17,543	4,338	(22,469)	15,439
(투자), 회수	1,435	(17,400)	(3,256)	3,396	459	(15,366)
자본변동	(7,306)	(13,750)	(9,337)	(10,374)	(9,092)	(49,859)
현금흐름	(8,977)	(12,017)	4,950	(2,640)	(31,102)	(49,786)
총자산	(321,686)	(331,141)	(334,532)	(345,173)	(375,319)	(69,717)
ROA	11%	22%	13%	10%	11%	

백만 불=10억 원으로 재무제표를 읽으면 달러를 원화로 환산하는 수고를 덜 수 있다.

두 기업을 비교하면 올 분기를 기점으로 2분기에는 애플을 추월하고 3분기 순이익은 애플 107억 불(10.7조), 삼성전자는 11조1940억 원이다.

FCF는 5분기 누적으로 애플은 154억 불 흑자, 삼성전자는 1조 원 흑자이다. 2017년 9월말 기준으로 FCF는 애플이 224억 불 적자, 삼성전자는 3조2190억 원 적자이다. 사업특성상 매출원천자산의 리스크가 없는 점을 감안하면 애플의 올 3분기 FCF 적자는 매출원천자산의 증가 287억 불에서 왔다. 동 기간 삼성전자의 매출원천자산 증가는 9조(90억 불)원에 불과하다. 삼성전자의 FCF 적자는 주로 고정자산의 증가에서 왔다.

애플은 자체 생산시설이 없이 OEM으로 제품을 생산하여 고객에게 제품을 인도하는 반면에 삼성전자는 자체 생산시설로 제품을 생산한다. 두 기업의 고정자산 변동은 다음과 같다.

QTD	3Q	4Q	1Q	2Q	3Q	증가
애플 고정자산	(83,873)	(91,473)	(95,322)	(103,695)	(109,006)	(8,335)
삼성전자 고정자산	(27,010)	(26,510)	(27,163)	(29,286)	(33,783)	(24,372)

2016년 2분기 이후, 애플의 고정자산이 83억 불 증가할 때에 삼성전자는 24조3720억 원이 증가하였다.

지난 5분기 현금흐름 전략을 보면 애플은 번 돈 154억 불을 모두 장기금융자산에 투자하고, 주주 배당금과 자사주 매입으로 주주가치 제고에 사용한 돈 498억 불을 부채로 조달하여 사용하고 있다.

한편, 삼성전자는 번 돈 1조 원을 주로 포괄손실에 지출하고, 무형자산 취득에 22조 원을 지출하고 있다. 주주가치 제고에 지출한 현금 3조3260억 원과 비목적사업에서 초과 지출된 현금 22조 원을 부채로 조달하였다. 부채 조달전략을 보면 애플은 증가한 부채의 절반을 차입금으로 조달하고 있으며, 삼성전자는 차입금은 부채의 17%에 불과하다. 거의 사업에서 발생한 자연부채로 조달하고 있다.

애플은 9월 말 현재 장기금융자산에 1947억 불을 투자하고 있다. 그 원천은 부채이다. 차입금 잔액이 1157억 불이다. 높은 신용등급으로 낮은 금리로 조달한 현금으로 금융차익 실현에 열중하고 있다.

총자산은 애플이 3753억 불이고 삼성전자는 230조 원이다. 3분기 기준 ROA는 애플이 11% 삼성전자는 15%이다.

삼성전자는 지난 1월 주주환원정책으로 지속적인 성장에 필요한 M&A 유동성 현금으로 65조~70조 원(9월말 현재 82조 원 보유)을 남기고 앞으로 발생하는 잉여현금흐름(Free Cash Flow-FCF)의 50%(종전 FCF 30~50%보다 강화)를 주주배당에 사용하고 남은 현금은 자사주를 매입(소각)해 주주에게 이익을 환원하겠다고 하였다. 순이익을 모두 주주에게 환원하는 정책을 구사하고 있는 애플보다는 보수적이다.

또한 삼성전자가 사업회사와 지주회사로 인적 분할의 결정이 나면 사업회사를 미국 나스닥에 상장시켜 기업가치를 획기적으로 제고하겠다고 했다.

2017년 12월 26일 현재 애플의 시가총액은 8600억 불이다. 삼성전자의 시가총액은 367조다. 애플의 장부가치는 1340억 불, 삼성전자는 2103조 원이다. 시가총액과 장부가치의 차이 미래무형가치가 현실화되는 PRR를 3분기 순이익으로 환산해보면 애플은 17년, 삼성전자는

4년이 걸린다.

벤치마킹	삼성	애플
시가총액	367,053	860,900
지배주주 가치	203,504	134,047
미래가치	163,549	726,853
미래가치 소요기간	4	17

삼성전자가 지배구조 문제를 해결하고 나스닥에 사업회사를 상장하면 성과에서 애플을 추월하고 있는 삼성전자의 시가총액의 간격은 한층 줄어들고 애플을 추월할 수도 있을 것이다.

애플은 스마트폰과 PC가 주종인 거의 단일 제품을 공급하고 있으나 삼성전자의 제품라인은 반도체에서부터 스마트폰, PC 및 AI 가전 제품에 이르기까지 실로 다양하다. 애플과 벤치마킹한 결과로 보면 삼성전자가 시가총액에서 애플을 추월하는 시기가 그렇게 오래지 않을 것으로 예상된다.

SK하이닉스, 삼성전자 벤치마킹

코스피 시가총액 2위인 하이닉스와 1위 삼성전자의 최근 성과로 벤치마킹하여 보자.

최근 7분기 재무스토리 핵심

SK하이닉스 연결	FY16			FY17			단위: 십억 원
	2Q	3Q	4Q	1Q	2Q	3Q	누적
순이익	286	597	1,629	1,898	2,469	3,055	9,934
FCF	(1)	933	(326)	554	168	957	2,285
(투자)회수	(119)	(327)	(521)	(380)	(503)	144	(1,706)
자본변동	0	18	362	(396)	0	1	(15)
현금흐름	(120)	624	(485)	(222)	(335)	1,102	564
총자산	(29,329)	(29,166)	(32,216)	(34,319)	(37,501)	(40,730)	(10,933)
ROA	4%	8%	20%	22%	26%	30%	

삼성전자 연결							
순이익	11,100	4,538	7,088	7,684	11,054	11,194	52,658
FCF	12,871	9,491	(3,595)	1,363	(3,018)	(3,219)	13,893
(투자), 회수	(75)	(4,797)	1,032	(15,433)	(4,163)	762	(22,674)
자본변동	(7,541)	(2,461)	4,348	(5,898)	1,797	(1,112)	(10,867)
현금흐름	5,255	2,233	1,785	(19,968)	(5,384)	(3,569)	(19,648)
자산총계	(243,960)	(244,471)	(262,174)	(264,217)	(277,589)	(296,579)	(52,619)
ROA	18%	7%	11%	12%	16%	15%	

반도체 단일제품으로 구성된 하이닉스는 반도체 호황에 힘입어 ROA가 30%이다. 삼성전자 15%의 배이다.

누적순이익은 하이닉스가 10조, 삼성전자는 53조 원으로 하이닉스의 5배이다. FCF는 하이닉스가 2.3조로 삼성전자 13.9조의 16% 또는 삼성전자가 하이닉스보다 6배가 많다.

삼성전자는 FCF 주주환원정책으로 FCF 13.9조 원에서 10.9조 원을 주주에게 배당금과 자사주 매입으로 환원하고 있다. 삼성전자는 22.6조 원(자동차 전장사업 하만인수 9조 원)을 투자하여 사업을 확장하고 있으나 하이닉스는 1.7조 원을 투자하고 있다.

2017년 3분기 재무제표로 두 기업을 벤치마킹하여 보자.

비목적사업 재무포지션은 자본여유를 나타내는 지표이다. 하이닉스와 삼성전자 모두 자본의 여유를 가지고 있다. 여유자본으로 목적사업의 자산을 지원하고 있다. 목적사업을 지원한 후의 사업재무상태는 하이닉스 (-)3.5조 원, 삼성전자 (-)10조 원이다. 현금유동성을 하이닉스가 6.3조 원, 삼성전자는 76조 원을 확보하고 있다. 현금원천은 모두 부채에서 왔다. 부채전략을 보면 하이닉스는 차입금이 부채의 44%를 차지하고 삼성전자는 22%를 보이고 있다. 현금 대비 부채는 하이닉스가 64%, 삼성전자는 89%로 모두 양호하다.

시가총액은 하이닉스 56조, 삼성전자 367조 원이다. 한편, 장부상 주주가치는 삼성전자 204조, 하이닉스는 31조이다. 시가총액과 주주가치의 차이 미래가치는 하이닉스 25조, 삼성전자는 164조 원이다. 3분 순이익으로 미래가치가 현실화되는 데는 PRR는 하이닉스 1년, 삼성전자는 4년이다.

5분 재무제표	하이닉스	삼성전자	
단위: 10억 원	YTD 3Q. FY17		차이
매출	21,081	173,597	7.2
영업이익	9,255	38,498	3.2
순이익	7,422	29,932	3.0
매출원천자산	(8,233)	(68,369)	
고정자산	(21,977)	(109,006)	
목적사업포지션	(30,211)	(177,375)	4.9
포괄(손)익	(146)	(6,991)	
무형자산	(2,236)	(15,376)	
비목적사업자산	(1,591)	(21,880)	
관계사 지분투자	(376)	(5,914)	
자본	30,904	210,691	5.8
비목적사업포지션	26,699	167,425	
사업포지션	(3,511)	(9,950)	
현금	(6,314)	(76,033)	11.0

재무포지션	(9,825)	(85,983)	
총부채	9,825	85,887	7.7
차입금	4,303	18,562	3.3
차입금/총부채	44%	22%	
현금/부채	64%	89%	
총자산	(40,730)	(296,579)	6.3

현대자동차, GM(General Motors) 벤치마킹

현대자동차 연결   단위: 10억 원

연도	FY16				FY17			7분기
분기	1Q	2Q	3Q	4Q	1Q	2Q	3Q	재무성과
매출	22,350	24,677	22,084	24,538	23,365	24,308	24,202	165,524
영업이익	1,342	1,762	1,068	1,021	1,250	1,345	1,204	8,992
순이익	1,768	1,764	1,118	1,069	1,405	914	939	8,977
FCF	578	2,147	2,978	(1,140)	1,991	(675)	891	6,770
자본변동	(914)	24	(238)	1,773	(808)	21	(242)	(384)
비목사업지출	(244)	(1,767)	(515)	(3,885)	350	(155)	129	(6,087)
① 사업현금흐름	(579)	404	2,224	(3,252)	1,532	(1,660)	599	(732)
② 금융업자산변동	322	(1,269)	769	(3,269)	2,024	(948)	(1,376)	(3,747)
③ 현금(증)감	1,118	(2,052)	(284)	(2,137)	1,469	(1,005)	(1,033)	(3,924)
①,②,③ 합계	861	(2,917)	2,709	(8,658)	5,025	(3,613)	(1,810)	(8,403)
부채증(감)	(861)	2,917	(2,709)	8,658	(5,025)	3,613	1,810	8,403

GM 연결   단위: 백만 불

매출	37,265	42,372	42,825	43,918	41,200	36,984	33,623	278,187
영업이익	1,972	3,036	3,017	1,520	2,745	2,618	1,916	16,824
순이익	1,931	2,850	2,712	1,775	2,608	1,663	(2,982)	10,557
FCF	(1,788)	589	1,321	1,584	(2,008)	9,843	(4,910)	4,631
자본변동	(891)	(324)	(1,638)	(1,362)	(548)	(2,034)	(850)	(7,647)
비목사업지출	(7,590)	1,964	154	167	(12,779)	(6,661)	12,862	(11,883)
① 사업현금흐름	(10,269)	2,229	(163)	389	(15,335)	1,148	7,102	(14,899)

② 금융업자산 변동	203	(4,643)	(5,018)	(4,746)	6,694	(8,537)	(3,037)	(19,084)
③ 현금(증)감	1,970	(1,739)	(934)	(697)	1,677	(2,607)	4,485	2,155
①, ②, ③ 합계	(8,096)	(4,153)	(6,115)	(5,054)	(6,964)	(9,996)	8,550	(31,828)
부채증(감)	8,096	4,153	6,115	5,054	6,964	9,996	(8,550)	31,828

벤치마킹	SK하이닉스	삼성	애플
시가총액	55,911	367,053	860,900
지배주주 가치	30,897	203,504	134,047
미래가치	25,014	163,549	726,853
미래가치 소요기간	0.8	4	17

현대자동차와 GM의 두 실체를 비교하여 보자.

7분기 누적으로 GM이 매출에서 68% 앞선다. 영업이익과 순이익은 각각 87%, 18%가 많다. 하지만 FCF에서는 현대자동차가 GM보다 46% 앞서고 있다. GM이 매출원천자산과 고정자산에서 현대자동차보다 더 많은 지출이 발생하였기 때문이다. 자본변동에서 GM이 현대자동차보다 더 많은 돈을 주주에게 환원한 결과 사업현금흐름은 현대차가 7320억 원 부족하는 데에 그쳤으나 GM은 149억 불(15조) 마이너스를 기록하고 있다. 차입으로 주주환원정책을 실행하고 있다.

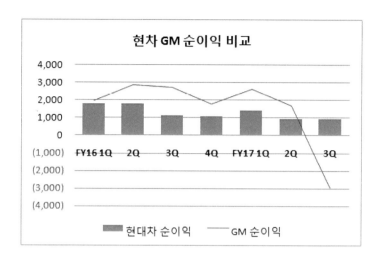

현차 GM 순이익 비교

■ 현대차 순이익　　——— GM 순이익

　GM은 2017년 3분기 30억 불의 대규모 결손을 시현하면서 FCF 49억 불의 적자를 기록하였다. 중단사업 손실이 31억 불이다. 중단사업에 따른 자산을 처분한 129억 불로 FCF 적자를 방어하였다. FCF 적자를 129억 불로 방어한 다음, GM FINANCIAL 사업자산 증가에 사용하고 현금자산을 축소하여 부채 86억 불을 감축하였다.

　구조조정 경영에 돌입한 모양새다. 현대자동차가 2015년 말에 비하여 부채가 8.4조 원 증가하는 동안 GM의 부채는 318억 불(32조) 증가하였다. 증가한 부채는 모두 차입금에서 왔다.

　현대자동차의 순이익도 전년 동기에 비교하면 지속 하락하는 추세이다. 어려운 시장상황에서도 노동조합의 끊임없는 파업행위에 따른 여파이다.

　현대자동차는 GM에 비하여 보수적인 재무전략으로 지속가능경영에는 문제가 없지만 GM과 같이 신속한 구조조정으로 상시 비상경영체제를 구축하는 일이 시급한 것으로 보인다.

단위	십억 원	백만$
벤치마킹	현대차	GM
시가총액	36,929	58,220
장부가치	74,598	43,477
지배주주 가치	69,140	43,477
미래가치	(32,211)	14,743
미래가치 소요기간	(9)	2

3분기 대규모 결손에도 12월 28일 현재 GM의 시가 총액은 582억 불이다. 현대자동차는 36.9조이다. GM의 가치가 58% 이상 높게 평가받고 있다. 지배주주가치는 GM 435억 불, 현대자동차 69조이다. 시가총액과의 차이 미래가치는 GM 147억 불, 현대자동차는 오히려 마이너스 32조 원이다.

현대자동차가 시장과 노동자의 신뢰를 회복한다면 주가는 100% 이상 상승할 것이라는 사실을 보여준다.

GM의 차입에 의한 주주환원정책이 바람직하지는 않지만 현대자동차도 삼성전자와 같은 재무전략을 고민할 시점이라고 재무제표는 말하고 있다. 저평가 원인과도 관련이 있어 보인다.

POSCO, 현대제철 벤치마킹

POSCO와 현대제철의 최근 7분기 재무제표로 두 실체를 비교하여 보자.

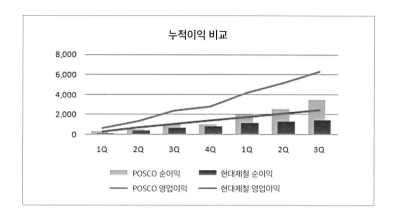

누적이익 차트를 보면 영업이익에서 포스코는 올 1분기부터 가파르게 상승하고 있다. 순이익의 추세도 같다. 현대제철은 완만하지만 꾸준하게 영업이익과 순이익이 상승하고 있다.

POSCO와 현대제철 모두 사업현금 흐름에서 잉여를 기록하고 있다. POSCO는 FCF 흑자 3조7천억 원으로 주주환원에 1조3천억을 사용하고 비목적사업 지출을 감축하거나 유동성을 줄여 차입금을 2조9천억 원 줄이고 있다.

최근 7분기 재무스토리 핵심정리

한편, 현대제철은 FCF 3900억 원으로 주주환원에 2000억 원을 사용하고 유동성 일부를 감축하여 부채 2380억 원을 줄이고 있다. 차입금을 5420억 원 감축하였다.

2017년 3분기 재무상태를 보자.

POSCO의 재무적 리스크는 보유 자본 47.5조 원을 목적사업리스크자산 54조 원을 거의 충당할 수 있음에도 비목적사업에 자본을 소진하여 여유자본은 30조 원이다. 목적사업자산 54조 원에 24조 원이 부족하다.

현대제철은 자본 17조 원으로 비목적사업에 일부 사용하고 13조 원의 여유자본으로 목적사업자산 28조 원을 충당한 결과, 15조 원이 부족하다.

(주)포스코				현대제철㈜		단위: 10억
분기	FY15	3Q	7분기 누적	FY15	3Q	7분기 누적
매출		15,036	98,140		4,820	30,777
영업이익		1,125	6,313		340	2,097
순이익		907	3,461		180	1,492
매출원천자산	(19,878)	(21,531)	(1,653)	(5,633)	(6,843)	(1,210)
고정자산	(34,522)	(32,613)	1,909	(21,410)	(21,309)	101
목적사업포지션	(54,401)	(54,145)	3,717	(27,044)	(28,153)	383
포괄(손)익		(84)	354	4	(30)	(17)
무형자산	(6,405)	(6,082)	323	(1,852)	(1,774)	78
비목적사업자산	(6,969)	(7,422)	(453)	(1,914)	(1,989)	(75)
관계사투자	(3,945)	(3,779)	166	(116)	(124)	(8)
자본	45,070	47,573	(1,312)	15,519	16,812	(182)
비목적사업포지션	27,749	30,288	(922)	11,636	12,924	(204)
사업포지션	(26,652)	(23,856)	2,795	(15,407)	(15,228)	179
현금	(8,685)	(8,550)	135	(1,009)	(950)	59
재무포지션	(35,338)	(32,407)	2,930	(16,416)	(16,178)	238
총부채	35,338	32,407	(2,931)	16,416	16,178	(238)
차입금	25,569	22,769	(2,800)	12,963	12,421	(542)
차입금/총부채	72%	70%		79%	77%	
총자산	(80,408)	(79,980)	428	(31,936)	(32,991)	(1,055)

POSCO의 시총은 29.1조 원, 현대제철의 시가총액은 7.7조 원으로 POSO의 27%이다. POSCO 시가총액 29.1조 원은 장부가치 43.8조 원의 67%, 14조 원이 평가 절하되었다. 현대제철 시가총액 7.7조 원은 장부가치 16.5조 원의 47%, 9조 원이 절하되어 있다.

POSCO의 관계사투자 15조 원의 성과가 포함된 7분기 누적 연결순이익은 별도순이익보다 4천억 원이 적다. 15조 원의 투자에서 손실이 발생한 결과이다. 관계사투자 15조 원을 장부가치 47.6조 원에서 차감한 장부가는 32.6조 원이다. 시총 29조 원과의 괴리는 19조 원에서 4조 원으로 축소된다.

벤치마킹	(주)포스코	현대제철㈜	단위: 십억
시가총액	29,120	7,727	
장부가치	47,573	16,812	
지배주주 가치	43,774	16,508	
미래가치	(14,654)	(8,781)	
미래가치 소요기간	(4)	(12)	

한편, 현대제철은 관계사투자 1조 원의 성과가 포함된 7분기 누적 연결순이익은 1조4920억 원으로 별도순이익 1조4020억 원보다 900억 원이 많다. 관계사투자 1조 원의 성과이다. 현대제철의 시가총액과 장부가치의 차이 9조 원은 재무회계 이론으로 설명이 안 된다. PRR는 포스코 (-)4년, 현대제철 (-)12년이다.

네이버, 구글 알파벳(GOOG) 벤치마킹

　네이버의 7분기 성과를 보면 순이익 1조3570억 원에 FCF 8240억 원을 만들고 유상증자 1조5970억 원으로 조달한 현금을 비목적사업 자산 취득에 1조5200억 원을 지출하고 순현금흐름 9010억 원을 현금 유동성 추가에 사용하고 있다. 7분기 증가한 현금유동성 1조2630억 원은 부채에서 3620억 원이 왔으나 모두 사업부채에서 조달되었다. 증가한 비목적사업지출은 매도가능유가증권(Marketable Security)으로 주로 구성되어 있다.

네이버								단위: 10억
FY	FY16				FY17			7분기
QTD	1Q	2Q	3Q	4Q	1Q	2Q	3Q	재무성과
매출	937	987	1,013	1,085	1,082	1,129	1,201	
영업이익	256	273	282	291	290	286	312	
순이익	165	213	198	183	210	172	216	1,357
매출원천자산	(538)	(586)	(640)	(804)	(800)	(860)	(915)	(337)
고정자산	(855)	(845)	(842)	(863)	(927)	(981)	(1,063)	(200)
목적사업포지션	(1,394)	(1,432)	(1,482)	(1,668)	(1,727)	(1,841)	(1,979)	820
포괄(손)익	1	5	(5)	(36)	(61)	76	(60)	(80)
무형자산	(112)	(120)	(117)	(112)	(116)	(147)	(238)	(135)
비목적사업자산	(767)	(836)	(884)	(1,055)	(1,068)	(1,675)	(1,777)	(1,062)
관계사투자	(65)	(120)	(128)	(182)	(185)	(259)	(302)	(238)
자본	2,388	2,634	4,227	4,129	4,269	4,947	5,143	1,597
비목적사업포지션	1,443	1,557	3,098	2,779	2,899	2,865	2,825	82
사업포지션	49	124	1,615	1,111	1,171	1,024	845	902
현금	(2,186)	(2,418)	(3,382)	(3,352)	(3,343)	(3,278)	(3,322)	(1,263)
재무포지션	(2,136)	(2,293)	(1,767)	(2,241)	(2,171)	(2,253)	(2,476)	(361)
총부채	2,136	2,293	1,767	2,241	2,171	2,253	2,476	360
차입금	686	731	153	377	359	354	377	(291)
차입금/총부채	32%	32%	9%	17%	17%	16%	15%	
총자산	(4,525)	(4,927)	(5,995)	(6,370)	(6,441)	(7,201)	(7,620)	(3,235)
ROA	15%	17%	13%	11%	13%	10%	11%	

GOOG								단위: 백만$
FY	FY16				FY17			7분기 재무성과
QTD	1Q	2Q	3Q	4Q	1Q	2Q	3Q	
매출	20,257	21,500	34,985	13,530	24,750	26,010	27,772	
영업이익	5,342	5,968	4,708	3,460	6,568	4,132	7,782	
순이익	4,207	4,877	3,979	6,415	5,426	3,524	6,732	35,160
매출원천자산	(17,184)	(18,477)	(18,350)	(20,799)	(18,145)	(18,803)	(18,920)	(3,775)
고정자산	(30,162)	(31,413)	(32,753)	(34,234)	(35,936)	(37,676)	(40,120)	(11,104)
목적사업포지션	(47,346)	(49,890)	(51,103)	(55,033)	(54,081)	(56,479)	(59,040)	20,281
포괄(손)익	580	143	(663)	(528)		441	674	647
무형자산	(19,523)	(19,293)	(19,395)	(19,775)	(19,684)	(19,537)	(19,614)	102
비목적사업자산	(7,614)	(6,649)	(6,394)	(6,356)	(6,552)	(7,892)	(10,739)	(221)
관계사투자								0
자본	123,569	127,879	134,103	139,036	144,949	148,286	157,100	962
비목적사업포지션	96,432	101,937	108,314	112,905	118,713	120,857	126,747	1,490
사업포지션	49,086	52,047	57,211	57,872	64,632	64,378	67,707	21,771
현금	(75,264)	(78,460)	(83,056)	(86,333)	(92,439)	(94,713)	(100,143)	(27,077)
재무포지션	(26,178)	(26,413)	(25,845)	(28,461)	(27,807)	(30,335)	(32,436)	(5,306)
총부채	26,178	26,413	25,845	28,461	27,807	30,335	32,436	5,306
차입금	9,344	8,419	6,499	6,600	6,700	6,808	6,888	(760)
차입금/총부채	36%	32%	25%	23%	24%	22%	21%	
총자산	(149,747)	(154,292)	(159,948)	(167,497)	(172,756)	(178,621)	(189,536)	(42,075)
ROA	11%	13%	10%	15%	13%	8%	14%	

최근 7분기 재무스토리 핵심정리

구글은 순이익 352억 불에 FCF 203억 불이다. 유상증자 9.6억 불에 비목적사업자산을 축소하여 총 유입된 218억 불을 모두 현금확보에 사용하고 있다. 증가한 현금자산 중, 부채로 유입된 현금 53억 불은 부채에서 왔다. 네이버와 마찬가지로 현금 확보에 사용한 부채는 모두 사업부채이다. 3분기 증가한 비목적사업 지출은 신규 사업투자자산(Non-marketable Security)이다.

재무상태를 보면 두 기업 모두 보수적인 재무전략을 수행하고 있다. 여유자본으로 목적사업자산을 충당하고도 여유자본을 가지고 있다. 여유자본은 모두 현금자산으로 보유하고 있다. 구글은 구글 포털사업 외에 안드로이드 OS에서도 엄청난 수수료 수입을 거두고 있다. 네이버의 주수입은 포털광고로 수입에 머물고 있다.

벤치마킹	네이버	<단위: 십억>	구글	<단위: 백만$>
시가총액	28,842		731,200	
장부가치	5,143		157,100	
지배주주 가치	4,572		157,100	
미래가치	24,270		574,100	
PRR	28		21	

네이버의 시가총액은 28.5조 원이다. 지배주주 가치 4.6조 원과 24조 원의 차이는 미래 가치이다. 3분 순이익 2160억 원으로 환산한 PRR는 28년이다.

한편, 구글 알파벳의 시가총액은 7312억 불이다. 장부가치 1571억 불과의 차이 5761억 불은 3분기 순이익(67억 불)으로 환산한 PRR는 21년이 소요된다.

LG화학, 삼성SDI 벤치마킹

삼성SDI는 2015년에 이어 2016년에도 저유가의 마진확대로 최대 호황을 맞을 수 있었던 화학사업을 롯데케미칼에 넘겨버리고 배터리

사업에 사운을 걸고 있다. 배터리 산업의 미래가 매년 25% 이상의 폭풍성장을 가져올 것을 예상하는 전기자동차에 부착할 전지사업에 몰두하기 위한 선택이었다.

이와 달리 LG화학은 기존의 화학제품의 생산을 병행하면서 배터리 사업에 매진하고 있다. LG화학은 2018년까지 엘라스토모*를 현재의 생산량인 9만t에서 29만t으로(20만t 증산) 생산하기 위해서 충남 대산 공장에 4000억 원을 투자했다. 다우케미칼, 엑슨모빌에 이어 글로벌 톱3 업체로의 발돋움을 꾀하고 있다. (*고무와 플라스틱의 성질을 모두 가진 고부가 합성수지로 자동차용 범퍼 소재, 신발의 충격 흡수층, 기능성 필름, 전선케이블 피복재 등에 사용함)

삼성SDI는 삼성전자의 스마트폰 덕분에 IT전지 시장에서의 시장점 유율 1위를 고수하고 있다. 국내 배터리산업에서 1위와 2위를 지키고 있다.

엘지화학 단위: 10억 원	FY16				FY17			7분기 재무성과
	1Q	2Q	3Q	4Q	1Q	2Q	3Q	
매출	4,874	5,219	5,054	5,512	6,486	6,382	6,397	39,924
영업이익	457	613	460	461	796	727	790	4,304
순이익	338	375	298	269	548	590	545	2,963
FCF	573	(665)	354	(842)	(485)	313	(108)	(860)
자본변동	(326)	(32)	7	23	431	(18)	0	85
비목사업지출	(56)	(426)	(137)	80	(1,074)	32	(48)	(1,629)
①사업현금흐름	191	(1,123)	224	(739)	(1,128)	327	(156)	(2,404)
②현금(증)감	(470)	515	(230)	671	298	(197)	(294)	293
①, ② 합계	(279)	(608)	(6)	(68)	(830)	130	(450)	(2,111)
부채증(감)	279	608	6	68	830	(130)	450	2,111
차입금증(감)	9	627	(2)	(397)	256	216	(80)	629
총자산	(18,860)	(19,826)	(20,039)	(20,487)	(22,171)	(22,671)	(23,707)	(23,707)
ROA	7%	8%	6%	5%	10%	10%	9%	

최근 7분기 재무스토리 핵심정리

LG화학은 7분기 누적순이익 2조9630억 원에 FCF는 적자 8600억 원을 기록하고 있다. 마이너스 FCF에 무형자산(개발비) 증가 1조6290억 원을 포함하여 사업에서 발생한 현금흐름은 (-)2조4040억 원이다. 부족한 현금을 주로 사업부채로 조달하고 있다. 차입금은 6290억 원이 증가하였다.

삼성SDI㈜ 단위: 10억 원	1Q	2Q	3Q	4Q	1Q	2Q	3Q	재무성과
매출	1,290	1,317	1,290	1,303	1,304	1,455	1,708	9,667
영업이익	(703)	(54)	(111)	(58)	(67)	6	60	(927)
순이익	(717)	955	(35)	8	81	187	135	614
FCF	589	870	(273)	(150)	105	(149)	(440)	552
자본변동	(85)	50	(1)	(247)	(154)	1	0	(436)
비목사업지출	(341)	831	(133)	(18)	(289)	(198)	(59)	(207)
① 사업현금 흐름	163	1,751	(407)	(415)	(338)	(346)	(499)	(91)
② 현금(증)감	(220)	(1,407)	965	606	375	159	242	720
①, ② 합계	(57)	344	558	191	37	(187)	(257)	629
부채증(감)	57	(344)	(558)	(191)	(37)	187	257	(629)
차입금증(감)	(118)	(271)	(299)	(84)	(48)	223	265	(332)
총자산	(15,256)	(15,886)	(15,243)	(14,895)	(14,682)	(15,244)	(15,600)	625
ROA	-19%	24%	-1%	0%	2%	5%	3%	

삼성SDI는 7분기 영업손실 9270억 원에도 불구하고 순이익 6140억 원을 기록하였다. 이는 2016년 2분기 케미칼사업을 롯데케밀에 처분해 발생한 중단사업 이익 1조 원에 기인한다. 중단사업 이익에서 발생한 FCF 5520억 원으로 배당금 4360억 원을 지급하고 비목적사업 지출 2070억 원으로 사업에서 발생한 현금흐름은 (-)910억 원이다. 현금자산 7200억 원을 줄여 부채를 줄이고 있다.

LG화학이 7분기 4조3천억의 영업이익을 시현하고 있는 반면에 삼성SDI는 영업손실 9270억 원을 기록하고 있으나 2분기 3분기에 연속 영업흑자를 내고 있으나 연간기준으로는 B/E(Break Even)이다.

LG화학은 13.4조 원의 여유자본으로 목적사업자산 18.6조 원의 72%를 지원하고 있다. 삼성SDI는 여유자본 2조 원으로 목적사업자산 5.3조 원의 39%를 지원하고 있다. 목적사업지원 후 부족한 자금은 LG화학 5조 원, 삼성SDI는 4조 원이다.

삼성SDI 관계사투자 6조 원은 삼성디스플레이 지분(15.2%) 투자이다. 삼성모바일디스플레이가 삼성디스플레이에 흡수. 합병되면서 발생한 평가차익 3조9천억 원과 2016년 4월에 케미칼 사업부를 롯데케미칼에 처분하면서 발생한 중단영업이익 9천억 원으로 순이익을 유지하고 있는 삼성SDI의 현재 장부가치는 삼성디스플레이에 있다. 삼성모바일디스플레이 투자 7129억 원이 6조 원으로 늘어난 것이다. 2017년 9월말 자본 11조3천억 원은 주식발행 초과금 5조 원과 삼성디스플레이 투자이익 6조 원으로 구성되어 있다고 할 수 있다.

엘지화학	단위: 10억		7분기	삼성SDI			7분기
분기일	FY15	3Q	재무성과	FY15	3Q		재무성과
매출		6,397	39,924			1,708	9,667
영업이익		790	4,304			60	(927)
순이익		545	2,963			135	614
매출원천 자산	(5,925)	(8,304)	(2,379)	(2,030)	(2,453)		(423)
고정자산	(8,867)	(10,313)	(1,446)	(3,228)	(2,871)		357
목적사업포 지션	(14,792)	(18,618)	(862)	(5,259)	(5,325)		548
포괄(손)익	(4)	42	(30)	(555)	(36)		(174)
무형자산	(501)	(1,816)	(1,315)	(1,277)	(921)		356
비목적사업 자산	(297)	(591)	(294)	(2,683)	(2,163)		520
관계사투자	(293)	(280)	13	(5,172)	(6,079)		(907)
자본	13,103	16,121	85	11,253	11,257		(436)
비목적사업 포지션	12,010	13,432	(1,541)	2,119	2,093		(641)
사업포지션	(2,781)	(5,185)	(2,403)	(3,140)	(3,231)		(93)
현금	(2,693)	(2,400)	293	(1,831)	(1,111)		720

재무포지션	(5,475)	(7,585)	(2,110)		(4,972)	(4,342)	627
총부채	5,475	7,585	2,110		4,972	4,342	(630)
차입금	2,653	3,282	629		1,810	1,478	(332)
차입금/총부채	48%	43%			36%	34%	
총자산	(18,578)	(23,707)	(5,129)		(16,225)	(15,600)	625

시가총액은 LG화학 28.8조 원, 삼성SDI 14.3조 원이다. 장부가치에 비하여 각각 12.8조 원, 3.4조 원 높게 평가받고 있다. 3분기 순이익을 기준으로 미래가치가 현실화되는 데에는 LG화학, 삼성SDI 모두 PRR 6년이 소요된다.

현대모비스, 현대위아 벤치마킹

■ 현대모비스

현대모비스 단위: 10억 원	FY16				FY17			7분기 재무성과
	1Q	2Q	3Q	4Q	1Q	2Q	3Q	
매출	9,339	9,854	8,778	10,290	9,267	8,283	8,772	64,583
영업이익	718	785	721	680	668	493	544	4,609
순이익	795	849	705	698	761	483	482	4,773
FCF	697	515	1,152	(1,063)	1,888	1,214	(149)	4,254
자본변동	(310)	37	90	378	(333)	16	0	(122)
비목사업지출	(192)	(358)	(464)	(389)	(421)	(43)	(72)	(1,939)
① 사업현금흐름	195	194	778	(1,074)	1,134	1,187	(221)	2,193
② 현금(증)감	(410)	(204)	(271)	(263)	(396)	(226)	(403)	(2,173)
①, ② 합계	(215)	(10)	507	(1,337)	738	961	(624)	20
부채증(감)	215	10	(507)	1,337	(738)	(961)	624	(20)
차입금증(감)	3	(6)	(265)	279	(161)	132	152	134
총자산	(38,438)	(39,243)	(39,163)	(41,711)	(40,934)	(40,792)	(42,023)	(42,023)
ROA	8%	9%	7%	7%	7%	5%	5%	

현대모비스느 7분기 순이익 4조7730억 원에 FCF 4조2540억 원을 유입시켜 주주환원과 비목적사업에 1조9390억 원을 지출하고, 2조1930억 원을 남겨 현금으로 보유하고 있다. 부채를 축소한 금액은 200억 원에 불과하다.

■ 현대위아

현대위아 단위: 10억 원	1Q	2Q	3Q	4Q	1Q	2Q	3Q	재무성과
매출	1,290	1,949	1,744	2,058	1,871	1,814	1,925	12,651
영업이익	(703)	90	64	28	43	30	15	(433)
순이익	(717)	59	0	23	2	40	13	(580)
FCF	(640)	(241)	187	(24)	(239)	(20)	(374)	(1,351)
자본변동	735	4	12	48	(29)	37	20	827
비목사업 지출	3	(10)	(32)	(31)	(19)	(35)	(15)	(139)
① 사업현금흐름	98	(247)	167	(7)	(287)	(18)	(369)	(663)
② 현금(증)감	(105)	42	44	(235)	256	165	(4)	163
①, ② 합계	(7)	(205)	211	(242)	(31)	147	(373)	(500)
부채증(감)	7	205	(211)	242	31	(147)	373	500
차입금증(감)	110	135	102	37	41	57	198	680
총자산	(6,705)	(6,961)	(6,714)	(7,022)	(6,987)	(6,898)	(7,296)	(7,296)
ROA	-43%	3%	0%	1%	0%	2%	1%	

현대위아는 2016년 1분기 결손 이후 저조한 실적을 이어오고 있다. 7분기 누적 FCF는 적자 1조3510억 원을 유상증자 8270억 원으로 일부 방어하고 부족 현금 6630억 원을 현금자산 1630억 원으로 일부 감소시킨 후 차입금으로 부족한 현금을 충당하고 있다.

두 기업의 재무상태표를 비교하여 보자.

현대모비스	단위: 10억	FY17	7분기		현대위아	FY17	7분기
FY	FY15	3Q	재무성과		FY15	3Q	재무성과

매출		8,772	64,583			1,925	12,651
영업이익		544	4,609			15	(433)
순이익		482	4,773			13	(580)
매출원천자산	(9,108)	(9,182)	(74)	(2,384)	(2,884)	(500)	
고정자산	(7,946)	(8,393)	(447)	(7,377)	(7,597)	(275)	
목적사업 포지션	(17,055)	(17,575)	4,252	(4,707)	(5,481)	(1,355)	
포괄(손)익	(64)	125	(383)	7	(9)	(135)	
무형자산	(930)	(958)	(28)	(243)	(249)	(6)	
비목적사업	(289)	(432)	(143)	(132)	(125)	7	
관계사투자	(12,704)	(14,089)	(1,385)	(363)	(366)	(3)	
자본	25,676	29,944	(122)	3,163	3,275	827	
비목적사업포 지션	11,750	14,464	(2,061)	2,423	2,534	690	
사업포지션	(5,304)	(3,111)	2,191	(2,283)	(2,946)	(665)	
현금	(6,794)	(8,967)	(2,173)	(1,236)	(1,073)	163	
재무포지션	(12,098)	(12,079)	18	(3,519)	(4,020)	(502)	
총부채	12,098	12,079	(19)	3,519	4,020	501	
차입금	3,308	3,442	134	1,578	2,258	680	
차입금/ 총부채	27%	29%		45%	56%		
총자산	(37,774)	(42,023)	(4,249)	(6,683)	(7,296)	(613)	

현대모비스의 비목적사업포지션에 나타나 있는 여유자본은 현대모비스 14.5조 원이다. 목적사업자산에 17.5조 원을 운용하고 부족한 자금은 3조 원이다. 부족자금 3조 원에 현금으로 9조 원을 확보한 결과 12조 원을 부채로 조달하고 있다. 차입금이 3조 원에 불과하여 대부분이 거래부채로 부족한 자금을 조달하고 있다. 여유자본이 목적사업자산을 지원하는 비율은 82%이다. 관계사투자 14조 원을 현대자동차(20.78%)와 현대건설(8.73%)이 주를 이루고 있다.

한편, 현대위니아의 여유자본은 2.5조 원으로 목적사업자산 5.5조 원 대비 3조 원이 부족하다. 여유자본이 목적사업자산을 지원하고 있는 비율은 46%이다. 현대위니아는 사업자금 부족분 3조 원과 현금자산 1조 원을 합하여 총 4조 원을 부채로 충당하고 있다. 총 부채의 절반인 2.3조 원을 차입금으로 조달하고 있다.

벤치마킹	현대모비스	현대위아	단위: 십억
시가총액	25,212	1,743	
장부가치	29,944	3,275	
지배주주가치	29,868	3,275	
미래가치	(4,656)	(1,532)	
PRR	(2)	(29)	

현대모비스의 시가총액은 25조2120억 원, 현대위아는 1조7430억 원으로 시장가격이 장부가치를 하회하고 있다. PRR는 (-)2년, (-)29년이다.

한국전력, GS 벤치마킹

GS그룹에서 규모가 가장 큰 계열사는 비상장기업 GS에너지이다. GS는 GS에너지 100% 지분으로 GS칼텍스와 GS파워의 지분 50%를 가지고 있으며, 가스 및 전력사업에 지분 투자하고 있는 지주회사이다. 작년 .대규모 발전소 CAPEX.를 마감하여 FCF 위기에서 벗어나면서 고성장이 예상되는 GS와 한국전력을 벤치마킹하여 재무제표를 읽어보자.

한국전력	FY16				FY17			7분기
단위: 10억 원	1Q	2Q	3Q	4Q	1Q	2Q	3Q	재무성과
매출	15,685	13,275	15,944	15,286	15,146	12,926	16,187	104,449
영업이익	3,605	2,704	4,425	1,267	1,463	846	2,773	17,083

순이익	2,162	1,768	2,938	280	900	358	1,530	9,936
FCF	1,110	(517)	3,945	(2,677)	625	(1,853)	2,134	2,767
자본변동	(2,048)	(1)	(9)	20	(1,297)	(4)	(25)	(3,364)
비목사업지출	(377)	(185)	314	(630)	198	(301)	466	(515)
① 사업현금흐름	(1,315)	(703)	4,250	(3,287)	(474)	(2,158)	2,575	(1,112)
② 현금(증)감	(185)	3,967	(2,634)	2,436	230	120	(317)	3,617
①, ② 합계	(1,500)	3,264	1,616	(851)	(244)	(2,038)	2,258	2,505
부채증(감)	1,500	(3,264)	(1,616)	851	244	2,038	(2,258)	(2,505)
차입금증(감)	(1,742)	(1,037)	(1,048)	(943)	(400)	3,771	(1,137)	(2,536)
총자산	(176,793)	(175,190)	(176,238)	(177,837)	(177,460)	(179,938)	(179,254)	(179,254)
ROA	5%	4%	7%	1%	2%	1%	3%	

최근 7분기 재무스토리 핵심

한국전력은 10조 원의 순이익에 FCF는 약 3조 원 흑자이다. 차이는 끊임없이 발생하는 고정자산 증가에 기인한다. 그래도 흑자를 기록하여 배당금으로 주주환원정책을 꾸준히 시현하고 있다. 특히, 차입금을 기간 중 2조5천억 원을 감축하였다. 시계열로 보면 한국전력의 차입금은 FCF와 배당금지급과 서로 밀접하게 연계되어 있다.

GS 단위: 10억 원	1Q	2Q	3Q	4Q	1Q	2Q	3Q	재무성과
매출	3,092	3,349	3,314	3,707	3,918	3,855	4,229	25,464
영업이익	324	505	413	512	645	392	497	3,288
순이익	164	286	182	291	434	165	259	1,781
FCF	(475)	269	92	(236)	170	75	(198)	(303)
자본변동	(191)	75	1	(2)	(206)	4	1	(318)
비목사업지출	(231)	(181)	(138)	673	(224)	(184)	(352)	(637)
① 사업현금흐름	(897)	163	(45)	435	(260)	(105)	(549)	(1,258)
② 현금(증)감	(239)	243	111	(267)	(175)	193	101	(33)
①, ② 합계	(1,136)	406	66	168	(435)	88	(448)	(1,291)
부채증(감)	1,136	(406)	(66)	(168)	435	(88)	448	1,291
차입금증(감)	754	(65)	(465)	(108)	222	145	212	695
총자산	(20,111)	(20,074)	(20,128)	(20,341)	(20,897)	(21,004)	(21,734)	(21,734)
ROA	3%	6%	4%	6%	8%	3%	5%	

GS는 순이익 1조7810억 원에 FCF 적자 3030억 원으로 배당금 지급과 증가한 비목적사업자산으로 7분기 동안 1조2580억 원의 현금흐름 부족을 기록하였다. 현금추가 확보 330억 원을 포함하여 1조2910억 원의 부채가 늘어났다.

FCF의 적자는 기간 중 발전소 건설과 관련된 고정자산의 증가 1조5천억 원에 기인하였다. GS의 FCF는 대규모 CAPEX. 완료로 향후 점진적인 개선이 예상된다.

2017년 3분기 ROA는 한국전력 3%, GS 5%이다.
두 회사의 재무상태를 비교해 보자.

한국전력	단위: 10억	FY17	7분기	GS	FY17	7분기
FY	FY15	3Q	재무성과	FY15	3Q	재무성과
매출		16,187	164,639		4,229	25,464
영업이익		2,773	29,084		497	3,288
순이익		1,530	17,084		259	1,781
매출원천자산	(12,670)	(13,372)	(702)	(1,243)	(1,870)	(627)
고정자산	(141,361)	(147,830)	(6,469)	(6,944)	(8,405)	(1,461)
목적사업 포지션	(154,031)	(161,202)	9,913	(8,187)	(10,275)	(307)
포괄(손)익	34	69	(72)	55	22	(42)
무형자산	(858)	(1,173)	(315)	(1,935)	(1,846)	89
비목적사업	(5,757)	(6,090)	(333)	(2,782)	(2,662)	120
관계사투자	(5,693)	(5,487)	206	(5,451)	(6,251)	(800)
자본	67,942	74,444	(10,510)	8,097	9,518	(318)
비목적사업 포지션	55,632	61,692	(11,024)	(2,072)	(1,241)	(951)
사업포지션	(98,398)	(99,510)	(1,111)	(10,259)	(11,517)	(1,258)
현금	(8,916)	(5,299)	3,617	(665)	(698)	(33)
재무포지션	(107,314)	(104,809)	2,506	(10,925)	(12,215)	(1,291)
총부채	107,314	104,809	(2,505)	10,925	12,215	1,290

차입금	66,548	64,012	(2,536)	8,621	9,316	695
차입금/ 총부채	62%	61%		79%	76%	
총자산	(175,757)	(170,254)	(3,007)	(10,023)	(21,734)	(2,711)

여유자본은 한국전력이 62조, GS는 1조 원이 부족한 상태이다. 사업특성상 가지는 거대 고정자산으로 인하여 한국전력은 약 100조 원이 부족한 자본을 부채로 조달하고 있으나 차입금은 부채의 61% 순이다. GS는 자본을 거의 관계사투자와 비목적사업에 소진하여 자본의 여유가 없는 상태이다. 부족한 현금 12조 원을 부채로 조달하고 있다. 차입금은 9조 원으로 부채의 76% 수준이다. 관계사투자 6조 원은 주로 GS칼텍스와 GS파워에 투자한 것이다.

벤치마킹	한국전력	GS	단위: 십억
시가총액	24,202	5,834	
장부가치	74,444	9,518	
지배주주 가치	73,082	7,603	
미래가치	(48,880)	(1,769)	
PRR	(8)	(2)	

시가총액은 한국전력 24.2조, GS 5.8조 원으로 지배주주가치를 각각 48.8조 원, 1.5조 원을 하회하고 있다. 순이익과 FCF의 성과를 시장에서 제대로 평가받지 못하고 있다. 3분기 순이익 기준 한국전력은 PRR (-)8년, GS는 (-)2년의 가치가 평가 절하되었다.

삼성물산, SK 벤치마킹

삼성물산 핵심재무지표

삼성물산 단위: 10억 원	FY16				FY17			7분기 재무성과
	1Q	2Q	3Q	4Q	1Q	2Q	3Q	
매출	6,487	7,050	6,622	7,943	6,702	7,319	7,493	49,616
영업이익	(434)	692	187	210	137	(529)	220	483
순이익	(516)	134	(371)	257	185	112	324	125
FCF	(28)	696	71	(787)	1,696	(422)	399	1,625
자본변동	(105)	(17)	515	1,518	(95)	(2)	(186)	1,628
비목사업지출	617	52	41	(252)	(984)	(643)	(130)	(1,299)
① 사업현금흐름	484	731	627	479	617	(1,067)	83	1,954
② 현금(증)감	(42)	(566)	562	(1,580)	789	272	(40)	(605)
①, ② 합계	442	165	1,189	(1,101)	1,406	(795)	43	1,349
부채증(감)	(442)	(165)	(1,189)	1,101	(1,406)	795	(43)	(1,349)
차입금증(감)	84	(541)	(943)	116	(1,201)	109	133	(2,243)
총자산	(40,927)	(40,572)	(40,359)	(44,458)	(44,019)	(47,179)	(47,869)	(47,869)
ROA	-5%	1%	-4%	2%	2%	1%	3%	

최근 7분기 재무스토리 핵심정리

7분기 누적순이익은 1250억 원, FCF는 1조6250억 원 흑자이다. 차이 1조5천억 원은 사업축소에 따른 매출원천자산 자연감축에서 왔다. 비목적사업 증가 1조3천억, 연결실체 내 자본거래로 발생한 자본 증가 1조6천억과 상쇄한 후 잉여현금 3천억과 FCF 흑자 1조6천억을 합하여 약 2조 원의 현금을 유입시켜 현금자산 6천억을 늘린 다음 남은 1조3천억 원으로 부채를 줄이고 있다. 차입금은 2조2천억 원이 감소하였다. 지난 2015년에 비하여 많이 안정을 찾은 모습이지만 영업이익과 순이익이 아직 불안정하다.

SK 단위: 10억 원	1Q	2Q	3Q	4Q	1Q	2Q	3Q	재무성과
매출	20,673	21,130	20,065	21,749	23,062	21,968	23,763	152,410
영업이익	1,512	1,685	918	1,183	1,707	1,101	1,620	9,726
순이익	1,062	936	658	166	1,615	1,122	1,421	6,980
FCF	1,455	488	1,252	(2,547)	1,912	1,941	(589)	3,912
자본변동	(685)	109	15	(56)	(1,215)	(23)	331	(1,524)
비목사업지출	(5)	196	(1,523)	(1,221)	572	(569)	(2,641)	(5,191)
①사업현금흐름	765	793	(256)	(3,824)	1,269	1,349	(2,899)	(2,803)
②현금(증)감	(1,608)	(862)	281	546	(1,180)	1,899	(1,678)	(2,602)
①,②합계	(843)	(69)	25	(3,278)	89	3,248	(4,577)	(5,405)
부채증(감)	843	69	(25)	3,278	(89)	(3,248)	4,577	5,405
차입금증(감)	630	75	(470)	(439)	792	(1,359)	2,567	1,796
총자산	(97,778)	(98,788)	(98,917)	(103,047)	(102,848)	(100,939)	(107,421)	(107,421)
ROA	4%	4%	3%	1%	6%	4%	5%	

영업이익과 순이익이 안정적이다. 순이익이 2017년 상반기부터 급증하고 있다. 누적순이익 6조9800억 원에 FCF 3조9120억 원의 흑자이다. 주주환원에 의한 자본변동 (-)1조5240억 원과 비목적사업자산의 취득 (-)5조1910으로 FCF 흑자를 초과한 지출 2조8030억 원과 현금자산의 증가 2조6020억 원으로 부채가 5조4050억 원 증가하였다. 차입부채는 1조7960억 원 증가하였다.

재무상태표로 자산변동내용을 좀 더 살펴보자.

삼성물산	단위: 10억	FY17	7분기		SK	FY17	7분기
FY	FY15	3Q	재무성과		FY15	3Q	재무성과

매출		7,493	49,616		23,763	152,410
영업이익		220	483		1,620	9,726
순이익		324	125		1,421	6,980
매출원천자산	(9,820)	(8,460)	1,360	(19,216)	(20,706)	(1,490)
고정자산	(5,098)	(4,962)	136	(39,445)	(41,025)	(1,580)
목적사업포지션	(14,919)	(13,422)	1,621	(58,661)	(61,732)	3,910
포괄(손)익	457	596	5,105	(95)	152	(73)
무형자산	(1,840)	(1,418)	422	(9,749)	(12,640)	(2,891)
비목적사업	(17,826)	(24,482)	(6,656)	(7,174)	(7,051)	123
관계사투자	(5,642)	(5,808)	(166)	(11,157)	(13,506)	(2,349)
자본	18,313	25,171	1,628	40,077	45,460	(1,524)
비목적사업포지션	(6,995)	(6,537)	333	11,995	12,262	(6,714)
사업포지션	(21,914)	(19,960)	1,954	(46,666)	(49,469)	(2,804)
현금	(2,133)	(2,738)	(605)	(9,889)	(12,491)	(2,602)
재무포지션	(24,047)	(22,698)	1,349	(56,556)	(61,961)	(5,406)
총부채	24,047	22,698	(1,349)	56,556	61,961	5,405
차입금	8,695	6,452	(2,243)	32,316	34,112	1,796
차입금/총부채	36%	28%		57%	55%	
총자산	(42,361)	(47,869)	(5,508)	(96,633)	(107,421)	(10,788)

삼성물산은 사업축소로 목적사업자산을 축소하고 있다. SK는 목적사업을 확장하여 목적사업의 자산이 증가하고 있다. 반대로 삼성물산의 비목적사업자산이 급증하고 있다. 급증한 자산은 삼성전자 유가증권으로 포괄이익과 서로 상계되어 여유자본에는 변동이 없다.

SK의 비목적사업자산의 증가원인은 무형자산과 관계사투자 증가에 있었다. 무형자산 증가 3조 원은 SK텔레콤 주파수 이용권 취득에서 주로 증가하였고, 관계사투자 증가 2조 원은 관계사로 분류되어 있는 SK하이닉스 지분평가 이익에 기인하고 있다. 2조 원이 지분법이익으로 FCF에 포함되었다가 관계사투자 증가로 상쇄되고 무형자산의 증가 3조 원을 부채로 조달하는 상태이다.

두 기업에 대한 시장평가를 보면

벤치마킹	삼성물산	SK	단위: 십억
시가총액	25,028	19,934	
장부가치	25,171	45,460	
지배주주 가치	22,450	13,985	
미래가치	2,578	5,949	
PRR	2	1	

삼성물산의 시가총액은 25조, SK는 20조이다. 지배주주가치 22.5조 원 대비 2.6조 원을 미래가치로 평가받고 있다. 3분기 순이익 기준으로 PRR는 2년이 소요된다. 한편, SK 시가 20조 원으로 지배주주가치 14조 원의 6조 원을 미래가치로 평가받고 있다. 3분기 순이익 기준으로 PRR는 1년이 소요되는 가격이다. 삼성물산은 삼성전자의 지분을 유가증권으로 분류하여 평가이익을 포괄이익으로 계상하는 반면, SK는 SK하이닉스의 투자지분에서 얻은 이익을 SK텔레콤의 지분평가이익으로 계상하여 순이익에 넣어 처리하고 있다. FCF에 혼란이 있을 수 있으나 순사업 현금흐름에서는 같은 값이다.

SK텔레콤, KT 벤치마킹

SK텔레콤 핵심재무지표

SK텔레콤	FY16	FY17	7분기

단위: 10억 원	1Q	2Q	3Q	4Q	1Q	2Q	3Q	재무성과
매출	4,228	4,267	4,244	4,352	4,234	4,345	4,443	30,113
영업이익	402	407	424	302	410	423	393	2,761
순이익	572	291	322	475	583	620	793	3,656
FCF	504	566	123	165	1,248	887	854	4,347
자본변동	(639)	22	(45)	(9)	(677)	(6)	(29)	(1,383)
비목사업지출	84	(12)	(1,374)	(829)	180	(662)	(984)	(3,597)
① 사업현금흐름	(51)	576	(1,296)	(673)	751	219	(159)	(633)
② 현금(증)감	(116)	(363)	447	(497)	(175)	283	(185)	(606)
①, ② 합계	(167)	213	(849)	(1,170)	576	502	(344)	(1,239)
부채증(감)	167	(213)	849	1,170	(576)	(502)	344	1,239
차입금증(감)	(147)	264	(326)	233	(7)	(5)	63	75
총자산	(28,490)	(28,529)	(29,555)	(31,297)	(30,517)	(30,777)	(31,923)	(3,342)
ROA	8%	4%	4%	6%	8%	8%	10%	

　　SK텔레콤은 영업이익의 추세는 안정적인 반면에 순이익은 전년에 비하여 상승세가 두드러지다. 7분기 누적순이익 3조6560억 원, FCF 4조3470억 원으로 비목적사업에 3.6조 원, 배당금 지급에 1.4조 원을 지출하여 6330억 원이 초과 지출되었다. 현금자산 6060억 원을 늘려 총 1조 2390억 원의 부채가 증가하였다. 차입금의 증가는 750억 원에 그쳤다. 부족한 현금흐름을 모두 사업부채로 조달하고 있다.

KT 단위: 10억 원	1Q	2Q	3Q	4Q	1Q	2Q	3Q	재무성과
매출	5,515	5,677	5,530	6,021	5,611	5,843	5,826	40,023
영업이익	385	427	401	226	416	448	377	2,680
순이익	215	255	234	93	224	258	203	1,482
FCF	511	1,010	(342)	(520)	82	2,123	(551)	2,313
자본변동	(183)	3	2	15	(241)	27	1	(376)
비목사업지출	(225)	336	(537)	(360)	(285)	52	(253)	(1,272)
① 사업현금흐름	103	1,349	(877)	(865)	(444)	2,202	(803)	665

② 현금(증)감	(236)	(251)	(397)	540	918	346	(512)	408
①, ② 합계	(118)	1,098	(1,274)	(325)	474	2,548	(1,315)	1,088
부채증(감)	118	(1,098)	1,274	325	(474)	(2,548)	1,315	(1,088)
차입금증(감)	146	(672)	68	(70)	(861)	(828)	318	(1,899)
총자산	(29,484)	(28,624)	(30,135)	(30,587)	(30,102)	(27,825)	(29,372)	(31)
ROA	3%	4%	3%	1%	3%	4%	3%	

KT는 영업이익이 전년도에 비하여 상승추세이다. 7분기 누적순이익 1조4820억 원, FCF 2조3130 흑자로 주주환원에 3760억 원을 사용하였다. 비목적사업에 1조2720억 원을 사용하여 6650억 원을 남기고 현금유동성을 4080억 원 줄여 총 1조880억 원으로 부채를 감축하고 있다. 차입금 감축이 1조8990억 원이다.

누적영업이익은 SKT 2조7610억과 KT 2조6800억으로 차이가 거의 없다. 순이익에서 3조6560원, 2조4820억으로 1조 이상의 차이가 발생하였다. SKT가 투자한 SK하이닉스 지분법 이익에서 온 차이이다.

두 기업의 재무상태를 비교해보자.

SK텔레콤 단위: 10억		FY17	7분기	KT	FY17	7분기
FY	FY15	3Q	재무성과	FY15	3Q	재무성과
매출		4,443	30,113		5,826	40,023
영업이익		393	2,761		377	2,680
순이익		793	3,656		203	1,482
매출원천자산	(3,553)	(3,633)	(80)	(5,404)	(5,765)	(361)
고정자산	(10,371)	(9,601)	770	(14,478)	(13,288)	1,190
목적사업포지션	(13,924)	(13,234)	4,346	(19,883)	(19,053)	2,311
포괄(손)익	1	37	(171)	(68)	29	16
무형자산	(4,213)	(5,607)	(1,394)	(2,599)	(2,867)	(268)

비목적사업 자산	(1,994)	(1,954)	40	(3,995)	(5,041)	(1,046)
관계사 지분 투자	(6,896)	(8,967)	(2,071)	(270)	(241)	29
자본	15,374	17,176	(1,383)	12,165	13,287	(376)
비목적사업 포지션	2,269	945	(4,979)	5,300	5,136	(1,645)
사업포지션	(11,655)	(12,288)	(633)	(14,582)	(13,917)	666
현금	(1,552)	(2,158)	(606)	(2,576)	(2,168)	408
재무포지션	(13,207)	(14,447)	(1,239)	(17,175)	(16,085)	1,074
총부채	13,207	14,447	1,240	17,175	16,085	(1,090)
차입금	7,786	7,861	75	8,986	7,087	(1,899)
차입금/ 총부채	59%	54%		52%	44%	
총자산	(28,581)	(31,923)	(3,342)	(29,341)	(29,372)	(31)

여유자본은 SKT 9450억, KT는 5조1360억 원이다. 그럼에도 사업 재무상태는 SKT 12조2880억 원, KT는 13조9170억 원으로 KT가 SKT보다 오히려 자본이 더 부족하다. KT는 매출원천자산과 고정자산이 SKT보다 약 6조 원이 더 많기 때문이다.

KT의 FCF 흑자는 고정자산의 감축에서 왔다. KT는 비목적사업자산에 SKT보다 무려 3조 원의 자금을 더 운용하고 있다. 2015년 말과 비교하면 1조 원이 증가하였다. 3조 원 이상을 줄이면 차입금이 7조 원에서 4조 원으로 줄어든다. KT는 비목적사업자산에서 수익이 창출된 흔적이 없다. 방만한 경영 자세를 엿보게 하는 장면이다. KT의 7분기 누적 영업이익 2조6800억 원에서 순이익과의 차이 1조2020억 원은 불필요한 자산 보유에 따른 비용이다.

벤치마킹	SK텔레콤	KT	단위: 10억 원
시가총액	21,519	7,898	

장부가치	17,476	13,287
지배주주 가치	17,340	11,884
미래가치	4,179	(3,986)
미래가치 소요기간	1	(5)

SKT의 시장가격 총 21조5190억 원은 지배주주 지분의 장부가치 17
조3390억 원에 비하여 4조1790억 원이 더 많다. 이는 PRR 1년에 불
과하다.

한편, KT는 괄목할 만한 영업이익에도 불구하고 낮은 순이익으
로 시장가격은 7조8980억에 불과하여 오히려 장부가치(지배주주) 11조
8840억보다 3조9860억 원이 적다. PRR가 (-)5년이다. KT 순이익 5
년 치를 시장에서 인정받지 못하고 있는 것이다. 비목적사업자산 5조
원 가운데 4조 원이 부실자산으로 시장에서 평가받고 있는 것이다.

4

매력 기업

국내 시장은 바이오열풍과 함께 장부가치보다는 무형의 미래가치에 열광하고 있다. 투자자들이 선호하는 국내주식시장의 매력기업을 읽기 전에 시가총액 708조 원인 인터넷유통강자 아마존을 위시하여 제약 및 바이오텍 글로벌 1위 존슨앤존슨(Jomshon & Johnson)과 바이오시밀러 글로벌리더로 불리는 코허러스 바이오사이언스(Coherus Biocience)를 먼저 읽어보자. 국내 매력기업의 가격과 비교하여 가격의 적정성을 알아보자. 워렌 버핏은 기업의 미래가치를 평가하는 것은 예술인 동시에 과학이라고 하였다.

아마존닷컴(Amazon.com)

미국 대표적 백화점 시어스(Sears)는 우편판매업으로 백화점으로 발전시킨 창의적인 기업이었다. 132년 전통의 미국 최고 백화점이었던 시어스의 최근 주가는 45센트에 불과하다. 폐점사태가 이어지고 있다. Sears는 Richard Warren Sears가 1886년 우편판매회사로 출발하여 1959년에는 카드 및 대형 금융서비스 회사를 거느린 복합기업으로 까지 성장한 미국 최초의 대형 백화점이었다. 광대한 미국대륙에 흩어져 있는 다양한 고객을 대상으로 카타록(Catalog)을 매개로 한 우편주문방식으로 판매한 것이 성공요인이었다. 2005년 월마트에 의하여 경쟁력을 상실한 케이마트(K Mart)와 합병하여 시어스홀딩스이라는 회사명으로 현재에 이르고 있다. 시어스는 2011년 이후 평균 20억불의 순결손 행진을 이어오고 있다. 2017년 10월말 3분기 현재 자본 잠식은 40억7백만 불이다.

우편판매로 일으켰던 창의적인 기업이 온-라인 인터넷쇼핑몰에 대응하지 못한 결과라는 것이 일반적인 평가이다. 혹자는 온-라인 유통 거물 아마존에 치인 결과이라고도 한다.

아마존닷컴은 미국 전자거래시장 총매출의 44%를 잠식한 유통공룡이라고 불린다. 최근 AI에 접목한 '아마존 고'라는 브랜드로 계산원을 없앤 무인식품점을 선보여 주식시장에서 흥행을 이어가고 있다.

주식시장에서 매력기업으로 꼽히는 아마존닷컴의 재무제표를 5분 재무제표 가계부형식으로 읽고 그 실체를 알아보자.

Amazon.com. Inc..						단위: 백만$
결산	2013년	2014년	2015년	2016년	3Q 17	성과
매출	74,452	88,988	107,006	135,987	117,413	449,394
영업이익	745	178	2,233	4,186	1,979	8,576
순이익	274	(241)	596	2,371	1,176	3,902
매출원천 자산	(12,178)	(13,911)	(15,897)	(19,800)	(24,268)	(12,090)
고정자산	(10,949)	(16,967)	(21,838)	(29,114)	(45,335)	(34,386)
목적사업 포지션	(23,127)	(30,878)	(37,735)	(48,914)	(69,603)	(42,574)
포괄손익	54	(326)	(212)	(262)	484	(316)

무형자산	(2,655)	(3,319)	(3,759)	(3,784)	(13,271)	(10,616)
비목적사업	(1,930)	(2,892)	(3,445)	(4,723)	(8,083)	(6,153)
관계사투자						
자본	9,746	10,741	13,384	19,285	24,658	11,326
비목적 포지션	5,161	4,530	6,180	10,778	3,304	(5,759)
사업포지션 합계	(17,966)	(26,348)	(31,555)	(38,136)	(66,299)	(48,333)
현금	(12,447)	(17,416)	(19,808)	(25,981)	(24,310)	(11,863)
재무포지션	(30,413)	(43,764)	(51,363)	(64,117)	(90,609)	(60,196)
부채	30,413	43,764	51,363	64,117	90,609	60,196
차입금	7,433	15,675	17,476	20,301	43,537	36,104
차입금/ 총부채	24%	36%	34%	32%	48%	
자산합계	(40,159)	(54,505)	(64,747)	(83,402)	(115,267)	(75,108)
매출증가(%)		20%	20%	27%	15%	

실체가 없는 매출과 순이익 위주로 만들어지는 손익계산서만을 본다면 분명히 성공한 기업이다. 2016년까지 연평균 20%에 이르는 매출증가를 하였다. 그러나 2017년에는 매출이 15%의 성장에 그쳐 전년도 27%의 절반수준이다.

4년 누적 순이익은 39억 불이다. 하지만 순이익에서 창출한 현금(순이익, 3,902+매출원천자산, -12,090)은 마이너스 82억 불이다. 고정자산 투자를 감안한 FCF(이익잉여현금흐름)는 무려 426억 불이 마이너스이다. 자본상태를 보여주는 비목적사업에서는 M&A 프리미엄 영업권에 106억 불을 지출하고 기타비목적사업에 62억 불을 지출하여 유상증자로 조달한 113억 불의 현금유입에 불구하고 현금흐름은 마이너스 60억 불에 육박하고 있다.

마이너스 FCF와 비목적사업에서 유입된 자본을 초과하여 지출된 60억 불을 더하여 사업에서 발생한 4년간 현금흐름은 (-)483억 불이다. 이에 현금유동성 (-) 118억 불을 더하여 재무포지션은 총 마이너스 602억 불로서 재무상태를 악화시키고 있다. 조달한 부채 602억 불 숭에서 늘어난 차입금은 361억 불이다.

가계부로 간단히 읽으면 390만 원을 벌기위해 사용한 생계비는 1,209백만 원, 주거비로는 3,438만 원이다. 가계적자는 4,257만 원이다. 3분기 유동성 243억 불의 원천은 번 돈이 아니고 차입금 361억 불에서 온 것이다.

마치 IMF사태의 뇌관이었던 아래의 대우그룹 분식회계 구조와 유사하다.

단위: 십억 원

대우그룹 6년	FY92	FY98	FY93~ CF	Balance
순이익	(9)	(97)	1,192	1,192
매출원천자산	(7,759)	(36,271)	(28,513)	(27,321)
고정자산	(2,251)	(14,055)	(11,804)	(39,124)
목적사업포지션	(10,010)	(50,326)	(39,124)	
무형자산	(310)	(2,069)	(1,759)	(40,883)
비목적사업자산	(3,373)	(17,849)	(14,476)	(55,360)
자본	2,936	14,574	10,447	(44,913)
비목적사업포지션	(747)	(5,343)	(5,788)	
사업재무상태	(11,066)	(57,738)	(44,913)	
현금성자산	(1,023)	(1,930)	(907)	(45,820)
재무포지션	(11,780)	(57,599)	(45,820)	
부채	11,780	57,599	45,820	

대우그룹 6년 누적 순이익 1조1920억 원, FCF (-)39조1240억 원, 비목적사업현금흐름 (-)5조7880억 원, 총44조9130억 원의 마이너스 현금흐름을 6년간 기록하였다. 이후 밝혀진 대우그룹의 실체는 1999년 순손실 33조1,270억 원, 2000년 순손실 15조2,700억 원, 누적손실

은 48조3970억 원이었다. 98년 총부채 57조5,990억 원의 84%가 부실을 지원하는 데에 사용되어 회수 불가능한 채권이었다. 순이익 1조1920억 원이 모두 매출원천자산과 무형자산, 비목적사업자산(관계사투자)으로 만들어진 것이었다.

아마존의 누적순이익이 매출원천자산, 영업권 등으로 만들어진 것과 정확히 일치한다.

한편, SEC에 제출한 감사보고서에 의한 아마존닷컴의 FCF는 다음과 같다.

결산	2014년	2015년	2016년	3Q17	누적
SEC FCF	1,949	7,331	9,706		18,986
5분 재무 FCF	(7,992)	(6,261)	(8,808)	(19,513)	(42,574)

전 경영진이 서명하여 제출한 SEC 재무제표의 FCF는 189.8억 불 흑자이다. 그럼에도 3년 동안 증가한 부채는 468.4억 불이다. 3분기 이익잉여금(Retained Earning)은 67억 불에 불과하다.

결산	2014년	2015년	2016년	3Q17	누적
SEC CFO	6,842	11,920	16,443	6,090	41,295
5분 재무 CFO	(1,974)	(1,390)	(1,532)	(3,292)	(8,188)
				차이	(49,483)
현금증가					(11,863)
				합계	(61,346)
				5분 재무상태 동기간 변동	(60,196)

SEC에 제출한 올 3분기까지 영업에서 창출한 현금흐름은 (+)413억 불이다. 5분 재무제표와 무려 495억 불의 차이가 발생한다. 현금증가 118억 불을 더하면 613억 불의 차이가 난다. 재무상태 변동금액 602억 불과 거의 일치한다.

올 3분기 9개월 동안 증가한 부채는 265억 불(27조 원)이다. (-)FCF 195억 불과 M&A 프리미엄 95억 불 지출에서 온 부채이다.

한편, 아마존닷컴은 94년 매출0에서 출발해서 가시적인 매출이 발생한 1997년부터 2017년 3분기까지 21년 동안 7,666억 불의 매출에 영업이익 161억 불, 순이익 82억 불, FCF (-)614억 불을 기록하였다. 시가총액은 현재 6,640억 불(708조 원, 환율1$=1,066.5)이다. 장부 가치 246억 불에 비하여 무려 6,394억 불을 초과한다. 3분기 순이익 기준으로 미래무형가격이 장부 가치와 일치하는 데에 408년이 걸린다. 주가는 1년 전보다 64%가 상승하였다.

무디스는 아마존 160억 불 장기채에 대한 신용등급을 Baa1로 평가하고 있다. Baa1 등급을 부여한 것은 "The ratings are also supported by Amazon's significant cash flow generation and excellent liquidity profile which includes cash and short-term investments exceeding $21 billion at June 30, 2017."이라고 기록하고 있다. 무디스는 아마존의 현금창출력과 유동성을 높이 평가하고 있다. 마이너스인 FCF를 현금창출력이 있는 기업으로 평가한 데 이어 초우량으로 평가한 유동성 210억 불의 원천은 번 돈이 아니다. 906억 불에 이르는 부채와 차입금 435억 불에서 조달한 것이다. 아마존의 등급쇼핑에 일조하고 있는 장면이다.

존슨앤존슨

NYSE 제약 및 바이오테크 시총 1위인 존슨앤존슨의 최근 7분기 성과를 보면 매출 1819억 불, 영업이익 535억 불, 순이익 286억 불에 FCF는 241억 불이다. 241억 불 흑자로 유입된 현금에서 주주환원에 261억을 사용하고 비목적사업(기업인수로 인한 무형자산 취득)에 395억 불을 지출하여 416억 불이 부족한 상태에서 현금유동성을 221억 불을 줄여 194억 불을 부채로 조달하였다. 차입금은 153억 불 증가하였다.

JNJ 단위: 백만$	FY16 1Q	2Q	3Q	FY17 4Q	1Q	2Q	3Q	7분기 재무성과
매출	17,482	18,482	17,820	18,106	17,766	18,839	19,650	128,145
영업이익	5,452	5,706	5,384	4,594	5,583	5,469	4,778	36,966
순이익	4,292	3,997	4,272	3,979	4,422	3,827	3,764	28,553
FCF	3,184	3,165	4,970	3,923	3,264	1,628	3,932	24,066
자본변동	(3,569)	(3,855)	(3,968)	(4,144)	(4,878)	(3,534)	(2,194)	(26,142)
비목사업 지출	541	(338)	(3,412)	(1,495)	(4,737)	(30,892)	846	(39,487)
① 사업현금 흐름	156	(1,028)	(2,410)	(1,716)	(6,351)	(32,798)	2,584	(41,563)
② 현금(증)감	(1,479)	(2,729)	2,151	(1,474)	2,564	26,490	(3,378)	22,145
①, ② 합계	(1,323)	(3,757)	(259)	(3,190)	(3,787)	(6,308)	(794)	(19,418)
부채증(감)	1,323	3,757	259	3,190	3,787	6,308	794	19,418
차입금증(감)	3,488	2,894	746	(4,547)	9,928	2,202	594	15,305
총자산	(136,231)	(139,814)	(140,369)	(141,208)	(144,918)	(152,807)	(155,658)	(22,247)
ROA	13%	11%	12%	11%	12%	10%	10%	

핵심재무지표

2017년 2분기에 증가한 무형자산 때문이다. Actelion 인수에 따른 290억 불, Abbott Medical Optics(AMO) 인수에 60억 불이 현금지출로 인하여 여유자본의 비중이 2015년 37%에서 2017년 3분기 마이너스 55%로 전환되었다. 부채 대비 차입금의 비중도 32%에서 43%로 악화되었다. 현금 대비 부채의 비율도 62%에서 20%로 악화되었다.

JNJ					백만$
FY		FY16		FY17	7분기
QTD	FY15	3Q	4Q	3Q	재무성과
매출		17,820	18,106	19,650	128,145
영업이익		5,384	4,594	4,778	36,966
순이익		4,272	3,979	3,764	28,553
매출원천자산	(21,834)	(22,886)	(23,125)	(25,598)	(3,764)
고정자산	(15,905)	(16,095)	(15,912)	(16,628)	(723)
목적사업 포지션	(37,739)	(38,981)	(39,037)	(42,226)	24,066
포괄(손)익		(8)	(2,186)	487	418
무형자산	(47,393)	(50,813)	(49,681)	(85,877)	(38,484)
비목적사업	(9,903)	(10,142)	(10,583)	(11,324)	(1,421)
자본	71,150	72,769	70,418	73,979	(26,142)
비목적사업 포지션	13,854	11,814	10,154	(23,222)	(65,629)
사업포지션	(23,885)	(27,167)	(28,883)	(65,448)	(41,563)
현금	(38,376)	(40,433)	(41,907)	(16,231)	22,145
재무포지션	(62,261)	(67,600)	(70,790)	(81,679)	(19,418)
총부채	62,261	67,600	70,790	81,679	19,418
차입금	19,861	26,989	22,442	35,166	15,305
차입금/총부채	32%	40%	32%	43%	
총자산	(133,411)	(140,369)	(141,208)	(155,658)	(22,247)
여유자본	36.7%	30.3%	26.0%	-55.0%	
현금/부채	61.6%	59.8%	59.2%	19.9%	

순이익 286억 불에서 FCF가 241억 불로 감소한 이유는 매출원천자산의 증가에 기인하고 있다. 액텔리온은 스위스에 위치한 제약 및 바이오테크 기업으로 2011년, 2012년 2년 연속 유럽 창조와 혁신 전략

기업으로 선정되었다.

자본구조의 악화에도 무려 290억 불을 들여 액텔리온을 인수한 것은 바이오텍사업을 확장하여 미래 수익을 담보하기 위한 포석으로 보인다.

JNJ의 주가는 지난 1년 동안 112불에서 144불로 12% 상승하였다.
장부가치 대비 시가총액으로 미래가치를 평가하여 보자.

JNJ		백만$
시가총액	375,400	
지배주주 가치	73,979	
미래가치(시총-장부)	301,421	
미래가치 소요기간	20	

재무상태의 변동

시가총액에서 장부상 기업가치를 뺀 미래가치는 3014억 불이다. 3분기 순이익 37억6400만달러로 환산하면 PRR는 20년이다.

LG생활건강, 아모레퍼시픽

7분기 누적순이익 1조1150억, FCF 4710억 원으로 주주환원에 2360억 원, 비목적사업에 170억 원을 지출하고 남은 2180억 원과 현금유동성 1940억 원을 줄여 부채 4120억 원이 감소하였다. 차입금은 4290억 원이 줄었다. 3분기 ROA는 16%이다. 2017년 ROA는 안정적이다.

아모레퍼시픽

7분기 누적순이익 1조250억 원, FCF 4130억 원으로 주주환원에 2150억 원, 비목적사업에 2790억 원을 지출한 결과, 810억 원이 초과 지출되었으나 현금유동성 940억 원을 축소하여 부채 130억 원이 감소하였다. 차입금은 170억 원이 감소하였다.

3분기 현재 ROA는 6%이다. 2016년 1분기 ROA 22%에서 2017년 17%로 회복한 후 2분기부터 순이익이 급감하면서 6%를 유지하고 있다.

재무상태 벤치마킹

엘지생활건강				아모레퍼시픽		단위: 10억 원
		FY17	7분기		FY17	7분기
FY	FY15	3Q	재무성과	FY15	3Q	재무성과
매출		1,609	18,542		1,209	9,628
영업이익		253	2,786		101	1,367
순이익		188	1,115		80	1,025
매출원천자산	(901)	(1,262)	(361)	(697)	(755)	(58)
고정자산	(1,290)	(1,577)	(287)	(1,870)	(2,429)	(559)
목적사업 포지션	(2,191)	(2,840)	467	(2,567)	(3,185)	408
포괄(손)익	23	4	15	(29)	10	(16)
무형자산	(1,380)	(1,426)	(46)	(211)	(237)	(26)
비목적 사업자산	(166)	(139)	27	(728)	(960)	(232)
관계사 지분투자	(48)	(57)	(9)	(2)	(2)	0
자본	2,115	3,009	(236)	3,372	4,166	(215)
비목적사업 포지션	520	1,386	(249)	2,429	2,965	(489)
사업포지션	(1,671)	(1,453)	218	(138)	(219)	(81)
현금	(427)	(233)	194	(932)	(838)	94
재무포지션	(2,099)	(1,687)	412	(1,070)	(1,058)	13

총부채	2,099	1,687	(412)	1,070	1,058	(12)
차입금	1,097	668	667	160	143	143
차입금/총부채	52%	40%		15%	14%	
총자산	(4,214)	(4,697)	(483)	(4,443)	(5,224)	(781)

주요 재무지표

영업이익은 LG생활건강이 2.7조 원으로 아모레퍼시픽 1.4조 원보다 1.3조 원이 LG가 많다.

순이익은 LG생활건강이 아모레퍼시픽보다 약 900억 원이 많다. FCF는 LG생활건강이 590억 원이 많다. 아모레퍼시픽의 매출원천자산이 LG보다 훨씬 적음에도 불구하고 고정자산의 증가 속도가 LG생활건강보다 높았기 때문이다.

엘지생활건강 단위: 10억 원	FY16				FY17			7분기 재무성과
	1Q	2Q	3Q	4Q	1Q	2Q	3Q	
매출	1,519	1,554	4,636	6,094	1,600	1,530	1,609	18,542
영업이익	233	225	703	880	259	233	253	2,786
순이익	160	159	193	67	180	168	188	1,115
FCF	51	52	93	57	125	66	27	471
자본변동	(92)	0	(1)	(3)	(130)	(8)	(2)	(236)
비목사업지출	5	(15)	(1)	10	(7)	4	(13)	(17)
① 사업현금 흐름	(36)	37	91	64	(12)	62	12	218
금융업자산 변동	427	0	0	0	0	0	0	427
② 현금(증)감	97	56	(91)	0	(162)	315	(21)	194
①, ② 합계	61	93	0	64	(174)	377	(9)	412
부채증(감)	(61)	(93)	0	(64)	174	(377)	9	(412)
차입금증(감)	(227)	(12)	12	(53)	(2)	(154)	7	(429)
총자산	(4,243)	(4,353)	(4,518)	(4,502)	(4,703)	(4,497)	(4,697)	(483)
ROA	15%	15%	17%	6%	15%	15%	16%	

아모레퍼시픽 단위: 10억 원	1Q	2Q	3Q	4Q	1Q	2Q	3Q	재무성과
매출	1,485	1,443	1,401	1,316	1,569	1,205	1,209	9,628
영업이익	337	241	167	103	316	102	101	1,367
순이익	262	193	117	73	223	77	80	1,025
FCF	118	140	36	(262)	294	(12)	99	413
자본변동	(93)	0	1	(16)	(109)	1	1	(215)
비목사업지출	23	(80)	(26)	101	(101)	(16)	(180)	(279)
① 사업현금 흐름	48	60	11	(177)	84	(27)	(80)	(81)
② 현금(증)감	(221)	109	(111)	67	(92)	179	163	94
①, ② 합계	(173)	169	(100)	(110)	(8)	152	83	13
부채증(감)	173	(169)	100	110	8	(152)	(83)	(13)
차입금증(감)	(18)	(6)	(20)	40	(7)	(11)	5	(17)
총자산	(4,786)	(4,804)	(5,015)	(5,181)	(5,276)	(5,215)	(5,224)	(781)
ROA	22%	16%	9%	6%	17%	6%	6%	

번 돈을 주주환원에 사용하는 것은 비슷하다. LG생활건강은 무형
자산잔액이 1.4조 원으로 아모레퍼시픽보다 훨씬 많아 여유자본이
아모레퍼시픽의 절반 수준으로 목적사업자산에서 여유자본이 차지
하는 비중이 LG생활건강 49%, 아모레퍼시픽 93%이다. 사업재무상태
는 LG (-)1조4530억, 아모레 (-)2190억 원으로 재무구조에서 아모레
퍼시픽이 우월한 위치에 있다.

현금유동성은 LG 2330억 원에 부채 1조6870억 원으로 부채의
14%를 현금으로 확보하고 있다. 아모레는 현금자산 8380억 원에 부
채 1조580억 원으로 부채의 79%를 현금자산으로 갖고 있다. 부채 대
비 차입금의 비중은 LG 40%, 아모레 14%이다.

장부가치와 시가총액을 비교하여 보면 다음과 같다.

벤치마킹	엘지생활건강	아모레퍼시픽	단위: 10억 원
시가총액	20,356	19,553	
장부가치	3,009	4,166	
지배주주 가치	2,924	2,924	
미래가치	17,432	16,629	
미래가치 소요기간	23	52	

LG생활건강은 시가총액과 지배주주 장부가치와의 차이가 17조 4320억 원이다. 3분기 순이익 1880억 원으로 장부가치와의 차이 PRR는 23년이다.

한편, 아모레퍼시픽은 급감한 3분기 800억 원으로 장부가치와의 차이 PRR는 52년으로 JNJ 2.5배다.

한미약품, 한미사이언스

한미약품

7분기 누적순이익 3190억, FCF 4770억 원으로 주주환원에 2170억 원, 비목적사업에 2120억 원을 지출하고 남은 480억 원과 현금유동성 870억 원을 줄여 1350억 원의 부채가 감소하였으나 차입금은 1350억 원이 늘었다. 3분기 ROA는 14%이다. 전 분기에 비하여 5%가 증가하였다.

한미약품 단위: 10억 원	FY16			FY17				7분기 재무성과
	1Q	2Q	3Q	4Q	1Q	2Q	3Q	
매출	256	490	710	882	233	456	683	3,710
영업이익	22	28	42	26	31	52	80	281
순이익	40	62	68	30	24	36	59	319
FCF	553	29	5	(116)	48	(17)	(25)	477
자본변동	(27)	(39)	(53)	(48)	(6)	(13)	(31)	(217)
비목사업지출	(98)	(26)	(26)	109	(127)	(29)	(15)	(212)
① 사업현금 흐름	428	(36)	(74)	(55)	(85)	(59)	(71)	48
② 현금(증)감	(275)	93	94	(60)	211	17	7	87
①, ② 합계	153	57	20	(115)	126	(42)	(64)	135
부채증(감)	(153)	(57)	(20)	115	(126)	42	64	(135)
차입금증(감)	3	(30)	0	(8)	86	19	40	110
총자산	(1,581)	(1,537)	(1,513)	(1,596)	(1,478)	(1,539)	(1,641)	81
ROA	10%	16%	18%	8%	6%	9%	14%	

한미사이언스

7분기 누적순이익 1520억 원, FCF 2170억 원으로 주주환원에 330억 원, 비목적사업에 1920억 원을 지출하여 460억 원을 남기고 현금유동성 260억 원을 축소하여 부채를 720억 원 감소시켰다. 차입금은 10억 원이 감소하였다.

3분기 현재 ROA는 1%이다. 전 분기 ROA 6%에서 5% 증가하였다.

한미사이언스 단위: 10억 원	1Q	2Q	3Q	4Q	1Q	2Q	3Q	재무성과
매출	170	335	502	665	157	320	491	2,640
영업이익	11	20	27	15	3	9	12	97
순이익	17	37	43	7	6	15	27	152
FCF	116	49	47	(1)	14	20	26	271
자본변동	(26)	(16)	46	(24)	1	(2)	(12)	(33)

비목사업지출	(6)	(38)	(112)	(1)	(10)	(11)	(14)	(192)
① 사업현금흐름	84	(5)	(19)	(26)	5	7	0	46
② 현금(증)감	(85)	76	6	(5)	33	7	(6)	26
①, ② 합계	(1)	/1	(13)	(31)	38	14	(6)	72
부채증(감)	1	(71)	13	31	(38)	(14)	6	(72)
차입금증(감)	2	(15)	3	(5)	18	0	(4)	(1)
총자산	(925)	(868)	(962)	(969)	(934)	(932)	(956)	(24)
ROA	7%	17%	18%	3%	3%	6%	11%	

영업이익은 한미약품 2810억 원으로 한미사이언스 970억 원보다 1840억 원이 많다. 순이익은 한미약품이 1670억 원 많다. FCF는 2060억 원이 많다. 한미약품의 매출원천자산과 고정자산이 한미사이언스보다 많고 고정자산 투자가 사이언스보다 많지만 목적사업자산을 효율적으로 관리한 덕분으로 보인다.

번 돈을 주주환원에 사용함에 있어 한미약품은 번 돈 FCF의 46%, 한미사이언스는 FCF의 12%를 주주에게 환원하고 있다. 목적사업자산에서 여유자본이 차지하는 비중이 한미약품은 39%, 한미사이언스는 15%이다.

재무상태 벤치마킹

한미약품				한미사이언스			단위: 10억 원
FY	FY15	3Q	7분기 재무성과	FY15	3Q	7분기 재무성과	
매출		683	3,710		491	2,640	
영업이익		80	281		12	97	
순이익		59	319		27	152	
매출원천자산	(962)	(472)	490	(335)	(217)	118	
고정자산	(415)	(751)	(336)	(24)	(27)	(3)	

목적사업 포지션	(1,377)	(1,223)	473	(360)	(244)	267
포괄(손)익	(6)	11	(47)	(10)	4	(23)
무형자산	(67)	(49)	18	(7)	(12)	(5)
비목적 사업자산	(94)	(274)	(180)	(46)	(38)	8
관계사 지분투자	0	0	0	(423)	(591)	(168)
자본	744	799	(217)	584	680	(33)
비목적 사업포지션	582	476	(426)	107	37	(221)
사업포지션	(795)	(747)	47	(253)	(207)	46
현금	(182)	(95)	87	(94)	(68)	26
재무포지션	(977)	(842)	134	(347)	(275)	72
총부채	977	842	(135)	347	275	(72)
차입금	367	477	110	40	39	(1)
차입금/ 총부채	38%	57%		12%	14%	
총자산	(1,722)	(1,641)	81	(932)	(956)	(24)
여유자본		38.9%			15.2%	
현금/부채		11.3%			24.7%	

　사업재무상태는 한미약품 (-)7470억, 한미사이언스 (-)2070억 원으로 차이는 모두 목적사업자산에서 왔다.

　현금유동성은 한미약품 950억 원에 부채 8420억 원으로 부채의 11%를 현금으로 확보하고 있다. 한미사이언스는 현금자산 680억 원에 부채 2750억 원으로 부채의 14%를 현금자산으로 갖고 있다. 부채 대비 차입금의 비중은 한미약품 57%, 한미사이언스는 14%이다. 한미약품은 차입금이 차지하는 부채의 비중이 2015년 38%에서 2017년 3분기 57%로 증가하였다.

장부가치와 시가총액을 비교하여 보면 다음과 같다.

벤치마킹	한미약품	한미사이언스	단위: 10억 원
시가총액	6,519	6,913	
장부가치	799	680	
지배주주 가치	717	677	
미래가치	5,802	6,236	
미래가치 소요기간	25	58	

한미약품은 시가총액과 지배주주 장부가치와의 차이 5조8020억 원은 미래가치이다. 3분기 순이익 590억 원으로 미래가치가 현실화되는 데에 25년의 PRR가 소요된다. 한편, 한미사이언스는 3분기 270억 원으로 미래가치가 현실화되는 PRR는 58년이다. 한미약품과 비교하여 2배, JNJ 3배이다.

코허루스 바이오사이언스(Coherus BioSciences)

바이오시밀러 글로벌 리더로 알려져 있는 나스닥 상장기업이다. 삼성바이오에피스는 2015년 8월부터 미국 나스닥 상장을 추진하고 있다고도 하였다. 그러나 이듬해 에피스의 주인인 삼성바이오로직스가 2016년 코스피에 상장하였다. 에피스가 나스닥 상장을 포기한 자세한 이유는 알 수가 없다.

재무제표를 읽어보고 바이오시밀러 기업가치를 시장에서는 어떻게 평가하고 있는지 보자.

결산	FY12	FY13	FY14	FY15	FY16	3Q 17	성과
매출		726	28,481	30,041	190,106	1,556	250,910
영업(손)이익		(35,993)	(64,682)	(219,067)	(115,931)	(56,615)	(492,288)
R&D		(31,279)	(78,224)	(249,108)	(254,440)	(42,626)	(655,677)
순(손)이익		(53,635)	(87,177)	(223,938)	(127,788)	(58,993)	(551,531)
매출원천자산	(10,140)	(6,080)	(24,710)	(36,300)	(36,479)	(392)	9,748
고정자산	(1,600)	(1,750)	(4,470)	(10,500)	(10,772)	(13,791)	(12,191)
목적사업포지션	(11,740)	(7,830)	(29,180)	(46,800)	(47,251)	(14,183)	(553,974)
포괄손익					(229)	(72)	(301)
영업권	0	0	(940)	(940)	(943)	(943)	(943)
무형자산	0	0	(2,620)	(2,620)	(2,620)	(2,620)	(2,620)
비목적사업	(240)	(70)	(4,090)	(3,790)	(2,724)	(21,962)	(21,722)
자본	9,190	(42,380)	66,800	(6,210)	19,354	54,907	597,549
비목적사업포지션	8,950	(42,450)	59,150	(13,560)	13,067	29,382	571,963
사업포지션	(2,790)	(50,280)	29,970	(60,360)	(34,184)	15,199	17,989
현금	(14,550)	(39,550)	(150,390)	(158,230)	(124,947)	(150,050)	(135,500)
재무포지션	(17,340)	(89,830)	(120,420)	(218,590)	(159,131)	(134,851)	(117,511)
부채	17,340	89,830	120,420	218,590	159,131	134,851	117,511
전환사채					100,256	101,258	
자산	(26,530)	(47,450)	(187,220)	(212,380)	(178,485)	(189,758)	(163,228)

코허루스의 현금흐름을 보면 바이오시밀러의 목적사업에 5억5400만 불의 현금이 유출되었으며, 자본으로 조달한 현금 5억9800만 불에서 영업권과 무형자산 등에 지출하고 남은 현금 5억7200만 불로 목적사업에서 마이너스 FCF를 충당하고 있다. 충당 후 남은 현금은 1800만 불이다. 부채(주로 전환사채)로 조달한 현금은 전액 현금으로 보

유하고 있다.

재무제표에서 인상적인 부분은 기술개발에 따른 지출을 무형자산이 아닌 모두 R&D비용으로 처리하고 있다. 영업결손은 거의 R&D비용에서 왔다. 재무제표의 투명성이 매우 높다.

국내 바이오업체의 회계부정 논란과는 판이한 회계처리 방식이다. 매출이 연간 3천만 불에서 2016년 1억9천만 불로 증가하였다가 2017년 3분기 현재 160만 불에 불과하다. 셀트리온이 사업 시작 첫해부터 12년 째 연속 순이익을 기록하고 있는 것과는 대조적이다.

코허루스는 미국 FDA에서 바이오시밀러제약을 최초로 승인을 받은 기업이다. 그럼에도 R&D비용으로 인하여 연속 결손이 진행 중이다. 바이오시밀러 사업이 얼마나 어려운 것인지를 잘 보여주는 사례이다.

2010년 설립된 코허루스는 2014년 11월 14일 나스닥에 입성하였다. 당시 주가는 15불 수준이고 오름과 내림을 반복하고 있다. 최대 35불에 2018년 현재 12불에 거래되고 있다. 시가총액은 7억2522만 불이다. 장부가 5490만 불보다 670만 불이 많다. PBR는 13.42이다.

백혈구 배양 바이오시밀러 제품을 FDA에서 받아들였다는 공시에도 불구하고 바이오시밀러에 대한 시장의 평가는 아직 부정적이다.

셀트리온, 셀트리온헬스케어

셀트리온과 셀트리온헬스케어는 법인격상으로는 서로 관계가 없는 기업이지만 지배구조상으로는 서정진 회장이 최상위에서 군림하고 있는 실제로는 동일체이다.

셀트리온헬스케어는 2017년 7월 28일 코스닥에 입성했다. 만일 셀트리온헬스케어가 코스닥상장에 실패했다면 셀트리온바이오시밀러의 램시마 신화는 이어질 수 없었을 것이다. 재무제표를 분석해보면 그 배경을 알 수 있다.

단위: 10억

셀트리온 (생산)	FY10	FY11	FY12	FY13	FY14	FY15	FY16	3Q17	누적
당기순이익	109	168	174	102	117	158	180	296	1,306

셀트리온헬스케어(판매)

FCF	(60)	(306)	(353)	(195)	(204)	(232)	(255)	(45)	(1,649)
부채변동	66	243	121	203	227	36	263	(182)	978
자본변동	(63)	17	246	5	(33)	253	26	1,002	1,453

셀트리온의 2010년 이후 연결기준 누적순이익은 1조3063억 원이다. 순이익이 모두 판매법인 셀트리온헬스케어에서 왔다. 셀트리온에 순이익을 안겨다준 셀트리온헬스케어는 같은 기간 FCF는 (-)1조 6490억 원이다. 2017년 코스닥 상장으로 1조 원을 조달하여 현금적자를 충당하였다.

셀트리온헬스케어는 부채와 유상증자로 마이너스 FCF를 메워왔으나 코스닥 입성을 계기로 1조1717억 원을 조달하여 유동성을 확보하였다. 그동안 연간 2천억 원 이상을 부채와 유상증자로 지탱해 왔다. 셀트리온헬스케어의 코스닥 상장에 실패하였다면 셀트리온 순이익 행진에 제동이 걸렸을 것이다.

셀트리온헬스케어가 셀트리온에서 외상으로 가져온 금액과 차입금 변동내역이다.

셀트리온헬스케어   단위: 10억

FY	FY10	FY11	FY12	FY13	FY14	FY15	FY16	3Q17	잔액
매입채무변동	55	79	205	(32)	(6)	316	145	88	875
차입금변동	(25)	141	(21)	171	72	(137)	46	(362)	22

2013년에는 셀트리온으로부터 외상매입이 어려워지자 차입금으로 조달하여 셀트리온을 지원하고 있었다. 현재 매입채무 잔액은 8750억 원이고 차입금 잔액은 220억 원에 불과하다.

셀트리온의 누적순이익 1.3조 원 중에 8750억 원은 셀트리온헬스케어에 외상으로 지원한 8750억 원과 차입금에서 온 것임을 실증하고 있다. 누적순이익 1.3조 원 중 0.8조 원은 셀트리온의 돈에서 왔다.

셀트리온헬스케어 올 3분기까지의 QTD 연결재무제표이다.

5분연결재무제표(QTD)

셀트리온헬스케어

QTD FY17				
결산일	1Q	2Q	3Q	YTD

손익계산서				
매출	69,947	237,501	198,050	505,498
영업이익	10,645	63,124	10,296	104,375
순이익	(1,804)	77,547	30,711	106,454
포괄(손)익	(2,152)	2,522	6,497	6,867
재무포지션				
매출원천자산	(1,757,741)	(1,848,935)	(2,003,684)	
고정자산	(200)	(246)	(295)	
무형자산	(1,363)	(1,547)	(1,873)	
목적사업포지션	(1,759,304)	(1,850,728)	(2,005,852)	
비목적사업자산	(36,627)	(29,114)	(37,457)	
자본	645,770	726,764	1,763,689	
비목적사업포지션	609,143	697,650	1,726,232	
사업포지션	(1,150,161)	(1,153,078)	(279,620)	
현금	(53,262)	(29,745)	(876,777)	
재무포지션	(1,203,423)	(1,182,823)	(1,156,396)	
총부채	1,203,423	1,182,823	1,156,396	
차입금	322,451	258,527	22,413	
차입금/총부채	27%	22%	2%	
총자산	(1,849,193)	(1,909,587)	(2,920,086)	
QTD FCF	93,175	(13,877)	(124,413)	(45,115)
QTD 자본변동	1,074	925	999,718	1,001,717

셀트리온헬스케어의 1분기의 손실은 180억, 2분기에는 순이익 775억 원, 3분기에는 순이익 307억 원을 기록하여 누적으로는 1066억 원의 순이익을 기록하고 있다. 분기 FCF는 1분기 932억, 2분기 (-)139억, 3분기 (-)124억, 누적 FCF는 (-)451억 원이다. 유상증자로 조달한 현금은 1조17억 원이다. 부채 1.1조 원 중, 셀트리온으로부터 지원받은 외상부채는 8750억 원이다.

주식공모로 조달한 현금으로 차입금 3225억 원을 상환하여 차입금은 224억으로 줄어들었다.

1분기 매출원천자산이 1.7조 원에서 3분기에 2조 원으로 증가하여 FCF는 아직 마이너스를 기록하고 있다. 그러나 시가총액은 12조 4841억 원으로 셀트리온에 이어 코스닥 시총 2위를 기록하고 있다. 주식공모로 이루어진 장부가(Value)를 제외한 미래가치는 10조7204억 원으로 순이익 기준으로 PRR 75년이다. JNJ 4배 가격이다.

나스닥에 상장되어 있는 바이오시밀러 글로벌 리더인 코허러스 (Coherus Biosciences, Inc.)의 시가총액은 498.3백만 불(약 5481억 원)에 불과하다. 셀트리온이 나스닥에 상장을 한다면 시장에서 시가총액이 얼마로 평가될지 궁금하다.

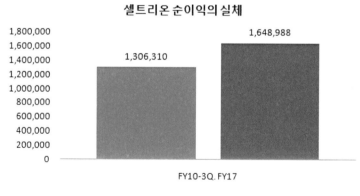

셀트리온 순이익의 실체

1,306,310 1,648,988

FY10-3Q. FY17

■ 셀트리온 누적순이익   ■ 셀트리온헬스케어 (-)FCF

셀트리온의 FY10부터 올해 3분기까지의 재무성과이다.

결산일	FY10~FY17,3Q	자산변동
매출	3,456,273	
영업이익	1,658,121	
순이익	1,306,310	
매출원천자산	(1,005,941)	(1,005,941)
고정자산	(473,031)	(473,031)
무형자산	(848,859)	(848,859)
목적사업 FCF	(1,021,522)	(2,327,831)
포괄(손)익	7,598	
비목적사업자산	2,964	2,964
관계사투자	(1,729)	(1,729)
자본	862,983	
비목적사업 재무흐름	871,815	1,235
사업포지션	(149,706)	
현금	(403,271)	(403,271)
재무포지션 변동	(552,978)	
총부채 변동	552,978	
차입금	397,134	
차입금/총부채	72%	
총자산 (증가)		(2,729,868)

　　셀트리온은 순이익 1.3조 원에도 불구하고 FCF는 (-)1조 원이다. 유상증자로 조달한 현금 8630억 원으로 마이너스 FCF를 충당하고 남은 현금 4033억 원을 현금으로 보유하고 있다. 마이너스 FCF는 매출원천자산에 기인하고 있다. 매출원천자산은 주로 셀트리온헬스케어에 지원한 매출채권 6809억 원과 재고자산 1970억 원으로 구성되어 있다. 유상증자로 조달한 현금 8630억은 무형자산 8489억에 사용

되었다. 한편, 부채는 5530억 원이 증가하였고 차입금은 3971억 원이 증가하였다.

셀트리온의 시가총액은 25조2448억 원이다. 장부가(Value) 2조4626억을 제한 미래의 가치는 22조7822억 원으로 3분기 순이익 기준 PRR 57년이다. JNJ 3배 가격이다. 셀트리온헬스케어는 대규모 셀트리온 외상채무로 2015년 영업현금흐름이 최초로 플러스로 개선되었다고 언론에 보도하기도 하였다.

2015년 미국 주식시장을 뒤흔든 Valeant Pharmaceutical의 경우 5천만 불의 매출분식으로 주가와 회사채 모두 90%가 폭락하여 손실을 안겨주었다. 매출이란 소비자에게 효익(Benefit)을 제공하고 그 대가로 받은 돈을 의미한다. 벨린트는 인수한 자회사에 판 물건을 매출로 계상하다 분식회계로 들통이 난 사건이었다. 셀트리온헬스케어가 소비자에게 또는 도매업자에게 판 매출과 순이익을 기준으로 환산한 매출 2조1천억 원으로 번 2960억 원(FCF -1조6천억 원)으로 기업의 가치를 평가해보자.

신라젠, 에이치엘비

신라젠은 시총 6조3581억 원으로 셀트리온과 셀트리온헬스케어에 이어 코스닥 3위이다. 에이치엘비는 시총 1조3987억 원으로 코스닥 24위이다. 이 두 기업은 면역 항암제 임상 3상이 진행 중이다. 신라젠은 3세대 면역항암제를, 에이치엘비는 표적항암제의 임상 3단계를 진행 중이다.

항암제는 암환자의 면역력을 키워 암과 싸우는 힘을 키워주는 치료제이다. 가장 먼저 개발된 항암제는 흔히 세포독성 항암제로 1세대 화학항암제이다. 1세대 항암제는 머리가 빠지거나 얼굴이 붓고 기력을 잃는 부작용을 갖고 있다. 그래서 이를 보완해 개발된 것이 표적항암제로 불리는 표적치료제이다. 말 그대로 정해진 목표에만 작용해서 암세포만을 골라 죽여서 부작용은 적지만 표적대상이 제한적이고 내성이 생기면 치료효과가 급격히 떨어지는 단점이 있다. 이를 보완하기 위해 제3세대 항암제가 등장한 것이다. 화학항암제나 표적항암제가 갖고 있는 부작용이나 내성 등이 전혀 발생되지 않는 새로운 항암제를 바로 '면역항암제'라 한다.

항암제의 임상시험은 총 4단계로 이루어진다. 임상 3상이 검증되면 임상 4단계에서 약물을 시판한 후 부작용을 추적하여 안전성을 제고하고 추가적인 연구를 시행한다.

이 두 기업의 기업가치는 항암제 개발 성공여부에 따라 미래의 가치가 달라질 수 있겠지만, 5분 재무제표로 이 두 기업의 현재의 실체를 알아보는 것이 현명할 것 같다.

단위: 백만	신라젠	에이치엘비
현금흐름성과	FY12~6	FY12~6
매출	11,365	178,231
영업이익	(89,384)	(34,871)
순이익	(157,629)	(35,459)
매출원천자산	(4,447)	10,107
고정자산	(1,321)	9,382
목적사업포지션	(163,397)	(15,970)
포괄(손)익	9,330	872
무형자산	(82,355)	(128,219)
비목적사업자산	1,743	(3,807)

관계사 지분투자	0	(7,865)
자본	339,964	137,467
비목적사업포지션	268,682	(1,552)
사업포지션	105,285	(17,522)
현금	(181,250)	(12,053)
재무포지션	(75,965)	(29,575)
총부채	75,965	29,575
차입금	56,605	(10,367)
차입금/총부채	75%	-35%
총자산	(267,630)	(132,455)

신라젠

유상증자로 조달한 현금 3399억 원 중 기술개발에 824억 원을 쓰고, 순손실로 인한 FCF (-)1634억을 메우고, 1053억 원의 여유현금을 보유하고 있다. 여기에 부채로 760억 원을 조달한 현금을 포함해 총 현금자산 1813억 원을 확보하여 미래에 대비하고 있다. 현금자산의 원천은 유상증자와 부채이다.

에이치엘비

유상증자로 조달한 1375억 원을 기술개발과 관계사 확장 등으로 지출하여 현금흐름 (-)16억 원이다. FCF는 (-)160억 원으로 현금흐름 (-)175억 원이다. 이를 위해 296억 원을 부채로 조달하여 121억 원의 현금을 보유하고 있다. 현금자산의 원천은 부채이다.

2017년 3분기 YTD 성과이다.

단위: 백만 원	신라젠		YTD성과	에이치엘비		YTD성과
결산	FY16	3Q.17		FY16	3Q.17	
매출	5,292	4,653	4,653	30,138	17,982	17,982
영업이익	(40,024)	(37,163)	(37,163)	(21,004)	(13,953)	(13,953)
순이익	(74,038)	(40,290)	(40,290)	(23,251)	(16,143)	(16,143)
매출원천자산	(4,686)	(8,984)	(4,298)	(8,172)	(8,711)	(539)
고정자산	(1,875)	(1,683)	192	(10,829)	(11,147)	(318)
목적사업 포지션	(6,561)	(10,667)	(44,396)	(19,001)	(19,859)	(17,000)
포괄(손)익	1,832	(3,608)	(3,608)	341	(340)	(340)
무형자산	(82,355)	(75,869)	6,486	(131,019)	(130,197)	822
비목적사업 자산	(11,715)	(9,071)	2,644	(9,751)	(36,115)	(26,364)
관계사 지분투자	0	0	0	(8,910)	(8,761)	149
자본	207,971	199,849	35,776	124,071	115,957	8,368
비목적사업 포지션	113,901	114,908	41,298	(25,609)	(59,117)	(17,365)
사업포지션	107,340	104,242	(3,098)	(44,610)	(78,975)	(34,365)
현금	(183,496)	(158,582)	24,914	(18,023)	(6,479)	11,544
재무포지션	(76,156)	(54,341)	21,815	(62,633)	(85,454)	(22,821)
총부채	76,156	54,341	(21,815)	62,633	85,454	22,821
차입금	56,659	32,074	(24,585)	13,407	41,371	27,964
차입금/총부채	74%	59%		21%	48%	
총자산	(284,127)	(254,189)	29,938	(186,704)	(201,411)	(14,707)

3분기 YTD(Years To Date)

신라젠은 유상증자로 조달한 현금 358억 원을 FCF (-)444억에 소진한 결과, 현금흐름 (-)31억 원을 기록하고 있다.

에이치엘비는 유상증자 84억 원에 비목적사업자산에 264억 원(차입금 담보 목적 예금)을 지출한 결과, (-)174억 원에 FCF (-)170억으로 현금흐름은 (-)344억 원을 기록하고 있다.

신라젠은 2016년 영업손실 468억 원에도 불구하고 순손실이 740억 원으로 대폭 증가하였다. 감사보고서에는 파생상품 부채에서 온 것이라고 기록되어 있다. 경영관리의 허점을 보여주는 장면이다.

신라젠의 매출은 연간 50억 원이고, 에이치엘비의 매출은 300억 원이나 이중 바이오와 관련된 매출은 연간 90억에 불과하다.

임상 3상이 끝나고 임상 4상까지는 수년이 소요될 것으로 예상하면, 신라젠은 연간 400억, 에이치엘비는 200억 원 이상의 현금이 필요하다.

두 기업 모두 FCF 마이너스 기록의 역사를 감안하면 유상증자 또는 신규 전환사채로 소요현금을 조달할 것으로 보인다.

지난 2006년 바이오기업으로 헤파호프 코리아가 연상된다. 헤파호프는 간질환 연구학회에서 새로운 기술로 인정받은 기업이었다. 간 조직을 이용하여 간 기능과 똑같은 인공간을 개발하여 전 임상과정을 통하여 효능이 성공적으로 증명되었다고 호평을 받은 기업이었다.

헤파호프와 마찬가지로 신라젠과 에이치엘비는 개인투자자의 비중이 88%에 달한다.

신라젠의 시가총액 5조 원을 10년간의 순이익으로 나누어 보면 연간 5천억 원의 순이익을 시현해야 하며, 에이치엘비의 시총 1조 원은 연간 1천억 원 이상의 순이익을 시현해야 하는 가격이다.

메디톡스, 휴젤, Allergan

국내 보톡스 시장의 대표기업인 메디톡스와 휴젤의 재무제표로 두 기업의 재무전략을 살펴보자.

단위: 억 원		메디톡스		
FY	FY11	FY16	2Q17	성과
매출	217	1,333	879	4,610
영업이익	86	752	476	2,582
순이익	74	592	375	2,124
매출원천자산	(75)	(379)	(552)	(477)
고정자산	(148)	(1,506)	(1,765)	(1,617)
목적사업포지션	(223)	(1,884)	(2,317)	29
포괄(손)익	0	(1)	(4)	(9)
무형자산	(71)	(193)	(237)	(166)
비목적사업	(32)	(786)	(717)	(685)
관계사투자	0	(82)	(99)	(99)
자본	411	1,477	1,734	(791)
비목적사업포지션	308	415	681	(1,751)
사업포지션	85	(1,469)	(1,636)	(1,721)
현금	(203)	(295)	(176)	27
재무포지션	(118)	(1,764)	(1,812)	(1,694)
총부채	118	1,764	1,812	1,694
차입금	80	1,352	1,406	1,326
차입금/총부채	68%	77%	78%	78%
총자산	(529)	(3,240)	(3,546)	(3,017)

단위: 억 원		휴젤		
FY	FY11	FY16	2Q17	성과
매출	162	1,242	904	3,698
영업이익	85	633	532	1,693
순이익	70	509	414	1,545
매출원천자산	(70)	(472)	(582)	(512)
고정자산	(27)	(588)	(596)	(570)

목적사업포지션	(97)	(1,060)	(1,179)	463
포괄(손)익	(0)	0	(1)	(8)
무형자산	(0)	(639)	(636)	(636)
비목적사업	(12)	(146)	(206)	(194)
관계사투자	0	(56)	(50)	(50)
자본	99	2,739	3,227	1,591
비목적사업포지션	86	1,898	2,335	703
사업포지션	(10)	838	1,157	1,167
현금	(56)	(1,041)	(1,367)	(1,311)
재무포지션	(67)	(204)	(210)	(144)
총부채	67	204	210	144
차입금	35	3	3	(32)
차입금/총부채	52%	1%	1%	-22%
총자산	(165)	(2,943)	(3,437)	(3,272)

매출/영업이익/순이익 그리고 FCF

2012년부터 2016년까지는 메디톡스가 휴젤보다는 매출 25%, 영업이익 52%, 순이익 37%를 앞서고 있었다. 그러나 2017년 상반기에는 휴젤이 매출 3%, 영업이익 12%, 순이익 11%로 메디톡스보다 앞서가면서 역전현상을 보이고 있다.

목적사업자산

목적사업자산은 메디톡스가 2317억, 휴젤이 1179억 원으로 메디톡스가 1138억 원이 더 많다. 차이는 고정자산이다.

비목적사업자산 재무포지션

자본금에서 비목적사업에 지출한 자금을 제외한 자본상태는 메디톡스가 681억, 휴젤 2335억 원으로 휴젤이 메디톡스보다 1654억 원의 자본여유를 가지고 있다.

부채상태

메디톡스는 목적사업(CAPEX)에 자본여유를 초과 지출하여 1812억 원을 부채도 충당하고 있고, 이 중에서 사업으로 조달한 금액이 1406억 원이다. 그러나 휴젤은 고정자산에 지출이 적어 부채는 210억 원 차입금은 3억 원에 불과하다.

자본정책

메디톡스는 2012년 이후 791억 원을 주주에게 배당하였다. 반대로 휴젤은 지속적인 유상증자로 자본금을 1591억 원 늘려왔다. 2017년 7월 대주주가 Leguh Issuer DAC로 바뀌면서 전환사채와 3자 배정 유상증자로 4547억 원의 자본금을 추가하여 늘리고 있다.

Allergan(NYSE: AGN)

글로벌 보톡스 대표기업인 Allergan(NYSE: AGN)의 재무제표와 벤치마킹 해보자. 엘러간은 한국을 포함하여 100개국에 보톡스를 제공하고 있는 회사이다.

AGN				단위: 백만 불
결산일	FY12	FY16	2Q 17	성과
매출	5,915	14,571	4,007	58,921
영업이익	316	(1,826)	(902)	(7,234)
순이익	98	14,980	(724)	15,892
매출원천자산	(3,201)	(4,632)	(4,607)	(1,406)
고정자산	(1,485)	(1,611)	(1,750)	(265)
목적사업포지션	(4,686)	(6,244)	(6,357)	14,221
포괄(손)익	113	(544)	903	(59)
무형자산	(8,639)	(108,975)	(111,962)	(103,323)
비목적사업자산	(462)	(542)	(590)	(127)

자본	3,856	76,201	75,233	55,543
비목적사업포지션	(5,244)	(33,317)	(37,319)	(47,966)
사업포지션	(9,930)	(39,560)	(43,676)	(33,746)
현금	(328)	(13,226)	(5,826)	(5,498)
재무포지션	(10,258)	(52,786)	(49,502)	(39,244)
총부채	10,258	52,786	49,502	39,244
차입금	6,596	33,854	31,277	24,681
차입금/총부채	64%	64%	63%	63%
총자산	(14,115)	(128,986)	(124,735)	(110,620)

엘러간의 재무적 특성은 매출원천자산이 고정자산보다 크고 무형자산이 매출을 훨씬 초과하는 점이다. SEC 공시자료에 의하면 무형자산은 영업권이 아닌 'Product rights and other intangibles'로 되어 있다.

엘러간은 2012년 이후 2017년 상반기까지 누적영업결손 7234백만 불을 기록하고 있다. 영업결손에도 불구하고 순이익이 발생한 것은 사업처분이익에서 왔다.

현금흐름에 의하면 자본금 555억43백만을 늘려서 주로 무형자산 취득에 사용하고, 479억6630만 불이 부족해 부채로 조달하고 있는 상황이다.

차입금이 부채에서 차지하는 비중은 63%이다. AGN의 시가총액은 6964천만 불로 PBR 0.93로 장부가를 하회하고 있다.

고정자산 회전율

엘러간의 고정자산 회전율은 평균 6.6이다. 엘러간의 고정자산 회전율을 적용하면 메디톡스는 매출 1.2조 원, 그리고 휴젤은 4천억 원의 매출이 가능하다.

현재 메디톡스와 휴젤의 고정자산 회전율은 1.0, 3.0에 불과하다.

2017년 9월 28일 현재 메디톡스의 시가총액은 3조726억 원, PBR 19.48, 휴젤은 시가총액 2조3584억 원에 PBR는 6.97이다.

시가총액으로 본 ROE는 메디톡스 2.44%, 휴젤 3.51%이다. 장부가 기준으로는 메디톡스 76%, 휴젤의 경우 유상증자 4547억 원을 포함한 ROE는 11%로 급격하게 하락한다.

휴젤의 경영진은 Leguh Issuer DAC(2017년 4월 24일 설립된 자산운용사)를 통하여 추가로 자본금을 전입시킨 결과, 5590억 원 이상의 현금유동성을 보유하고 있다.

대규모 설비투자를 유상증자로 대비하고 있는 것으로 사료된다. 그러나 엘러간과 고정자산의 회전율로 벤치마킹하여 보았을 때에 두 기업의 고정자산의 회전율은 아직도 낮은 수준이다.

메디톡스와 휴젤의 영업이익률은 평균 50%로 경이적인 수준이다. 엘러간의 경우 100개국에 특화된 안과건조증 제품과 함께 보톡스를 공급하고 있다.

보톡스가 차지하는 매출비중은 2016년 기준 약 20%를 차지하는 27억8600만 불(3조2000억 원, 메디톡스 7배)에도 불구하고 영업결손을 지속하고 있다.

결손 원인은 86%에 달하는 매출이익에도 불구하고 마케팅, R&D, 무형자산상각 및 개발손실에 기인하고 있다. 메디톡스와 휴젤은 코스닥 5위와 6위 기업이다.

글로벌 혁신기업을 꿈꾸기 전에 국내시장 규모에 맞는 CAPEX. 전략과 R&D지출에 의하여 미래가 결정될 것으로 보인다.

영진약품

영진약품을 IMF 채무불이행 당시부터 2000년까지, 그리고 그 이후로 구분한 재무제표로 그 실체를 들여다보자.

기업: 영진약품(주)(1997-12-05)			기준년도: 2007		단위: 백만
결산	FY95	FY00	CF	FY16	CF
매출	115,821	81,173	601,417	193,133	1,906,135
영업이익	19,473	(48,094)	(16,060)	5,455	37,047
순이익	728	(70,110)	(175,361)	4,204	(20,660)
매출원천자산	(141,735)	(50,537)	91,198	(99,653)	(49,116)
고정자산	(43,534)	(30,285)	13,249	(68,032)	(37,747)
목적사업 포지션	(185,269)	(80,822)	(70,914)	(167,685)	(107,523)
포괄(손)익	9	50,801	53,362	1,541	(6,368)
무형자산	(954)	(646)	308	(2,261)	(1,615)
비목사업자산	(27,558)	(9,998)	17,560	(27,739)	(17,741)
관계사투자	(1,330)	0	1,330	0	0
자본	70,240	8,115	59,874	106,168	125,081
비목적사업 포지션	40,398	(2,529)	132,434	76,168	99,357
사업포지션	(144,871)	(83,351)	61,520	(91,517)	(8,166)
현금	(15,429)	(2,058)	13,371	(1,669)	389
재무포지션	(160,300)	(85,409)	74,891	(93,186)	(7,777)
총부채	160,300	85,409	(74,891)	93,186	7,777
차입금	137,382	73,327	(64,055)	22,574	(50,753)
차입금/총부채	86%	86%		24%	
총자산	(230,540)	(93,524)	137,016	(199,354)	(105,830)

영진약품은 1997년 12월 5일 채무불이행으로 인해 1998년 8월 3일 화의인가를 받았다. 당시 화의채무는 134,794백만 원으로 총 채무 211,823백만 원의 64%를 차지하였다.

95년부터 2000년까지 6년 간의 영업손실은 161억, 순손실은 1754억 원을 기록하였다. 매출원천자산감소(손실처리) 912억과 고정자산의 감소 132억에도 불구하고 FCF는 (-)709억이있다. 재무면제이익 534억, 유상증자 599억, 비목적사업자산 감소 등으로 자본활동에서 1324억 원을 유입시켜 사업현금흐름 615억을 개선하여 구조조정을 완료하였다.

이후 KT&G가 지분을 늘려오던 시기였던 2001년부터 작년 말까지 6년 간의 성과를 보면 누적 영업이익 371억 원에도 불구하고 순결손이 207억 원에 매출원천자산과 고정자산의 증가로 FCF는 1075억 원 적자를 기록하고 있다. 적자를 유상증자 1251억 원으로 충당하여 지탱하고 있는 모습이다.

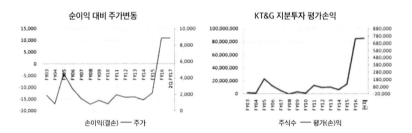

KT&G 평가손익

KT&G는 영진약품울 2003년부터 지분을 인수하기 시작하여 현재 지분 52.45%를 보유하고 있다. 평균매입가는 1111원이다. 평가이익은 2016년 말 7395억, 2017년 10월말 현재 평가이익은 7256억 원으로 추정된다.

영진약품은 PBR 15.14로 시가총액이 1조6680억 원이다. 2016년 말 순자산 1062억 원과 시가총액의 차이 1조5681억 원은 2016년 영업이익 54억 원 기준으로 환산해 보면 무려 286년이 걸린다. 2017년 상반기에는 영업이익 39억, 순이익 25억을 시현하였으나 3분기 순이익은 6.7억의 성과를 기록, 전년 동기 대비하여 60.1% 감소한 상태이다.

코미팜

코미팜의 모체는 1972년 ㈜한국미생물연구소로 설립된 45년 역사를 가진 기업이다. 코스닥에 주식을 상장한 해는 2001년이다.

목적사업은 동물용의약품 제조 및 판매업, 각종 전염병 질병 예방을 위한 백신의 연구 개발 및 생산제조이다. 유럽 27개국에 백신 주사제를 수출하고 동물약품 140여종을 국내 130여 판매대리점을 통하여 공급하고 있다.

항암제 코미녹스는 마약성 진통제를 대체하여 경구투여가 가능한 제품으로 현재 미국, 호주, 한국 등에서 임상이 진행 중이다. 임상중인 코미노스를 호주의 다양한 암 환자들에게 2018년 6월 30일까지 무료로 공급하겠다고 밝히면서 주가는 급등하였다. 수만명에 이르는 호주 환자들에게 매출기준 1천억 원에 달하는 제품을 무료로 공급하겠다는 것이다. 동물용 의약품의 해외사업 확대 및 역량강화 목적으로 중국기업 출자지분(43억) 취득을 지난해 10월 13일 공시하기도 하였다. 매출가 기준 1천억 원에 달하는 무료 마케팅 이벤트를 감당할 현금을 보유하고 있는지를 최근 6년 재무제표로 알아보자.

(주)코미팜			단위: 백만
결산	FY11	FY17.3Q	FY11~CF
매출	20,300	27,197	204,566
영업이익	140	207	1,718
순이익	(133)	(28)	
			(7,697)
매출원천자산	(16,549)	(26,147)	(13,114)
고정자산	(22,895)	(71,984)	(49,850)
무형자산	(3,967)	(23,109)	(20,244)
목적사업포지션	(39,444)	(98,131)	(90,905)
포괄(손)익	260	609	
			(320)
비목적사업자산	(1,290)	(4,851)	(3,801)
관계사 지분투자	(7,212)	(1,662)	5,386
자본	39,238	102,189	76,344
비목적사업포지션	26,769	(24,956)	77,610
사업포지션	(12,675)	(123,087)	(13,296)
현금	(12,206)	(22,001)	(20,859)
재무포지션	(24,881)	(145,088)	(34,155)
총부채	24,881	47,566	34,155
차입금	21,064	43,775	33,757
차입금/총부채	85%	92%	99%
총자산	(64,119)	(149,755)	(102,483)

　　최근까지의 FCF는 (-)909억 원이다. 목적사업에서 발생한 마이너스 현금흐름을 전환권행사로 조달한 유상증자 763억 원으로 일부 충당하고 모자란 133억을 부채로 조달하고 있다. 증가한 부채 342억 원으로 (-)133억 원과 현금 (-)209억 원을 확보하였다. 부채로 조달하여 보유하고 있는 현금잔액은 지난해 9월 30일 현재 220억이다.

　　2017년 3분기 차입금 잔액 438억은 총 부채 476억의 92%이다. 통상 차입금이 총 부채의 80%를 초과하면 디폴트 가능성이 확률적으로 높다. 특히, 차입금 438억 원 중 157억 원은 주식전환을 앞두고 있는 유동성 전환사채이다.

2001년 상장 이후 현재까지의 매출 2685억 원으로 이뤄낸 성과는 누적손실 76억 원, FCF (-)856억이다. 주로 전환사채의 전환에 의한 주식발행초과금(887억)으로 구성된 자본총액은 2017년 3분기 현재 1022억 원이다.

(주)나노스 코스닥 PBR 1위

나노스는 2016년 6월 17일 주권매매거래가 정지되었다가 2017년 7월13일 거래정지가 해제되었다. 코스닥 시총 19위, PBR 48.06, 시가총액 1조3천억 원이다.

나노스㈜를 연결재무제표로 5년 간의 성과로 PBR의 실체를 보자.

연결재무제표(5Year)

기업: 나노스(주)(2016-06-17)			기준년도: 2017		단위: 백만
결산일	FY11	FY12	FY15	FY16	CF
매출	54,799	132,053	90,289	39,674	681,529
영업이익	6,472	8,584	(10,519)	(52,651)	(41,960)
순이익	4,192	7,275	(27,137)	24,384	5,405
매출원천자산	(28,210)	(48,442)	(87,755)	(24,567)	3,643
고정자산	(26,073)	(43,955)	(91,397)	(41,924)	(15,851)
목적사업 포지션	(54,283)	(92,397)	(179,152)	(66,491)	(6,803)
포괄(손)익	231	(476)	(181)	1,052	294
무형자산	(530)	(996)	(3,024)	(41)	489
비목적사업	(643)	(1,803)	(8,490)	(1,904)	(1,261)
자본	11,296	37,230	33,822	28,394	11,399

비목적사업 포지션	10,123	34,431	22,308	26,449	10,921
사업포지션	(44,160)	(57,966)	(156,844)	(40,042)	4,118
현금	(3,789)	(15,598)	(6,486)	(11,772)	(7,983)
재무포지션	(47,949)	(73,564)	(163,330)	(51,814)	(3,865)
총부채	47,949	73,564	163,330	51,814	3,865
차입금	27,107	38,430	102,528	15,029	(12,078)
차입금/총부채	57%	52%	63%	29%	
총자산	(59,245)	(110,794)	(197,152)	(80,208)	(20,963)

나노스는 연결재무제표 5년 간 누적영업결손이 420억 원을 시현하고 있다. 이는 2015년에 105억, 2016년에 527억 원의 결손에서 왔다. 매출원천자산은 2015년 878억 원에서 2016년 246억 원으로 632억 원이 감소하였다. 영업손실이 대부분 매출원천자산에서 온 것임을 알 수 있다. 고정자산은 2015년 914억 원에서 419억 원으로 495억 원이 감소하였다.

나노스는 2016년에 주식매매 거래가 정지되었다. 2016년 대규모의 영업결손에도 불구하고 순이익 244억 원을 기록할 수 있었던 것은 채무면제 이익 956억 원 덕분이었다.

채무면제 이익을 포함한 5년 간의 누적순이익은 54억 원에 FCF는 (-)68억 원이다. 유상증자로 유입된 114억 원을 포함하여 자본활동에서 유입된 순현금 109억 원으로 FCF (-)68억 원을 충당한 후 남은 현금 41억 원에서 현금자산확보 80억 원을 운용한 후 최종 재무포지션 (-)38억 원을 부채로 조달하였다.

총 부채는 2015년 1633억(차입금 1025억)에서 채무면제 등으로 2016년 518억(차입금 150억)으로 감소되었다.

2017년 2분기까지의 성과는 다음과 같다.

2분기 영업손실은 49억 원, 순손실 76억 원으로 결손이 지속되고 있으며, FCF는 (-)145억 원이다. 유상증자 41억 원에서 무형자산과 비목적사업자산에 투자한 후, 25억 원에서 FCF 적자를 충당하고 모자라는 119억 원에서 현금자산 54억 원을 늘린 결과 재무상태는 174억 원이 악화되었다. 부채 174억 원 중 차입금이 149억 원 증가하였다. 2분기 차입금 299억 원 중 전환사채는 260억 원이다.

연결재무제표(5Year)

단위: 백만 원

결산일	1Q	2Q.FY17	CF
매출	8,663	16,534	16,534
영업이익	(2,614)	(4,891)	(4,891)
순이익	(4,475)	(7,604)	(7,604)
매출원천자산	(16,418)	(33,801)	(9,234)
고정자산	(40,409)	(39,554)	2,370
목적사업포지션	(56,827)	(73,355)	(14,468)
포괄(손)익	1,971	861	861
무형자산	(26)	(802)	(761)
비목적사업	(3,576)	(3,604)	(1,700)
자본	32,040	25,797	4,146
비목적사업포지션	28,438	21,391	2,546
사업포지션	(28,389)	(51,964)	(11,922)
현금	(24,142)	(17,206)	(5,434)
재무포지션	(52,531)	(69,170)	(17,356)
총부채	52,531	69,170	17,356
차입금	29,429	29,892	14,863
차입금/총부채	56%	43%	
총자산	(84,571)	(94,967)	(14,759)

주권매매거래 정지가 해제된 2017년 7월 13일에 주가가 급등하고 있다. 9월 8일 제3자 배정방식(1대 및 2대 주주)으로 200억 원(주당 1만1450원) 유상증자로 자본구조를 개선하고 있는 모습이다.

5

현금부자 기업

현금부자를 캐시카우(Cash Cow) 기업이라고 한다. 모든 기업의 경영 소망이 캐시카우가 되는 것이다. 국내 상장기업에는 현금부자 기업들이 꽤 많다. 그 중에서 차입금이 전무한 기업 몇 개사만 소개하겠다. 아이러니하게도 현금부자 기업 대부분이 시장가격을 하회하고 있다.

삼정펄프

장부가치가 지속적으로 증가함과 동시에 현금자산 1007억 원, 부채 223억 원. 배당으로 40억 원 지출. 가격 대비 장부가치 PBR는 0.57이다.

삼정펄프					단위: 억 원
결산	FY16	1Q17	2Q17	3Q17	3분기 YTD
매출	1,520	367	361	361	1,089
영업이익	118	32	30	11	73
순이익	193	37	41	28	106
매출원천자산	(301)	(325)	(329)	(328)	(27)
고정자산	(532)	(513)	(497)	(482)	50
목적사업 포지션	(834)	(838)	(827)	(810)	129
포괄(손)익	(2)	(1)	3	(2)	0
무형자산	(2)	(2)	(6)	(6)	(4)

비목적사업	(211)	(256)	(251)	(237)	(26)
관계사투자	(5)	(5)	(5)	(5)	0
자본	1,777	1,772	1,816	1,843	(40)
비목적사업 포지션	1,557	1,507	1,553	1,594	(70)
사업포지션	723	668	726	783	59
현금	(1,061)	(986)	(969)	(1,007)	54
재무포지션	(338)	(317)	(242)	(223)	113
총부채	338	317	242	223	(115)
차입금	76	31	29	27	(49)
차입금/총부채	23%	10%	12%	12%	
총자산	(2,116)	(2,089)	(2,059)	(2,067)	49

미창석유

미창석유					단위: 억 원
결산	FY16	1Q17	2Q17	3Q17	3분기 YTD
매출	2,805	819	761	770	2,350
영업이익	166	37	37	32	106
순이익	307	25	32	39	96
매출원천자산	(1,004)	(1,146)	(1,155)	(1,201)	(197)
고정자산	(288)	(286)	(289)	(293)	(5)
목적사업 포지션	(1,292)	(1,433)	(1,445)	(1,494)	(106)
포괄(손)익	8	0	6	(2)	4
무형자산	0	0	0	0	0
비목적사업	(125)	(115)	(99)	(93)	32
관계사투자	(102)	(103)	(106)	(113)	(11)
자본	2,438	2,424	2,449	2,473	(65)
비목적사업 포지션	2,210	2,206	2,243	2,266	(40)
사업포지션	917	772	797	772	(146)
현금	(1,280)	(1,228)	(1,145)	(1,075)	205
재무포지션	(363)	(455)	(348)	(303)	59

총부채	363	455	348	303	(60)
차입금	0	0	0	0	0
차입금/총부채	0%	0%	0%	0%	
총자산	(2,801)	(2,880)	(2,797)	(2,777)	24

배당금 65억 원 지출 후, 자본 꾸준히 증가하는 가운데 현금 1075억 원을 보유하고 있음. 차입금이 전혀 없음. PBR는 0.61.

삼영전자

삼영전자					단위: 억 원
결산	FY16	1Q17	2Q17	3Q17	3분기 YTD
매출	2,149	534	574	605	1,713
영업이익	96	20	41	26	87
순이익	132	17	48	42	107
매출원천자산	(853)	(843)	(880)	(910)	(57)
고정자산	(1,542)	(1,519)	(1,509)	(1,510)	32
목적사업 포지션	(2,395)	(2,362)	(2,389)	(2,420)	82
포괄(손)익	(38)	(41)	22	17	(2)
무형자산	(7)	(7)	(7)	(7)	0
비목적사업	(59)	(61)	(62)	(61)	(2)
관계사투자	(195)	(196)	(196)	(198)	(3)
자본	4,686	4,613	4,684	4,743	(48)
비목적사업 포지션	4,423	4,348	4,418	4,476	(55)
사업포지션	2,027	1,985	2,029	2,055	27
현금	(2,267)	(2,276)	(2,291)	(2,357)	(90)
재무포지션	(239)	(290)	(261)	(301)	(63)
총부채	239	290	261	301	62

차입금	1	2	0	4	3
차입금/총부채	1%	1%	0%	2%	
총자산	(4,925)	(4,904)	(4,946)	(5,045)	(120)

배당금 48억 원 지급 후, 자본 꾸준히 증가하는 추세에 현금 2357억 원, 부채는 301억 원으로 거래부채임. PBR 0.54.

6

번 돈 대부분을 배당하는 기업

한국쉘석유

한국쉘석유							단위: 억
결산일	FY11	FY12	FY13	FY14	FY15	FY16	5Y성과
매출	2,956	2,784	2,467	2,386	2,238	2,109	11,986
영업이익	320	386	360	330	390	350	1,819
순이익	261	311	296	269	312	272	1,461
매출원천 자산	(826)	(687)	(642)	(559)	(548)	(486)	340
고정자산	(113)	(111)	(119)	(117)	(123)	(131)	(17)
목적사업 포지션	(940)	(799)	(761)	(677)	(672)	(617)	1,784
포괄(손)익	(3)	(6)	3	(4)	(2)	(8)	(18)
무형자산	(14)	(10)	(14)	(14)	(14)	(13)	1
비목적사업	(28)	(32)	(31)	(34)	(39)	(34)	(6)
관계사 투자	0	0	0	0	0	0	0
자본	772	859	900	905	968	973	(1,242)
비목적사업 포지션	729	816	854	856	914	924	(1,266)
사업포지션	(211)	16	92	179	242	306	518
현금	(207)	(324)	(420)	(424)	(539)	(563)	(355)
재무포지션	(418)	(307)	(327)	(244)	(296)	(256)	162
총부채	418	307	327	244	296	256	(162)

차입금	0	0	0	0	0	0	0
총자산	(1,191)	(1,166)	(1,228)	(1,150)	(1,265)	(1,229)	(38)
배당금		(218)	(258)	(260)	(247)	(259)	(1,242)

5년 누적순이익 1461억 원(FCF 1784억)에 1242억 원을 지급하고 있음.

진로발효

진로발효							단위: 억
결산일	FY11	FY12	FY13	FY14	FY15	FY16	5년 성과
매출	758	806	816	857	886	868	4,234
영업이익	102	129	183	194	216	214	938
순이익	100	154	141	162	175	180	814
매출원천자산	(341)	(305)	(331)	(301)	(277)	(279)	61
고정자산	(191)	(176)	(178)	(169)	(162)	(227)	(36)
목적사업포지션	(532)	(481)	(510)	(470)	(439)	(507)	839
포괄(손)익	2	0	0	(5)	0	(3)	(8)
무형자산	(45)	(40)	(25)	(31)	(31)	(31)	14
비목적사업	(35)	(32)	(33)	(31)	(35)	(33)	2
관계사투자	(12)	(10)	(11)	(11)	(9)	0	12
자본	1,058	494	560	641	743	847	(1,018)
비목적사업포지션	964	411	489	567	667	782	(996)
사업포지션	432	(70)	(20)	96	227	275	(157)
현금	(552)	(60)	(78)	(236)	(403)	(438)	113
재무포지션	(119)	(130)	(98)	(139)	(175)	(163)	(43)
총부채	119	130	98	139	175	163	43
차입금	31	47	33	59	59	75	43
차입금/총부채	26%	37%	34%	42%	34%	46%	100%

총자산	(1,178)	(625)	(658)	(781)	(918)	(1,010)	167
배당금		(718)	(75)	(76)	(73)	(73)	(1,015)
순이익/ 배당금		466%	53%	47%	42%	41%	125%

40%에서 466%까지 배당금으로 지급하고 있으며, 안정적인 순이익과 FCF로 자본확충과 함께 안정적인 재무상태를 유지하고 있다. 보유하고 있는 현금이 거의 부채의 3배다.

7

단기차익 타깃 기업

보타바이오(현 카테아)

보타바이오는 컴퓨터 주변기기 제조업으로 지난 1996년 주당 5만 2천 원의 주가로 코스닥시장에 입성했다. 이후 통신서비스, 건강기능식품 판매, 화장품 및 바이오 제약사업으로 목적사업을 변경하고 회사명도 6회나 바꿨다.

이 회사가 본격적으로 유명해진 것은 지난 2009년 유명 연예인 견미리씨 등이 투자해서 일확천금을 벌어다 준 기업이라고 소문이 나면서부터다. 견미리씨는 지난 2014년 10월 대주주 자격으로 59억 원을 투자해 백억대의 연예인 주식부자로 이름이 오르기도 했다. 당시에는 회사가 화장품 판매기업으로 목적사업을 변경한 상태였다. 견미리씨의 남편이 주가를 조작한 혐의(부당이득 40억 원)로 구속 기소돼 언론의 조명을 받은 적도 있다.

보타바이오가 지난 1996년 상장한 이후 2017년까지 3분기까지의 성과를 읽어보자.

FY	FY96	2016-12-31	3Q17	FY97~3Q17
보타바이오				단위: 백만 원
매출		5,179	4,123	277,219
영업이익		(8,363)	(5,591)	(83,415)
순이익		(50,817)	(7,990)	(227,692)
매출원천자산	(16,046)	(7,628)	(14,575)	1,471
고정자산	(2,140)	(540)	(467)	1,673
목적사업포지션	(18,186)	(8,168)	(15,042)	(224,548)
포괄(손)익	0	(2,525)	(5)	(2,376)
무형자산	(1,708)	(8,324)	(5,745)	(4,037)
비목적사업	(2,188)	(10,545)	(9,936)	(7,748)
관계사투자	0	(3,422)	(4,922)	(4,922)
자본	11,110	796	17,030	235,988
비목적사업포지션	7,214	(21,495)	(3,573)	216,905
사업포지션	(10,972)	(29,663)	(18,615)	(7,643)
현금	(6,611)	(450)	(151)	6,460
재무포지션	(17,583)	(30,113)	(18,766)	(1,183)
총부채	17,583	30,113	18,766	1,183
차입금	9,705	22,058	16,293	6,588
차입금/총부채	55%	73%	87%	
총자산	(28,693)	(30,909)	(35,796)	(7,103)

지난 21년 동안 영업결손 834억 원. 코스닥 상장 당시를 제외하고
는 이익을 낸 적이 없다. 지난 2015년 매출 163억 원은 전년의 32억
원과 비교해 무려 413% 증가했지만 다시 2017년 3분기 매출은 41억
원이다. 18년 동안의 손실(2278억 원)과 영업손실과의 차이 14431억 원
은 관계사 지분투자 등의 실패에서 왔다.

목적사업의 손실과 관계사투자 실패로 만들어진 손실 2277억,

FCF 적자 2245억 원을 유상증자 2360억 원으로 충당하면서 다시 관계사투자 등에 지출한 결과, 76억 원의 현금흐름 부족이 발생하여 유동성을 숙소하여 방어하고 있다. 2017년 현재 현금유동성은 151백만 원에 불과하다. 조만간 유상증자로 현금을 조달할 것으로 보인다.

연예인 견미리씨가 2014년 10월 대주주로 참여할 당시에도 106억 원의 손실을 유상증자(178억 원)로 연명하고 있었다. 당시 내재가치(부도확률에 따른 부실예측 자산을 순자산에서 차감)는 주당 428원이나 주가는 1600원이었다. 이듬해에 순손실 129억 원도 유상증자 135억 원으로 연명했다.

지난 2014년 10월 주가는 1600원에서 한 달 사이에 5420원으로 4배 급등했다. 2015년 4월 6일에는 1만4천 원(482원)을 정점으로 오르내림을 반복하다가 2016년 4월에는 4천 원에서 8월 초 주가조작 사건 보도 이후 2700원에 거래되었다.

지난 2016년 9월 19일 주가는 1880원(내재가치 139원)이었다. 2015년 4월 최고가 1만4천 원은 내재가치 482원에 비해 무려 28배나 높은 가격이었다. 400년 전 네덜란드 튤립 주가 20배 폭등을 연상시키는 사건이었다. 2018년 1월 현재 주가는 484원으로, 내재가치 34원에 비해 14배가 높다.

보타바이오의 지난 1996년 상장 당시 고정자산은 21억 원이었으나 카테아로 사명을 바꾼 현재의 고정자산 잔액은 4억 원이다.

과거 보타바이오는 FCF 적자로 유동성이 고갈될 때마다 전환사채를 상장시켜 위기를 모면해 왔다. 상장시점에는 항상 가파르게 주가가 상승하는 매력을 발산해 왔다. 현재 유동성을 보았을 때에 다시 전환사채를 상장하여 유상증자를 해 유동성을 확보하여야 하는 시점이다.

유동성이 고갈하기 시작하면 주가가 오르는 매력기업들의 유상증자와 관련된 연결재무제표 관련지표를 살펴보자.

카테아(구 보타바이오)

(주)카테아

	FY12	FY13	FY14	FY15	FY16	1Q17	2Q17	3Q17	누적
FCF	(11,362)	(1,864)	(8,326)	(37,157)	(42,756)	(3,137)	(8,902)	(1,423)	(114,927)
① 총포괄 (손)익	(13,108)	(2,248)	(7,859)	(20,115)	(48,940)	(4,104)	(5,204)	(2,434)	(104,009)
② 유상증자	6,364	7,073	18,186	15,526	37,790	12,032	10,446	2,500	109,917
①+②, NET	(6,744)	4,825	10,327	(4,589)	(11,150)	7,931	5,242	66	5,908
자본	2,725	7,550	17,877	13,288	2,138	10,069	15,311	15,377	9,469
차입금변동	(1,808)	(4,005)	(433)	19,932	3,969	(4,589)	(1,098)	(1,776)	10,192

5년 9개월 FCF 적자 1149억 원, 손실 1040억 원을 유상증자 1099억 원으로 방어하고 있다. 유상증자에서 손실을 차감한 잔액은 59억 8백만 원이다. 2011년 이월된 자본 94억6900만 원에 더하여 현재 자본잔액은 153억7700만 원이다.

차입금이 감소하면서 유상증자가 발생한다. 유상증자 시점에 주식이 급등하여 왔다. 이익과 재무구조가 불량하여 금융기관보다 사모전환사채가 대부분이다. 전환사채를 발행하여 손실로 자본이 감소하면 증자로 메우고, 다시 전환사채를 발행하여 유동성을 확보하는 부채전략을 사용한다. 카테아의 차입금 잔액은 2017년 현재 157억 원이다.

카테아의 연간 손실규모를 100억 원으로 보면 자본금 154억 원은 1년 내에 고갈될 가능성이 높다. 유상증자를 1년 내에 할 가능성이 높다. 감시보고서고 부재진략을 분식한다면 전환사채 만기일이 그 시점이다. 단기차액의 기회를 포착할 수도 있다.

셀루메드

셀루메드									단위: 백만 원
FY	FY12	FY13	FY14	FY15	FY16	1Q17	2Q17	3Q17	누적
FCF	3,516	298	(9,126)	(8,423)	(25,924)	(306)	(5,218)	(3,575)	(48,758)
① 총포괄(손)익	(572)	(2,157)	(15,164)	(10,105)	(34,690)	(22)	(2,507)	(1,741)	(66,958)
② 유상증자	17,568	2,610	9,974	7,362	40,444	(3)	884	1,685	80,524
①+②, NET	16,996	453	(5,190)	(2,743)	5,754	(25)	(1,623)	(56)	13,566
자본	48,750	49,203	44,013	41,270	47,024	46,999	45,376	45,320	31,754
차입금변동	(17,248)	4,451	(2,870)	13,013	(15,907)	1,011	6,607	143	(10,800)

2012년 차입금 172억 원 감소하면서 유상증자가 이루어졌다. 2014년에는 29억 원 감소하면서 유상증자 100억 원이 이루어졌다. 추이를 보면 유상증자 시점을 쉽게 예측할 수 있다.

총 손실 670억 원을 유상증자 805억 원으로 메우고 전기 이월된 자본 136억 원을 더하여 현재 453억 원의 자본을 보유하고 있다. 9월말 현재 차입금 잔액은 223억 원이다. 2017년 FCF 적자는 90억 원, 총 손실은 42억 원이다. 유상증자 시점을 예측하여 보자.

에이티테크놀러지

에이티테크놀러지									단위: 백만 원
FY	FY12	FY13	FY14	FY15	FY16	1Q17	2Q17	3Q17	누적
FCF	(161,667)	(70,964)	179,345	4,694	(13,322)	(1,977)	(9,177)	3,448	(69,620)
① 총포괄(손)익	(11,191)	(25,627)	(26,391)	(145)	(10,694)	(5,566)	(7,256)	(4,210)	(91,080)
② 유상증자	64,257	5,812	(50,744)	11,742	8,790	4,437	2,794	4,986	52,074
①+②, NET	53,066	(19,815)	(77,135)	11,597	(1,904)	(1,129)	(4,462)	776	(39,006)
자본	100,654	80,839	3,704	15,301	13,397	12,268	7,806	8,582	47,588
차입금변동	76,925	51,377	(142,028)	(18,076)	16,618	(4,914)	2,107	(2,901)	(20,892)

2014년 자본 507억 원과 차입금 1420억 원 감소는 에이티세미콘 지
배력상실에서 발생하였다. 이후는 별도재무제표이다.

에이티테크놀러지 FCF는 696억 원 적자, 손실누계 911억 원에 유상
증자 521억 원으로 390억 원이 부족한 가운데 2011년 이월자본 456
억 원을 더하여 9월말 현재 자본은 86억 원이다. 차입금 잔액은 162
억 원이다. 자본잔액 86억 원은 손실추이로 보면 고갈되어 2017년 증
자 50억 원에 이어 2018년 초에도 증자가 불가피해 보인다. 현재 차입
금 잔액은 162억 원이다.

사파이어테크놀러지

사파이어테크놀러지									단위: 백만 원
FY	FY12	FY13	FY14	FY15	FY16	1Q17	2Q17	3Q17	누적
FCF	(35,786)	(23,171)	(6,061)	(24,329)	(6,675)	2,428	(6,395)	(496)	(100,485)
① 총포괄(손)익	(27,001)	(25,865)	(29,233)	(30,009)	(49,073)	(2,481)	(8,215)	(2,597)	(174,474)

② 유상증자	5,545	6,080	7,150	21,146	(3)	(2)	11	25,635	65,562
①+②, NET	(21,456)	(19,785)	(22,083)	(8,863)	(49,076)	(2,483)	(8,204)	23,038	(108,912)
자본	110,657	90,872	68,789	59,926	10,850	8,367	163	23,201	132,113
차입금변동	20,420	10,330	(7,793)	(12,000)	(9,774)	(3,864)	483	(7,752)	76

사파이어테크놀러지는 FCF 적자 1005억 원, 손실 1745억 원에 유상증자 656억 원으로 자본 1089억 원이 부족한 가운데, 2011년 이월 자본 1321억 원을 더하여 현재 자본금은 232억 원이다. 2015년 차입금 120억 원이 감소하면서 211억 원 증자가 이루어졌고, 2017년 3분기 78억 원의 차입금이 감소하면서 256억 원의 증자가 이뤄졌다.

현재 차입금 잔액은 326억 원이다. 지금의 손실추이로 보면 남아있는 자본은 올해 중에 고갈될 것으로 보인다.

디엔에이링크

디엔에이링크								단위: 백만 원
FY	FY12	FY13	FY14	FY15	FY16	1Q17	2Q17	3Q17	누적
FCF	(5,316)	(2,831)	(2,982)	(8,106)	(7,683)	(1,005)	(1,041)	552	(28,412)
① 총포괄(손)익	403	(7,240)	(4,324)	(9,346)	(9,618)	35	(540)	185	(30,445)
② 유상증자	5,619	660	1,096	12,817	232	(264)	6,264	62	26,486
①+②, NET	6,022	(6,580)	(3,228)	3,471	(9,386)	(229)	5,724	247	(3,959)
자본	17,538	10,958	7,730	11,201	1,815	1,586	7,310	7,557	11,516
차입금변동	3,460	(527)	(476)	8,945	3,079	388	(6,470)	(706)	7,693

디엔에이링크는 FCF 적자 284억, 손실 304억 원을 유상증자 265억 원으로 방어하고 부족한 40억 원에 2011년 이월된 자본금 115억으로

현재 76억 원의 자본금을 보유하고 있다.

2013년, 2014년 차입금 감소와 더불어 유상증자가 이루어졌다. 2017년 2분기 차입금 65억 원이 감소하면서 증자 63억 원이 이루어지기도 하였다. 지난 11월 30일 35억 원 출자증권을 양수한다고 공시하였다. 2017년에 들어와 전년에 비하여 손실규모가 축소하고 있다.

현재 차입금 150억 원은 전액 유동성 전환사채이다.

자연과환경

자연과환경　　　　　　　　　　　　　　　　　　　　　　　　단위: 백만 원

FY	FY12	FY13	FY14	FY15	FY16	1Q17	2Q17	3Q17	누적
FCF	(13,981)	(845)	12,384	(6,042)	(11,982)	(933)	(1,676)	(563)	(23,638)
① 총포괄(손)익	(7,080)	(7,380)	(25,328)	306	(6,520)	(680)	(1,791)	(778)	(49,251)
② 유상증자	14,145	2,300	3,326	7,559	4,731	1	18,512	(19)	50,555
①+②, NET	7,065	(5,080)	(22,002)	7,865	(1,789)	(679)	16,721	(797)	1,304
자본	39,466	34,386	12,384	20,249	18,460	17,781	34,502	33,705	32,401
차입금변동	(4,109)	(3,501)	(6,870)	2,749	(178)	(128)	(1,050)	(470)	(13,557)

자연과환경의 FCF는 236억 원 적자, 손실은 493억 원에 유상증자 506억 원으로 자본을 충당하고 있다. 13억 원의 여유에 2011년 이월된 자본 324억 원을 더하여 현재 자본은 337억 원이다. 차입금이 감소하면서 유상증자가 이루어지고 있다. 2017년 3분기에는 차입금 10억 원 감소에 증자 185억 원이 이루어지기도 하였다. 신주인수권이나 전환사채로 증가한 자본은 2012년, 2013년에 주로 이루어진 것으로 보인다. 현재 차입금 103억 원은 두 금융기관에서 빌린 돈이다.

에임하이글로벌

에임하이글로벌								단위: 백만 원
FY	FY12	FY13	FY14	FY15	FY16	1Q17	2Q17	3Q17	누적
FCF	(2,028)	3,002	(394)	(928)	(11,557)	(5,867)	(9,025)	(29,824)	(56,621)
① 총포괄 (손)익	73	85	(950)	(1,263)	(11,950)	(3,157)	(10,446)	(3,498)	(31,106)
② 유상증자	1,839	556	(3)	2,592	17,750	8,552	288	110,306	141,880
①+②, NET	1,912	641	(953)	1,329	5,800	5,395	(10,158)	106,808	110,774
자본	18,156	18,797	17,844	19,173	24,973	30,368	20,210	127,018	16,244
차입금변동	202	2,494	(2,675)	602	7,749	(7,570)	158	(50)	910

에임하이글로벌은 FCF 566억 원 적자, 손실 311억 원을 유상증자 1419억 원으로 충당하여 1108억 원이 초과하는 가운데 2011년 이월된 자본 162억 원과 함께 현재 1270억 원의 자본을 확보하고 있다. 유상증자는 거의 전환사채로 이루어진 것으로 보인다. 현재 차입금은 9억 원에 불과하다.

셀트리온

셀트리온							단위: 억 원
FY	FY11	FY12	FY13	FY14	FY15	FY16	누적
FCF	(463)	(617)	1,733	(2,768)	(1,215)	1,714	(1,616)
① 총포괄 (손)익	1,702	1,718	1,018	1,207	1,632	1,785	9,062
② 유상증자	(515)	(212)	(648)	1,399	2,989	2,106	5,119
①+②, NET	1,187	1,506	370	2,606	4,621	3,891	14,181
자본	8,995	10,501	10,871	13,477	18,098	21,989	7,808
차입금변동	1,338	1,822	(624)	662	244	517	3,959

전환사채 변동			2,460	345	(963)	(1,812)	30
주가	36,300	26,100	38,350	38,850	84,500	107,000	

코스닥 시총 1위 셀트리온의 전환사채와 유상증자의 관련성을 재무제표변동표로 알아보자. FCF 적자 1616억 원, 순이익 9062억 원과 유상증자 5119억 원을 합하여 총 1조4181억 원의 자본이 늘어났다. 2010년 이월자본 7808억 원과 함께 12월 말 자본총계는 2조9890억 원이다. 전환사채는 2013년 발행하여 2016년 말 잔고는 30억 원이다. 차입금은 3959억 원이 늘어났다.

전환사채로 늘어난 자본을 보면 2015년 963억 원이 자본으로 2989억 원으로 전환되고 2016년 1812억 원이 2106억 원으로 전환되었다. 주가는 3만8850원에서 8만4500원으로 2016년 10만7000원으로 급등하고 있다.

전환사채의 만기에 즈음하여 주가가 폭등한 것이다.

셀트리온의 6년 누적순이익이 거의 1조 원에 이르고 있음에도 유상증자와 차입금을 늘린 부채전략은 앞서 설명한 것을 참조하면 되겠다. 차트를 보고 단기투자수익을 쫓는 차티스트(Chartist) 투자자에게는 차입금 중에서 전환사채와 같은 지분사채가 많은 기업을 분석해 보면 좋은 결실을 맺을 수도 있을 것이다.

5G 기술기업 케이엠더블유

케이엠더블유는 이동통신 기지국을 구성하는 주요 제품을 생산하는 RF(Radio Frequency) 사업부문과 가로등 보안등 등 LED(발광다이오드) 사업부문으로 구성되어 있다. 특히 5세대 이동통신(5G)에 필요한 다중안테나(Massive MIMO)와 빔포밍(안테나의 빔이 해당 단말기에만 비추게 하는 것) 기술을 보유하고 있어 여러 송신안테나를 통해 전송속도를 높이거나 여러 송신안테나로 똑같은 정보를 전송해 오류를 제거하는 기술을 보유하고 있는 하이테크 기업이다.

한국을 비롯해 전 세계가 5G 조기 도입 경쟁이 심화되면서 2018~2019년 케이엠더블유의 실적개선 기대감이 높아진다고 언론은 보도하고 있다. 5G 관련주 중 수혜를 보고 있는 케이엠더블유의 주요 재무지표를 살펴보자.

(주)케이엠더블유 단위: 백만   **7분기재무성과**

	FY16				FY17			
	1Q	2Q	3Q	4Q	1Q	2Q	3Q	
매출	70,798	39,471	40,030	60,242	68,289	55,009	43,780	377,619
영업이익	1,761	(8,556)	(4,317)	(3,381)	5,691	307	676	(7,819)
순이익	19,029	(465)	(3,108)	3,369	3,574	1,262	917	24,578
FCF	259,460	236,333	202,415	26,625	171,095	193,384	13,105	1,102,417
자본변동	(17,483)	(11,533)	5,590	(9,172)	(1)	(2,689)	5,179	(30,109)
비목사업지출	(196,840)	(200,516)	(193,810)	3,284	(195,914)	(180,233)	1,207	(962,822)
① 사업현금 흐름	45,137	24,284	14,195	20,737	(24,820)	10,462	19,491	109,486
② 현금(증)감	(14,871)	14,273	8,038	(13,620)	12,173	(9,193)	(14,072)	(17,272)
①, ② 합계	30,266	38,557	22,233	7,117	(12,647)	1,269	5,419	92,214
부채증(감)	(30,266)	(38,557)	(22,233)	(7,117)	12,647	(1,269)	(5,419)	(92,214)
차입금증(감)	(162,611)	0	0	87,689	(87,689)	0	84,680	(77,931)
총자산	(291,727)	(240,707)	(217,848)	(208,297)	(220,552)	(219,118)	(220,712)	99,893
	26%	-1%	-6%	6%	6%	2%	2%	

2016년부터 2017년 3분기까지 7분기 동안의 누적순이익 245억 원에 FCF 960억 원의 흑자를 기록하면서 자본변동에 301억을 지출하고 비목적사업에서 436억 원을 환수하여 1095억 원의 현금을 유입시켰다. 이에 현금유동성으로 173억 원을 남겨놓고 922억 원의 부채를 감축하였다. 동 기간 동안 차입금을 779억 원이나 감소시켰다.

(주)케이엠더블유 단위: 백만

FY		FY16		FY17			YTD
QTD	FY15	1Q	4Q	1Q	2Q	3Q	CF
매출		70,798	60,242	68,289	55,009	43,780	377,619
영업이익		1,761	(3,381)	5,691	307	676	(7,819)
순이익		19,029	3,369	3,574	1,262	917	24,578
매출원천자산	(116,369)		(82,683)			(94,762)	21,607
고정자산	(124,062)		(84,838)			(74,235)	49,827
목적사업포지션	(240,431)	(236,798)	(167,521)	(192,122)	(181,185)	(168,997)	96,012
포괄(손)익	1,827	(158)	3,369	(3,965)	1,262	917	(2,148)
무형자산	(4,615)		(4,278)			(4,109)	506
비목적사업	(52,350)		(7,231)			(7,195)	45,155
관계사투자	(5,134)		(5,012)			(5,064)	70
자본	59,696	61,084	45,561	45,169	45,004	52,017	(30,109)
비목적사업포지션	(2,403)	39,101	29,040	28,821	28,346	35,649	13,474
사업포지션	(242,834)	(197,697)	(138,481)	(163,301)	(152,839)	(133,348)	109,486
현금	(18,075)	(32,946)	(24,255)	(12,082)	(21,275)	(35,347)	(17,272)
재무포지션	(260,909)	(230,643)	(162,736)	(175,383)	(174,114)	(168,695)	92,214
총부채	260,909		162,736			168,695	(92,214)
차입금	162,611		87,689			84,680	84,679
차입금/총부채	62%	63%	54%	50%	51%	50%	
총자산	(320,605)	(291,727)	(208,297)	(220,552)	(219,118)	(220,712)	99,893

순이익 누적 246억 원 중 2016년 1분기 순이익이 190억 원을 보이고 있으나 그 이후 손실과 이익의 등락을 거듭하고 있는 상태이다.

7분기 누적 영업손실 78억 원과 순이익 246억 원의 차이 324억 원은 2016년 1분기 발생한 중단영업이익에서 왔다.

2017년 3분기의 매출은 전년도 1분기의 절반 수준으로 영업이익과 순이익 모두가 전년 1분기에 비하여 저조한 수준이다. 특히 FCF 흑자가 거의 고정자산의 축소에서 왔다. 자본의 감소는 종속기업의 처분에서 기인한 것이다.

2016년 영업이익 17억 원에 순이익이 190억 원으로 급증한 것도 종속기업의 처분에 따른 중단영업이익에서 온 것이다.

2015년 말 이후 케이엠더불유의 재무상태는 종속기업의 처분에 의한 손익과 자산 부채가 급변하고 있다. 지속적인 매출감소와 영업이익의 감소로 인해 미래가 불안해 보인다.

케이엠더블유의 현재 시가총액은 4339억 원이다. 장부가 520억 원 대비 3820억 원을 미래무형가치로 평가한 것이다.

연속된 결손으로 인하여 주식발행 초과금만 남아있는 것을 감안하면 시가총액 4339억 원 모두 미래무형가치로 평가한 것과 같다.

하여튼, 장부가 차이 3820억 원이 현실화되기까지를 2017년 3분기 순이익으로 환산하여 보면 416년이 걸린다.

언론보도에 의하면 4분기에 실적이 확연히 좋아질 것이라고 한다. KMW가 5G 관련 다중안테나(Massive MIMO)와 빔포밍 기술로 미국 나스닥의 유비퀴티(UBNT)와 같이 번 돈 대부분을 주주에게 환원하는 그런 기술기업으로 우뚝 서기를 기대하여 본다.

유비퀴티는 애플의 기술자 Robert Pera가 2005년에 세운 기업으로 전환사채 보유자에게 거액의 부를 돌려준 기업이다. 유비쿼티는 번 돈의 절반을 주주에게 환원하고도 장부가 차이가 현실화되는 데 20년이 채 걸리지 않는다.

8

전환사채 주식전환으로 자본잠식을 벗어나 성공한 기업

유비쿼티 네트웍스(Ubiquiti Nestworks, Inc.)

FY	FY12	FY13	FY14	FY15	FY16	FY17	1Q SEP	누적
FCF	65,926	109,025	116,081	104,964	200,310	112,707	106,639	815,652
① 총포괄이익	102,589	80,490	176,937	129,663	213,616	257,506	74,925	1,035,726
② 유상증자	82,234	(64,005)	10,891	(42,773)	(195,394)	(96,118)	(115,478)	(420,643)
①+②, NET	184,823	16,485	187,828	86,890	18,222	161,388	(40,553)	615,083
차입금 증(감)	(123,224)	53,506	(3,875)	25,246	105,057	54,007	41,314	152,031
순이익주주 환원율	유증	62%	유증	24%	151%	45%	45%	41%

UBIQUITI NETWORKS (UBNT) 단위: 천$

마지막으로 미국 나스닥에 상장되어 있는 유비쿼티 네트웍스가 전환사채로 자본을 늘린 뒤, 투자자에게 번 돈을 어떻게 환원하고 있는지 살펴보자.

유비쿼티는 애플 출신 엔지니어 로버트 페라가 2005년에 설립한 기업이다. 기존의 마케팅요원에 의한 매출 늘리기 방식을 탈피하여 철저히 사용자 위주의 커뮤니티 소프트웨어플랫폼에서 솔루션을 파는 사업을 한다.

유비쿼티는 2011년 자본잠식 538만 불인 상태에서 145.8백만 불의
전환사채를 발행하여 2002년 자본으로 전환시켜 여유자본으로 목적
사업자산을 전액 충당하고도 여유를 가짐으로써 사업의 기초를 완전
히 세웠다. 이후 매년 번 돈을 주주에게 환원하고 있다. 번 돈의 절반
을 주주에게 돌려주고 있는 기업이다.

유비쿼티의 시가총액은 57억7100만 불로 장부가치 5610불보다 52
억 불이 많다. 목적사업수익력으로 환산하면 PRR 17년으로 미래수익
(무형가치)을 앞당긴 것과 같다.

벨린트의 매출분식을 시장에 알리고 공매도로 엄청난 수익을 남긴
CITRON의 대표 레프트가 유비쿼티가 존재하지 않은 제품으로 고객
을 호도하고 있는 분식기업이라고 하여 유비쿼티 주가가 급락한 적이
있다. 유비쿼티는 소비자, 특히 기업 IT담당자들이 주고객으로 매출
이 발생하고 있다. 5분 재무제표로 검증해본 결과 분식회계가 없는
투명한 재무제표이다.

9

분식회계 기업

2014년 모뉴엘 사기대출 사태

모뉴엘 사태를 시사상식사전에 다음과 같이 기록하고 있다.

'가전업체 모뉴엘(MONEUAL)이 기업·산업·농협은행 등 채권은행에 수출 환어음을 결제하지 못해 2014년 10월 20일 법정관리를 신청하면서 금융회사와 무역보험공사 등으로부터 3조 원 이상의 사기 대출을 받은 것이 밝혀진 사건을 말한다.'

모뉴엘은 로봇청소기 시장의 점유율을 확대하면서 2013년 매출 1조 원을 달성한 중견기업으로 평가받았다. 이후 2007년 세계가전전시회(CES)에서 기조연설을 한 빌 게이츠가 이 업체를 언급하면서 유명해졌고, 2013년에는 국제전자제품박람회(CES)에서 최고 혁신상을 수상했다.

모뉴엘을 5분 재무제표로 보자.

모뉴엘							단위: 백만 원
FY	FY08	FY09	FY10	FY11	FY12	FY13	누적
순이익	7,058	9,357	16,175	21,304	35,804	59,966	150,896

매출원천 자산	(55,098)	(75,068)	(317,502)	(455,239)	(860,163)	(1,241,174)	(1,234,668)
고정자산	(149)	(3,700)	(10,656)	(16,260)	(25,324)	(48,500)	(48,455)
FCF	(41,638)	(14,164)	(233,215)	(122,036)	(378,184)	(344,221)	(1,132,226)
(투자)회수	(4,314)	(1,281)	5,961	(20,239)	(17,289)	(31,129)	(68,290)
현금흐름	(45,952)	(15,444)	(227,254)	(142,275)	(395,472)	(375,350)	(1,200,517)
현금	(1,007)	(11,964)	1,046	(29,164)	(8,430)	(2,772)	(52,291)
재무흐름	(46,959)	(27,409)	(226,208)	(171,438)	(403,902)	(378,122)	(1,254,038)
부채증(감)	46,959	27,409	226,208	171,438	403,902	378,122	1,254,038
차입금 증(감)	44,312	27,878	218,380	148,646	389,575	366,997	1,195,788

모뉴엘은 2014년 10월 법정관리신청을 하기 훨씬 이전에 벌써 부실을 예고하고 있다. FCF(수입-기업 생계비: Δ매출원천자산, Δ고정자산) 적자를 2008년 이후 지속적으로 기록하고 있다. 적자는 2008년 460억 원에서 2010년 2273억 원이 급속하게 증가하여 부도 1년 전에는 1조 원을 넘어서고 있다. 적자를 모두 금융권 차입으로 메우고 있었다. 2013년 말 금융권 차입이 1조2천억으로 늘어났다. 읽는 데에 5초가 걸리지 않는다. 사기대출은 금융기관의 도덕적 해이 결과에서 왔다.

모뉴엘은 분식회계로 돈을 빌려왔다고 기록한 재무제표를 6년 동안 공시하여 범죄사실을 고백하고 있었다. 그럼에도 제도권 금융권의 사기대출이 3조 원을 넘었다? 제도권 여신전문가들이 현금을 모뉴엘에 상납한 것이다.

'모뉴엘'을 검색창에 입력하면 무려 1만3천 건이 넘는 정보가 쏟아져 나온다. 법정관리 이전의 정보는 동 기업의 제품이 훌륭하다는 내용 일색이다. 내용은 '국내 중견 PC기업 모뉴엘이 세계 최대 멀티미디어 가전 전시회인 CES2011에서 6개 부문의 혁신상(Innovation Award)

을 수상하는 쾌거를 이뤘다.'는 식이다. 영혼이 없는 경영자는 빚을 두려워하지 않는다. 빚으로 꾼 돈이 바로 내 돈이라고 생각하기 때문이다. 복식부기 철학에 의하면 사산의 원천은 모두 빚이라는 개념에서 출발한다. 불교에서는 전생의 업(빚)을 다 갚고 가야 한다고 하고, 성경에서는 이 세상은 하나님의 정원이니 정원에서 나는 물질을 경제적으로 변화시켜 서로 사랑하고 아름답게 살다오라고 가르친다. 두 종교에서 인간이 빚을 갚는 방법이 조금 다르게 보일 수 있지만 실제 개념은 같다.

모뉴엘의 경영진은 순이익을 실체가 없는 매출원천자산에 숨겨놓고 금융기관에서 천문학적인 돈을 빌렸다.

'모뉴엘'을 검색창에서 입력하면 무려 1만3천건이 넘는 정보가 쏟아져 나온다.법정관리 이전의 정보는 동 기업의 제품이 훌륭하다는 내용일색이다. 내용은 '국내 중견 PC기업 모뉴엘이 세계 최대 멀티미디어 가전 전시회인 CES 2011에서 6개 부문의 혁신상(Innovation Award)을 수상하는 쾌거를 이뤘다.'는 식이다.

모뉴엘은 잘만테크 인수로 더 큰 사기대출을 기획하였다.

잘만테크 인수(2010년) 당시에 모뉴엘은 매출 2952억 원, 영업이익 248억 원을 기록했다. 전년과 비교하면 각각 약 80%와 82%나 증가했다. 유동자산을 유동부채로 나눈 유동비율도 약 230%였다고 선전하였다. 일반적으로 유동비율이 200%를 웃돌면 양호한 기업으로 평가한다.

영업이익이나 순이익은 복식부기 철학에 의하면 모두 허상이다. 지분 35.6%를 인수할 당시의 잘만테크는 5년 간의 누적손실이 140억 원이었고, 매출은 2008년 기준 570억 원에서 390억 원, 350억 원으로 급락하면서 계속 감소 추세에 있었다.

지난 2010년 목적사업에서의 현금결손 430억 원을 유상증자를 통해서 180억 원을 조달하고, 나머지 부족분은 차입금 250억 원으로 메우고 있는 존속이 불가능한 기업이었다. 존속이 불가능한 기업인 줄 알면서도 모뉴엘이 잘만테크를 인수한 배경은 또 다른 회계부정을 기획하고 있었던 것이다.

2009년까지 급감했던 매출이 2011년도 2012년도에 다시 급격히 늘어난다. 순손실을 이어오던 잘만테크가 지난 2012년 드디어 흑자로 전환되면서 경영성과가 대단히 좋은 것으로 홍보하기 시작한다. 실체가 없는 매출원천자산을 매개로 주식시장과 금융기관으로부터 더 많은 현금을 조달했던 것이다.

만일 2014년에 금융사기가 드러나지 않았다면 매출원천자산을 활용한 부정행위는 계속돼 금융기관의 피해는 더욱 더 커졌을 것임을 쉽게 예상할 수 있다.

잘만테크는 2012년 흑자 13억 원을 시현하는데 매출원천자산은 400억 원이 증가했다. 400억 원이 적자였다. 매출원천자산에 지출한 400억 원은 유상증자 100억 원과 부채 300억 원으로 메웠다.

이처럼 가공한 이익으로 만든 재무제표로 투자자를 속여 유상증자로 현금을 조달한 것이다. 이후 잘만테크는 지난 2015년 5월 13일 상장 폐지되기 전 2014년까지 4년 동안 결손 479억, FCF는 (-)623억 원이었다. 유상증자 343억, 부채 360억(차입금 134억)으로 충당하였다. 조달한 현금은 모두 (-) FCF로 사라졌다.

지속가능한 경영은 정직한 매출원천자산에 있다. 손실을 매출원천자산으로 둔갑시키는 영혼이 없는 경영자는 부채로 조달한 현금으로 인생을 향유하려 한다. 매출원천자산과 순이익 두 가지만 비교해도 영혼이 없는 경영자인지 아닌지를 바로 가려낼 수 있다.

온코퍼레이션

무역보험공사는 TV수출업체 온코퍼레이션에 수출보증을 섰다가 1억4290만달러(약 1590억 원)를 떼일 위기에 처했다. 국감장에서 공인회계사 출신인 유동수 더불어민주당 의원은 "온코퍼레이션의 재무제표를 보면 부실 징후를 사전에 충분히 알 수 있었다"며 "이미 1년 전부터 가짜 재무제표를 만들었던데 무보가 똑같은 사고를 또 당했다"고 말했다. 그리고 "김영학 무보 사장은 회계지식이 전혀 없고 경영에 대한 개념이 없다"고 지적했다.

온코포레이션에 대출을 해준 은행들은 이번 건은 지난 모뉴엘 사건처럼 수출 '사기'가 아니라 보험 '사고'라고 했다. 아직 정상적으로 이자를 납부하고 있고 파산한 것도 아니어서 일시적인 유동성 문제라는 설명이다.

5분 재무제표로 본 온코프레이션의 실상

회계감사	나우회계	나우회계	나우회계	나우회계	나우회계	단위: 백만 원
㈜온코퍼레이션	적정	적정	적정	적정	적정	
결산일	2011년	12년 6월	13년6월	14년6월	15년6월	성과
매출		284,562	369,180	455,257	376,255	1,485,253

영업이익		8,301	15,783	27,390	15,855	67,329
순이익		3,515	182	17,286	7,234	28,216
매출원천자산	(79,277)	(128,634)	(177,070)	(242,384)	(258,291)	(179,014)
고정자산	(88)	(22,656)	(34,730)	(35,529)	(35,720)	(35,632)
목적사업포지션	(79,365)	(151,290)	(211,800)	(277,913)	(294,011)	(186,430)
비목적사업자산	(891)	(2,171)	(2,282)	(1,648)	(4,605)	(3,714)
자본	9,525	22,130	24,442	43,128	50,362	12,620
비목적사업 포지션	8,634	19,959	22,160	41,480	45,757	8,906
사업포지션	(70,730)	(131,331)	(189,640)	(236,433)	(248,254)	(177,524)
현금	(4,437)	(6,666)	(10,435)	(29,429)	(11,883)	(7,446)
재무포지션	(75,167)	(137,997)	(200,075)	(265,862)	(260,137)	(184,970)
총부채	75,167	137,997	200,075	265,862	260,137	184,970
차입금	73,794	132,448	190,532	260,902	248,669	174,874
차입금/총부채	98%	96%	95%	98%	96%	95%
총자산	(84,693)	(160,127)	(208,625)	(274,595)	(255,062)	(170,369)

회계법인에서 이 기업에 '의견거절'을 내기 1년 전 기준으로 4년 성과를 보면, 영업이익 673억 원, 순이익은 282억 원을 시현했다. 목적사업의 현금흐름은 마이너스 1864억 원이다. 고정자산 취득 전의 순현금흐름은 마이너스 1510억 원이다. 이는 무보의 손실금액과 거의 흡사하다.

지난 2012년 제주도에 멋진 사옥을 지어 과시욕을 드러낸 이 기업의 재무제표를 보면 차입금이 사옥의 원천이라고 기록돼 있다. 자본금이 전년도에 비해 95억 원에서 221억 원으로 늘어난 것은 사옥의 토지를 재평가해 91억 원을 부풀려놓은 결과다. 지난 4년 간의 재평가로 자본금을 불린 누적금액은 126억 원이다. 자본금의 착시현상을 노리는 IFRS 전략회계의 소산이다.

2012년 한 해 동안 발생한 사업포지션에 나타난 현금흐름만 무려 마이너스 606억 원이다. 고정자산의 장부 357억 원을 토지 재평가로 부풀려놓은 자본금 126억 원을 차감하면 현금지출 고정자산의 가치는 230억 원에 불과하다. 차입금 대비 부채비율은 무려 98%나 된다. 완전히 차입에 의존하는 신기루 경영이다.

매출원천자산이란 기업이 목적사업을 수행하는 데 필요한 일체의 현금지출을 의미한다. 단지 발생주의 회계원칙에 의해 비용으로 전환되기 전에 임시로 파킹해 놓은 지출성 자산이다. 무보에서 보증한 매출채권은 현금순환으로 이뤄지지 않으면 모두 손실이 된다. 2016년 매출(1585억 원) 대비 매출원천자산(2152억 원)의 순환 기일은 496일이다. 순환 기일이 1년을 초과하는 매출원천자산은 모두 부실로 봐야 한다. IMF 이후 수많은 부실기업(대우그룹을 비롯하여 STX에 이르기까지)의 재무제표가 이를 실증하고 있다.

순이익 대비 매출원천자산이 증가하는 추이를 보아도 이 기업이 바로 부실기업임을 알 수 있다. 모뉴엘과 차이가 전혀 없다. 1463억 원의 결손에도 불구하고 매출원천자산이 감소한 금액은 430억 원에 불과하다.

온코퍼레이션의 사업구조를 보면 본사사옥에서는 기술을 연구 개발하고 제품은 인건비가 싼 해외기지에서 생산하여 판매하는 형태로 애플의 사업구조방식과 흡사하다.

실제로 번 돈이 전무한 기초가 전혀 없는 상태에서 사업에 필요한 지출을 모두 차입금에 의존해온 기업이라고 재무제표는 말하고 있다. 현금흐름의 성과가 없는 기업은 눈에 보이는 가시적인 것에 집착한다.

한국항공우주산업의 분식회계 의혹

매출원가(비용)와 매출(순이익)을 부풀리는 초유의 양방향 분식회계로 KAI의 펀더멘털에 대한 위험이 커지고 있다. 매출원가를 늘려 협력사에 현금을 지불한 후 돌려받아 수백억 원의 비자금을 만들어 왔다는 혐의와 이를 메우기 위하여 다시 매출을 늘려온(펀더멘털 위험) 혐의에 대하여 검찰의 정밀수사가 진행되고 있다.

수백억 원의 비자금 편취는 KAI 펀더멘털에는 문제가 없다. 하지만 매출을 늘리게 되면 가공자산으로 자본금을 늘리게 되어 기업의 생존과 연결된 펀더멘털 리스크와 직결된다.

주가는 2015년 8월 13일 최고 105,600원(PBR 10.02)에서 2017년 8월 4일 39,000원(PBR 2.90)으로 63% 급락하였다. 8월 4일 종가 39,000원은 2015년 1월 15일 종가와 같은 수준이지만 PBR는 매우 높다.

구속 중인 하 대표가 KAI에 부임한 2013년 상반기부터 2017년 1분기까지 QTD(분기) 순이익, 5분 재무제표 영업현금흐름(QTD-CFO) 및 누적영업현금흐름(YTD-CFO)을 차트로 읽어보자.

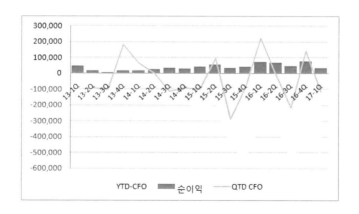

2014년 3분기부터 영업현금흐름이 마이너스로 전환되면서 누적현금흐름(YTD CFO)의 적자행진이 시작되었다. 현금창출과는 무관한 장부상의 순이익의 발생이 부임 1년 만에 시작되었다.

과연 이러한 성과가 영업사이클에서 나타나는 필연적인 상황인지 목적사업이 KAI와 정확하게 일치하는 미국의 보잉(BA), 록히트마틴(LMT)의 재무성과와 비교하여 보자.

현금흐름 비교

기간	FY14~FY17-1Q		
단위	백만 불	백만 불	십억 원
기업명	BA	LMT	KAI
순매출	302,423	138,787	9,026
영업이익	22,774	16,422	1,012
순이익	16,968	13,284	722
매출원천자산	(3,360)	(5,132)	(899)
고정자산	(2,618)	(775)	(146)
FCF	10,990	7,377	(323)
포괄손익	(3,334)	(3,159)	(41)
무형자산	257	(4,444)	(36)
비목적사업	2,658	(2,698)	(104)
관계사지분	0	0	0
자본변동	(28,414)	(13,560)	(121)
NCF	(28,833)	(23,861)	(303)
사업포지션	(17,843)	(16,484)	(627)
현금	6,053	401	9
NF	(11,790)	(16,083)	(617)
부채변동	11,790	16,083	617
차입금변동	1,164	8,124	65
차입금부채비중	10%	51%	11%

총자산변동	2,990	(12,648)	(1,176)
매출원천자산/ 영업이익	15%	31%	89%

2014년부터 3년3개월 동안 BA와 LMT는 각각 FCF(이익잉여현금흐름)에서 170억 불, 133억 불의 흑자를 시현하였다. 반면 KAI는 매출원천자산(분식회계?)이 순이익을 초과하면서 3230억 원 적자를 기록하였다.

KAI의 매출원천자산은 영업이익 대비 89%이다. BA는 그 비율이 15%, LMT는 31%에 불과하다. LMT 매출원천자산의 규모를 일반적인 수준이라고 가정한다면 KAI의 매출원천자산은 3천억 원에 불과하다. 무려 5천억 원(분식회계 포인트) 차이가 발생한다. BA의 15% 수준으로 경영을 하였다면 매출원천자산은 1490억 원에 불과하여 FCF는 4270억 원이 되고, 그 차이는 7500억 원이 된다.

참고로 BA는 약 110억 불의 현금을 창출하여 284억 불을 자사주 매입과 배당금을 지급하여 주주에게 이익을 환원하는 경영전략을 수행하고 있다. LMT의 자본변동 (-)136억 불은 주로 누적포괄손실에서 왔다. 순현금흐름은 BA (-)283억 불, LMT (-)238억 불이다. 부족한 현금은 부채로 조달하고 있다. 늘어난 부채에서 차입금이 차지하는 비중은 BA 10%, LMT 51%이다.

BA는 자산을 축소하여 경영효율을 늘리고 있다. LMT는 자산을 126억 불 늘려 경영전략의 차이를 보이고 있다. BA는 최근 이어지고 있는 매출감소에 대비하여 성공적으로 비용을 절감함으로써 올해 주가가 무려 80%나 급증하고 있다. 자산을 늘려온 LMT는 14% 상승하는 데 그쳤다.

2017년 1분기 BA, LMT 그리고 KAI의 재무상태이다.

5분재무제표 2017년 3월31일

단위	백만 불	백만 불	십억 원
비교기업	BA	LMT	KAI
매출	20,976	11,057	711
영업이익	2,024	1,149	97
순이익	1,451	763	37
매출원천자산	(53,162)	(13,943)	(2,046)
고정자산	(12,842)	(5,481)	(522)
목적사업포지션	(66,004)	(19,424)	(2,569)
포괄(손)익	389	(658)	0
무형자산	(7,838)	(14,792)	(255)
비목적사업	(6,626)	(12,404)	(200)
관계사투자	0	0	(5)
자본	95	1,483	1,376
비목적사업포지션	(14,369)	(25,713)	915
사업포지션	(80,373)	(45,137)	(1,654)
현금	(9,205)	(2,216)	(37)
재무포지션	(89,578)	(47,353)	(1,691)
총부채	89,578	47,353	1,691
차입금	10,799	14,276	759
차입금/총부채	12%	30%	45%
총자산	(89,673)	(48,836)	(3,068)
부채 대비 현금보유	10%	5%	2%

1분기 매출, 영업이익 및 순이익에서 BA는 LMT에 비하여 두 배의 실적을 올리고 있다. KAI는 3% 수준에 불과하다.

BA는 지속적인 자사주 매입프로그램에 의하여 3월말 9500만 불의 총자본을 유지하였으나, 올 상반기 재무제표에 의하면 (-)20억 불 총자본을 기록하고 있다. 자사주(395,109,568 shares) 매입에 총 407억3천만 불을 지출한 결과, 마이너스 자본상태에서 사업부채를 이용한 레버리지 전략을 구사하고 있다. 이자발생 차입부채가 차지하는 비중은 12%이다. 매입한 자사주의 가치는 8월 7일 종가 240.23불 기준으로 94,917백만 불에 달한다.

BA는 258억 불, LMT는 65억 불의 선수금(Advances & Billings in excess of related costs) 보유. 매출원천자산에 대하여 BA는 49%, LMT는 46%, 참고로 Airbus는 42%의 선수금을 보유하고 있다. 선수금은 조선산업과 마찬가지로 항공산업에서도 핵심사업 부채인 동시에 사업수행에 필요한 현금의 원천이다. 거대한 수주금액에 따른 리스크를 선수금으로 방어할 수 있어야 생존이 가능하다는 사실은 대우조선해양 사태에서 이미 경험하였다.

KAI의 3월말 선수금 잔액이 370억 원으로 매출원천자산 대비 4%에 불과하다. 사업의 펀더멘털에 조기경보가 이미 울렸다.

한편, KAI는 LMT와 거의 비슷한 규모의 자본금을 보유하고 있으나 매출원천자산이 가공된 분식회계로 만들어진 것이라면 소위 펀더멘털의 붕괴는 시간문제일 뿐이다. 검찰이 조사하고 있는 '원가를 수백억 원 부풀려 비자금을 조성'한 혐의는 찻잔 속의 태풍이다.

하 사장이 성동조선해양 대표로 재직(2011년 8월~2013년 3월말) 할 때 '덤핑 수주'로 손실을 주도한 부실 경영인이라는 사실을 인지하였음에도 2달 만에 우량기업인 KAI 대표에 선임된 것은 도저히 이해할 수 없는 모럴 해저드다. KAI의 대주주인 산업은행(19.02%), 국민연금(8.04%), 수출입은행(7.74%)에서 수출입은행의 대우조선 부실사태로 인한 BIS자기자본비율을 맞추어주기 위하여 산업은행이 KAI 주식을 주당 64,100원에 현물 출자하여 수출입은행의 지분은 26.41%가 되었다. 수출입은행이 성동조선해양에 이어 KAI의 최대주주가 된 것이다.

KAI는 목적사업에서 현금창출이 없는 가운데 지난 5년 동안 연간 1250억 원을 부채로 조달하여 지출하여 왔다. 1분기 현재 보유하고 있는 현금은 370억 원에 불과하다.

5분 재무제표로 2017년 3분기까지의 성과를 보자.

2017년 분기별 순이익과 FCF:
1분기 순이익 370억 원, FCF (-)1150억 원
2분기 결손 800억 원, FCF (+)960억 원
3분기 결손 810억, FCF (-)3290억 원
누적결손 1240억, FCF (-)3480억 원

단위: 십억		FY17			
한국항공우주산업(KAI)	FY16	1Q	2Q	3Q	YTD
매출	3,100	711	1,132	1,610	1,610
영업이익	314	97	(27)	(118)	(118)
순이익	267	37	(43)	(124)	(124)
매출원천자산	(1,894)	(2,046)	(1,853)	(2,086)	(192)
고정자산	(522)	(522)	(538)	(554)	(32)
목적사업	(2,416)	(2,569)	(2,392)	(2,640)	(348)
포괄(손)익	5	0	0	0	0
무형자산	(246)	(255)	(275)	(295)	(49)
비목적사업	(195)	(200)	(210)	(231)	(36)
관계사투자	(5)	(5)	(5)	(5)	(0)
자본	1,405	1,376	1,336	1,254	(26)
비목적사업	958	915	846	724	(111)
사업재무포지션	(1,457)	(1,654)	(1,546)	(1,916)	(459)
현금	(69)	(37)	(27)	(490)	(421)
재무포지션	(1,526)	(1,691)	(1,573)	(2,406)	(880)
총부채	1,526	1,691	1,573	2,406	880
차입금	675	980	1,304	1,606	931
차입금/총부채	44%	58%	83%	67%	106%
총자산	(2,932)	(3,068)	(2,909)	(3,661)	(729)

　차입금이 분기마다 3000억 원 가량 늘어나 3분기 현재는 1조6060억 원이다. 전년 대비하여 9310억 원이 증가하였다.

　2분기 연속 결손에 즈음하여 인터뷰형식의 긍정적인 보도가 이어지고 있다. 보도내용과 재무제표가 일치하지 않는 부분을 발췌해보면 다음과 같다.

"연말까지 수리온 헬기 10여대를 납품할 예정"이라고 말했다. KAI 본사에는 납품이 중단된 수리온 20여척이 보관돼 있다. 수리온 한 대의 가격은 250억 원 정도로 이를 통해 올해 말 3250억 원 가량의 매출이 발생될 것으로 예상된다.

감사보고서 주석에는 재고품(2144억 원)과 원재료(2116억 원)가 재고자산의 85%를 차지하고 있다. KAI는 수리온 매출에 목을 매고 있으나 보관되어 있다는 수리온 20척은 재무제표의 재고자산 어디에서도 찾아볼 수 없다.

KAI는 2000년부터 2017년 3분기까지 거의 18년 동안에 만든 누적 순이익은 7150억 원이다. 그러나 증가한 매출원천자산 (-)1조7690억과 매출의 증가에 오히려 감소한 고정자산 (+)920억을 합한 FCF는 9620억 원의 적자를 기록하고 있다.

배당금과 유상증자를 상쇄한 후의 순 유입된 현금은 3130억 원으로, 비목적사업자산의 취득에 5330억 원을 지출하여 발생된 마이너스 현금흐름 2200억 원과 마이너스 FCF 9620억 원으로 사업의 현금 적자는 1조1820억 원이다. 유동성 현금확보 3910억 원을 더하여 부채는 1조5720억이 늘어났다. 사업부채가 줄어들면서 차입금은 2016년 6750억 원에 비해 9310억 원이 더 증가하여 1조6060억 원으로 늘어났다.

가계부 형식으로 전환하여 KAI 성과를 읽어보면:

수입(누적순이익) 7150억 원에 생활비(매출원천자산 증가)로 1조7690억 원을 쓰고, 주거비(고정자산 축소) 920억 원을 축소해 적자는 9620억 원이다. 이는 생활에 불필요한 2200억 원(비목적사업)이 추가 지출된 것으로 적자가 1조1810억 원으로 더 늘어나는 형태를 보인다.

향후 예비비로 생활비에 필요한 현금 3910억 원을 확보하여 갚아야 할 부채는 1조5730억 원으로 늘어난다. 이것이 KAI의 3분기 현실이다.

김조 원 신임사장은 언론을 통해 하소연하고 있다.

'김 사장은 항공산업을 육성하기 위한 정부지원이 절실하다고 강조하고 있다. 김 사장은 "항공우주산업은 모든 것이 수공업으로 이루어져 무한한 일자리가 있는 국내 제조업의 핵심축"이라며 "항공정책에 대해 고민을 해야 하지만, (산업부에) 자동차·항공과는 있어도 항공정책을 전담하는 과는 없어서 아쉽다. 항공산업은 민간이 직접 산업을 일으키기 어려워 정부의 지극한 노력도 필요하다"고 말하고 있다.'

재무제표 5천억 원의 분식의혹에 대해서는 이렇게 말하고 있다.

"직원들의 지식 부족, 그동안의 관행으로 이뤄진 것을 놓고 마치 KAI가 대단한 분식을 한 회사로 봐서는 안 된다"며 "KAI가 의도적으로 매출 원가를 조작했다면 미국 고등훈련기 교체(APT)사업 입찰에 참여하는 것은 물론 국내의 그 어떤 입찰에도 참여하지 못한다"고 말했다. KAI에 당장 중요한 경영현안은 APT사업 수주 성공이다. 그러나 KAI는 입찰에 영향을 미치는 일은 하지 않았다는 것이다.

"직원들의 지식 부족, 그동안의 관행으로 이뤄진 것을 놓고 마치 KAI가 대단한 분식을 한 회사로 봐서는 안 된다." 재무제표는 최고경영자의 몫이다.

국내 CRA가 부여한 부채상환 능력을 평가한 KAI의 신용등급은 줄 곧 AA-였다.

메이플세미컨덕터

2017년 7월 한국경제 기사 내용이다. '제2 모뉴엘 사태… 피해 1천억. 불량 웨이퍼(반도체 기판)를 정상품으로 속여 4000억 원대의 무역금융 범죄를 저지른 업체가 적발됐다. 이 회사에 투자한 개인과 기관투자가 등이 모두 1000억 원 대의 피해를 볼 것으로 예상된다. 2014년 3조 원대 무역사기를 저지른 모뉴엘 사건과 유사하다는 지적이다.'

5분 재무제표로 메이플의 실체를 알아보자.

메이플세미컨덕터 주식회사
5분 재무제표

결산	FY12	FY13	FY14	FY15	FY16	4Y 성과
매출	21,100	31,554	42,893	59,045	71,403	225,995
영업이익	2,591	4,502	4,405	7,161	4,248	22,906
순이익	2,593	3,048	3,177	4,006	1,949	12,180
매출원천자산	(9,616)	(19,072)	(24,171)	(34,142)	(43,731)	(34,115)
고정자산	(3,768)	(7,924)	(17,284)	(33,273)	(35,362)	(31,594)
목적사업 포지션	(13,384)	(26,996)	(41,456)	(67,415)	(79,093)	(53,530)
무형자산	(3,768)	(7,924)	(8,541)	(9,798)	(10,166)	(6,399)
비목적 사업자산	(1,055)	632	(2,763)	(6,485)	(7,829)	(6,773)
자본	13,562	16,509	19,686	43,918	58,867	33,125
비목적 사업포지션	8,739	9,217	8,382	27,635	40,872	19,953
사업포지션	(4,645)	(17,778)	(33,073)	(39,780)	(38,221)	(33,577)
현금	(5,868)	(6,843)	(5,626)	(10,476)	(9,634)	(3,766)
재무포지션	(10,513)	(24,621)	(38,699)	(50,256)	(47,856)	(37,342)
총부채	10,513	24,621	38,699	50,256	47,856	37,342
차입금	7,980	21,411	35,845	46,122	43,069	35,089

차입금/총부채	76%	87%	93%	92%	90%	94%
총자산	(24,075)	(41,130)	(58,385)	(94,174)	(106,722)	(82,647)

최근 4년 간 순이익 122억 원에도 불구하고 FCF(True Profitability)는 (-)535억 원이다.

무형자산과 비목적사업의 투자에 130억 원을 지출하여 부족한 현금을 증자대금 331억 원으로 일부 충당하고, 추가로 부족한 현금과 현금유동성을 부채 373억 원으로 충당하고 있는 전형적인 분식회계 사기기업임을 한순간에 알 수 있다.

4년 간 부족한 현금을 위해 부채 373억 원을 조달함에 있어 차입금이 351억 원이었다. 금융기관은 눈감고 대출을 집행하여 온 것이다.

2016년 말 현재 총 부채는 479억 원이고 차입금이 431억 원이다.

결산	FY13	FY14	FY15	FY16	4년 성과
목적사업	(10,564)	(11,283)	(21,953)	(9,729)	(53,530)
자본	(100)	0	20,225	13,000	33,125
차입금	13,430	14,434	10,277	(3,053)	35,089

목적사업의 성과를 연간으로 보면 2013년 (-)106억 원, 2014년 (-)113억 원, 2015년 (-)220억 원, 2016년 (-)97억 원을 차입과 자본금 증자로 거의 충당하여 왔다.

2016년 말 현재 주주는 56%가 금융기관이다. 신용보증기금을 위시해서 기업은행, 미래에셋대우증권, NH투자증권, 신한캐피탈 등이다.

10

전술회계 기업

삼성바이오로직스

2012년 설립 이후부터 2017년 3분기까지의 재무제표로 삼성바이오로직스를 살펴보자. 삼성바이오로직스는 삼성Bioepis에서 발생된 현금흐름이 없는 평가이익을 IFRS 포괄이익으로 전환하여 아래의 표에서 보듯이 삼성바이오로직스의 실체를 보다 쉽게 파악할 수 있도록 하였다. 2013년 이후부터 현금흐름으로 분석해 보면:

삼성바이오로직스(주) 별도재무제표 단위: 10억

FY	FY12	FY13	FY14	FY15	FY16	FY17 3Q	FY13~17 3Q	YTD FY17
매출		0	105	91	294	298	788	298
영업이익		(64)	(119)	(203)	(30)	15	(401)	15
순이익		(62)	(99)	(818)	(176)	(87)	(1,242)	(87)
매출원천자산	(2)	(22)	(121)	(158)	(244)	(276)	(274)	(32)
고정자산	(250)	(340)	(761)	(890)	(1,090)	(1,415)	(1,165)	(325)
목적사업자산	(253)	(362)	(882)	(1,048)	(1,334)	(1,691)	(2,680)	(443)
포괄(손)익		0	11	2,714	0	(4)	2,721	(4)
무형자산	(4)	(4)	(312)	(14)	(14)	(16)	(12)	(2)

비목적사업	(4)	(7)	(12)	(27)	(41)	(42)	(38)	(1)
관계사투자	(204)	(280)	(54)	(4,837)	(4,944)	(5,043)	(4,839)	(99)
자본	460	469	631	2,774	4,082	3,991	2,052	0
비목적사업 포지션	248	178	253	(2,104)	(917)	(1,111)	(117)	(106)
사업포지션	(5)	(184)	(628)	(3,152)	(2,251)	(2,801)	(2,797)	(550)
현금	(72)	(21)	(96)	(34)	(1,200)	(316)	(244)	884
재무포지션	(77)	(205)	(724)	(3,186)	(3,451)	(3,117)	(3,041)	334

5년 간 FCF는 (-)2조6800억, 유상증자로 2조520억 원을 조달하고, IFRS 2.7조 원의 포괄이익과 관계사(삼성Bioepis) 투자를 상쇄한 비목적사업의 현금흐름은 (-)1170억 원이다. (-)FCF와 합산한 사업현금흐름은 (-)2조7970억 원이다.

현금자산 증가 (-)2440억 원을 감안한 최종 재무흐름은 (-)3조410억 원이다.

FY	FY12	FY13	FY14	FY15	FY16	FY17 3Q	FY13~17 3Q.	YTD FY17
총부채	77	205	724	3,186	3,451	3,117	3,040	(334)
사업부채	33	82	249	2,504	2,553	709	676	(24)
바이오젠옵션부채				1,820	1,820	1,820	1,820	0
차입금	44	123	475	682	898	588	544	(310)
차입금/총부채	57%	60%	66%	21%	26%	19%	18%	
총자산	(538)	(677)	(1,355)	(5,960)	(7,533)	(7,108)	(6,570)	425

3조410억 원을 부채로 충당하고 있다. 바이오젠의 권리행사권 49.9%의 금융부채는 5440억이다. 바이오젠 부채를 제외한 순수 사업부채는 6760억 증가하였다.

2015년 급증한 관계사투자(삼성Bioepis)의 (-)4조8370억 원은 삼성바이오이로직스가 자본금으로 전입한 평가이익 2조7230억과 바이오젠 금융부채 1조8200억 원으로 구성되어 있다.

KPMG의 IFRS 컨설팅에 의하여 4조8천억으로 평가된 삼성Bioepis는 2012년 삼성바이오로직스와 바이오젠이 각각 2805억 원(85%), 495억 원(15%)을 출자해 설립하였다. 2017년 현재 바이오젠이 증자에 불참한 결과, 삼성바이오로직스의 지분은 94.61%으로 높아졌다. 바이오젠은 삼성Bioepis 지분을 최대 49.9%까지 확보할 수 있는 콜옵션을 가지고 있다. 행사 만기는 2018년 말까지이다.

감사보고서는 주석에 이 부분을 다음과 같이 기술하고 있다.

당사는 2012년 중 바이오시밀러 개발 및 상업화를 위하여 미국 Biogen Therapeutics Inc.과 합작법인인 삼성Bioepis㈜를 설립하였습니다. 당사는 2015년 이전까지 삼성Bioepis㈜를 당사의 종속기업으로 분류하였으나, Biogen Therapeutics Inc.가 보유한 삼성 Bioepis㈜에 대한 잠재적 의결권이 실질적인 권리에 해당되고, 해당 약정으로 인해 관련활동을 일방적으로 통제할 수 없어 당사는 2015년 중 삼성Bioepis㈜를 종속기업에서 제외하였습니다. 다만, Biogen Therapeutics Inc.가 옵션만기일(2018년 내)까지 옵션을 행사하지 않을 경우 지배력에 대한 판단은 달라질 수 있습니다.

삼성바이오로직스가 평가이익 2.7조 원을 자본금으로 전입시킨 삼성Bioepis는 2012년 이후 2016년까지 결손 4136억 원, FCF (-)1조2천억, 유상증자로 6천억 원을 충당하고 약 6천억은 부채로 충당하고 있다. 남아있는 자본금은 3830억 원이다. 매년 삼성바이오로직스의 돈으로 지탱하고 있다.

2017년 3분기 현금흐름 성과

순결손 870억 원, FCF는 (-)4430억 원, 삼성Bioepis 추가 지원한 (-)990억 원을 포함한 비목적사업의 현금흐름은 (-)1060억 원이다. FCF와 합산한 현금흐름은 (-)5500억 원이다. 2016년 상장으로 유입된 현금 1.5조 원에서 남은 현금은 (-)1조2천억 원에서 3분기까지 8840억 원을 감소시켜 사업의 마이너스 현금흐름 5500억 원 및 부채 3340억 원(차입금 3100억)을 축소하고 있다.

재무개선의 실체는 FCF가 아닌 유상증자로 조달한 현금이다.

삼성바이오로직스 손실 FCF 추이

2017년 3분기 누적매출은 298억 원, 영업이익은 150억 원, 손실 870억 원을 기록하고 있다. 2012년 이후, 누적 기준 매출 7880억 원, 영업손실 4010억 원, 순손실 1조1800억 원이다. 2015년에 손실이 8천억으로 급증한 배경은 IFRS로 회계기준을 전환, 삼성Bioepis의 가치를 4조5천억 원으로 평가하여 발생한 이익을 기타이익으로 순이익에 합산함으로써 발생한 법인세 비용 5830억 원(차입으로 조달한 현금으로 납부) 때문이었다. 고정자산에 소요되는 현금으로 FCF 적자가 지속된다면 현재 현금유동은 고갈되어 추가 주식공모나 차입으로 현금을 조달하여야 한다.

삼성바이오로직스 미래가치

2017년 삼성바이오로직스 종가 기준 시가총액 24조5470억은 총자본금 3조9910억에서 삼성Bioepis 평가이익 2조7230억을 차감한 장부가치는 1.3조이다. 시가총액에서 장부가치를 제한 삼성바이오로직스의 미래가치는 23조2천억 원이다.

한편, 바이오젠 시가총액은 675.4억 불(약 73조)이다. 장부가는 158.25억 불로 미래가치는 571.1억 불(약 62조)로 삼성바이오로직스 대비 약 38조 원 또는 2.6배가 많다. 바이오젠 3분기의 순이익 28.3억 불로 미래가치 62조가 현실화되는 기간을 환산해보면 약 14년이 소요된다.

바오젠의 미래가치 14년으로 역산하면 삼성바이오로직스는 연 1조6천억의 순이익을 시현하여야 한다.

바이오젠(NASDAQ: BIIB)은 첫 생산품인 인터페론 알파를 출시한 다국적 바이오기술기업이다. 수많은 바이오제품군과 임상실험을 진행하고 있는 세계3위 바이오기술기업이다. 화학 및 DNA 노벨수상자가 2명 배출된 기업이기도 하다.

삼성바이오로직스 미래가치 23조2천억을 바이오젠의 14년으로 환산하면 연간 순이익 1조6570억 원을 시현하여야 하는 가격이다.

세계 최대 규모라는 CMO(contract manufacturing organization) 제3공장은 지난 2015년 12월 건설하기 시작하였다. 제3공장의 준공으로 추가 CAPEX에 의한 부정적인 FCF가 긍정적으로 전환될 가능성에 무게를 두고 주가가 상승세를 이어가고 있다. 참고로 제3공장은 지상 4층 규모로 연면적 11만8618㎡에 이르며 연간 18만ℓ의 바이오 의약품을 생산할 수 있다고 한다. 2018년에 3공장이 완공되어 36.2만리터 규모의 동물세포 배양설비를 확보하게 되면 생산설비 기준 세계 1위의 바이오CMO 업체로 부상할 전망이라고도 한다.

2020년 후반에 본격적인 생산에 들어갈 계획이라고 언론은 보도하고 있다. 본격적으로 매출이 가능한 시기는 2021년 이후로 보인다.

삼성바이오로직스 당면과제

매년 1천억 원에 달하는 당기 손실과 자회사 삼성Bioepis 결손 1천억을 축소하는 경영이 우선되어야 한다. 특히, 삼성Bioepis는 연간 FCF (‑)3천억 원에도 불구하고 바이오젠의 옵션만기일 2018년 이전에 유가증권 시장에 상장시켜 시가총액을 5조 원 이상 조성해야만 하는 위기상황이다. 바이오젠의 옵션행사가 무산되면 삼성바이오로직스는 금융부채로 처리해놓은 1조8200억 원을 추가로 조달하거나 IFRS로 평가한 자회사 가치를 3조2천억 원으로 감소하거나 또는 주식을 시장에 내다 팔아야 한다. 높은 값에 주식을 팔기 위해서는 옵션 만기일까지 주가를 부양하여야 한다.

삼성바이오에피스 설립이후 2016년까지의 재무성과

삼성바이오에피스   단위: 백만 원

FY	FY12 <1기>	FY13	FY14	FY15	FY16 <5기>	5년 성과
매출	0	44	76	24	147	291
영업이익	(44)	(82)	(25)	(161)	(99)	(411)
순이익	(39)	(78)	(24)	(167)	(106)	(414)
매출원천자산	(2)	(2)	(15)	(92)	(272)	(271)
고정자산	(34)	(37)	(66)	(71)	(76)	(42)
무형자산	(41)	(129)	(262)	(440)	(480)	(440)
목적사업포지션	(77)	(169)	(342)	(603)	(829)	(1,166)
포괄(손)익	(0)	(0)	(1)	(3)	(1)	(6)

비목적사업	(26)	(5)	(88)	(16)	(39)	(13)
관계사투자	0	0	(0)	(0)	0	0
자본	200	212	368	291	383	602
비목적사업포지션	134	78	18	(166)	(343)	582
사업포지션	98	38	(63)	(328)	(486)	(583)
현금	(134)	(83)	(46)	(35)	(177)	(43)
재무포지션	(36)	(45)	(109)	(364)	(663)	(627)
총부채	36	45	109	364	663	627
차입금	0	0	20	150	302	302
차입금/총부채	0%	0%	19%	41%	46%	48%
총자산	(236)	(257)	(477)	(654)	(1,045)	(809)
자본변동		89,955	180,623	92,033	199,903	562,514

　누적결손 3740억 원 FCF 1조1267억 원을 삼성바이오로직스에서 조달한 유상증자로 5625억 원을 조달하고 현금자산 확보 432억 원을 포함하여 총 6264억을 부채로 조달하고 있다. 2016년 말 현재 차입금은 3022억 원이다.

　바이오젠은 삼성Bioepis에 바이오시밀러 기술(protein engineering, cell line development, and recombinant biologics manufacturing)을 제공하면서 합작한 목적은 대규모 유럽, 미국시장이 아닌 에머징 시장(Emerging Market)에 참여하기 위한 것이라고 한 것을 감안하면 옵션행사가 어려울 수도 있을 것으로 보인다.

큐렉소

큐렉소는 시가총액 2979억의 코스닥 순위 175위인 기업이다. 현재 1대 주주는 한국야쿠르트, 2대 주주는 현대중공업(의료용 로봇사업 R&D 현물투자)이다.

목적사업은 로보닥(ROBODOC)과 팜유, 치커리식이섬유(chicory fiber)와 냉동가당난황 등을 수입해 판매한다. 2016년 식품사업의 영업이익은 20억, 의료기기사업의 영업손실은 425억 원이다. 매출의 97%를 차지하는 식품수입사업이 의료로봇사업을 지원하는 구조로 보인다.

한국야쿠르트는 의료로봇사업이 핵심인 큐렉소와 씽크서지컬에 2천억 원을 투자하였으나 지속된 적자로 인해 지분법 손실로 고전하고 있는 상황이다. 씽크서지컬은 지분 48%를 가진 큐렉소의 종속기업이었으나 2016년 말 지분이 48%에서 33%로 하락하면서 종속기업에서 제외되었다. 이로 인한 중단사업의 이익을 순이익에 포함, 지분법이익을 자본에 유입시켜 재무제표를 혼란시키고 있다.

한국야쿠르트가 투자한 큐렉소의 2011년부터 2016년까지 5년 간 별도재무제표 성과를 보자.

단위: 백만	FY 2011	FY 2016	5Y 현금흐름
매출	8,030	30,060	141,248
영업이익	(1,789)	(40,388)	(44,185)
순이익	(64)	(1,374)	(9,566)
매출원천자산	(15,968)	(13,014)	2,954
고정자산	(580)	(624)	(44)
목적사업포지션	(16,548)	(13,638)	(6,656)
포괄(손)익	33	(47)	(180)

무형자산	(6,748)	(2,016)	4,732
비목적사업자산	(6,027)	(3,013)	3,014
관계사 지분투자	(5,388)	(56,119)	(50,731)
자본	47,699	73,080	35,127
비목적사업 포지션	29,536	11,932	(8,038)
사업포지션	12,988	(1,706)	(14,694)
현금	(38,436)	(3,460)	34,976
재무포지션	(25,448)	(5,166)	20,282
총부채	25,448	5,166	(20,282)
차입금	23,804	3,000	(20,804)
차입금/총부채	94%	58%	103%
총자산	(73,147)	(78,246)	(5,099)

큐렉소는 5년 간 누적 영업손실이 442억 원이었음에도 불구하고
순손실이 96억 원을 보인다. 차이인 346억은 2016년 종속기업에서 제
외하면서 중단이익 449억을 기타수익으로 분류해 순손실을 감소시
켰다.

큐렉소는 마이너스 FCF 67억 원과 관계사투자로 발생된 마이너스
80억 원을 합한 (-)147억 원을 현금유동성에서 350억 원을 축소하여
203억 원의 부채를 감축하였다.

종속기업 제외로 발생한 전술회계 449억(?), 222억(?)

관계사 지분투자 잔액 561억 원은 씽크서지컬에 투자한 것이다. 서
지컬은 2016년에 매출 8억 원, 466억 원 손실, 총자산 380억 원을 부
채와 자본 338억 원으로 충당하고 있다. 449억 원의 중단사업이익의
실체가 씽크서지컬의 투자손실 466억 원으로 연결된다. 관계사투자

561억 원은 씽크서지컬의 자본잔액 338억 원보다 128억 원이나 많다. 종속기업에서 관계사로 전환한 지분 33.28%를 씽크서지칼의 자본총계인 338억 원에 대입하면 112억 원이 된다. 449억 원 차이가 난다. 이는 2016년 관계사투자 561억에서 112억 원을 차감한 449억 원을 중단이익으로 늘려놓고 동시에 222억 원의 자본을 증가시킨 결과이다. 최근 9개월 큐렉소의 성과(FY 2017 YTD 3Q)이다.

단위: 백만	FY 2016	1Q	2Q	3Q	YTD
매출	30,060	7,532	8,523	8,449	24,504
영업이익	(40,388)	(235)	267	46	78
순이익	(1,374)	(5,064)	(3,708)	(3,934)	(12,706)
매출원 천자산	(13,014)	(13,920)	(13,800)	(13,853)	(839)
고정자산	(624)	(809)	(936)	(1,163)	(539)
목적사업 포지션	(13,638)	(14,729)	(14,736)	(15,016)	(14,084)
포괄(손)익	(47)	0	(483)	(8)	(491)
무형자산	(2,016)	(2,142)	(2,127)	(12,980)	(10,964)
비목적사업자산	(3,013)	(3,048)	(3,253)	(3,265)	(252)
관계사 지분투자	(56,119)	(50,202)	(46,863)	(42,889)	13,230
자본	73,080	66,915	63,825	74,666	14,783
비목적사업포지션	11,932	11,523	11,582	15,532	16,306
사업포지션	(1,706)	(3,206)	(3,154)	516	2,222
현금	(3,460)	(2,402)	(1,887)	(6,395)	(2,935)
재무포지션	(5,166)	(5,608)	(5,041)	(5,879)	(713)
총부채	5,166	5,608	5,041	5,879	713
차입금	3,000	3,000	3,000	3,000	0
차입금/총부채	58%	54%	60%	51%	0
총자산	(78,246)	(72,523)	(68,866)	(80,545)	(2,299)

지분투자손실(129억)을 관계사 지분 축소(132억)로 상쇄하고 있다. 2016년과는 정반대 현상이다. 영업손실(404억)에서 영업이익(78억)으로 선환되었다.

증가한 무형자산 110억 원은 현대중공업 의료용 로봇사업부문(부채를 제외한 R&D인력, 보행재활로봇, 환자이송로봇, 중재시술로봇, 정형외과 수술로봇 등 관련 사업부문 일체)을 양수한 것으로 현물출자로 동 금액의 자본이 증가로 나타났다.

현금흐름이 없는 지분법손실과 무형자산의 증가를 제외한 실제로 유입된 현금은 22억 원이다. 22억 원의 실체는 기타자본변동(자사주 매도?)이다.

서지컬 지분투자 429억 원에서 실제 112억을 빼면 317억 원의 차이가 난다. 317억 원을 자본 747억 원에서 차감하면 실제 자본총액은 430억 원이 된다. 이를 호도하기 위해 전술회계로 혼란을 초래한 것이다. 이는 실제 자본 430억 원보다 337억 원(78%)이 부풀려졌다.

또 다른 회계의혹을 살펴보자. 감사보고서 신성회계법인 감사의견 '회사의 주석33에 기술되어 있는 바와 같이 회사는 당기 중 종속기업이었던 Think Surgical, Inc.가 2016년 12월 9일 실시한 유상증자로 인해 지분율이 하락하는 등 해당기업에 대한 실질적 지배력 상실로 인해 종속기업에서 제외하였습니다.'

2015년 재무제표를 수정하면서 2016년 12월 종속기업에서 제외하였던 관계사투자 지분을 제로로 만들었다.

	수정전	수정후	차이
단위: 백만	FY 2015	FY 2015	
매출	27,842	27,530	(312)
영업이익	621	(24,632)	(25,253)
순이익	222	(25,017)	(25,239)
매출원천자산	(13,984)	(23,001)	(9,017)
고정자산	(752)	(3,464)	(2,712)
목적사업포지션	(14,736)	(26,465)	(36,968)
포괄(손)익	(17)	2,580	2,580
무형자산	(5,014)	(12,038)	(7,024)
비목적사업자산	(1,893)	(1,875)	18
관계사 지분투자	(36,748)	0	36,748
자본	58,750	52,187	16,096
비목적사업포지션	15,095	38,274	48,418
사업포지션	359	11,809	11,450
현금	(4,574)	(18,248)	(13,674)
재무포지션	(4,215)	(6,438)	(2,223)
총부채	4,215	6,438	2,223
차입금	3,000	3,000	
차입금/총부채	71%	47%	
총자산	(62,965)	(58,625)	4,340

367억 원의 관계사 투자잔액을 0으로 만들고 무형자산으로 이동시키면서 영업이익 6억 원이 영업손실 246억 원으로 전환되었다. 매출원천자산은 90억 원, 고정자산 27억 원이 증가한 결과, 추가 (-) FCF 369억 원이 발생하였다. 이는 관계사투자를 완전히 제거하면서 발생한 367억 원과 일치한다.

기업의 실체를 파악하기 어렵게 전술회계(회계원칙을 어기지 않고 재무제표를 마사지 하는 행위)로 얼룩진 큐렉소의 재무제표를 읽어보았다.

영업손실을 납능과 급락으로 투자자를 혼란시키는 전술회계의 숨은 의도가 무엇인지 알 수 없으나 혼란의 실체는 씽크서지컬이다.

큐렉소의 로봇사업의 기계와 설비 잔액은 2억 원에 불과하여 제품매출로 표시하고 로봇을 생산하는 시설로 볼 수 없다. 씽크서지컬에서 로봇을 공급받아서 매출을 일으킨다면 상품매출로 표시해야 한다. 대규모의 영업손실과 중단사업이익으로 수정재무제표를 만든 것으로 보아 서지컬이 로봇을 생산하고 큐렉소가 판매하는 사업구조로 전환하려는 것으로도 보인다.

큐렉소가 3분기 현재 보유하고 있는 현금은 64억 원에 불과하다. 이는 유상증자 없이는 사업확장이 불가능한 상황으로 보인다. 유상증자에 대비한 전술회계인지 알 수는 없다.

한편, 2017년 4월 26일 공시한 감사보고서 아래 감사의견(2) 표명 후, 큐렉소 주가는 널뛰기를 거듭하고 있다.

감사의견(2) 보고기간 후 사건

'회사의 주석34에 기술되어 있는 바와 같이 회사는 보고기간 후인 2017년 3월 13일 이사회 결의에 의거하여 현대중공업(주)의 '의료용 로봇사업부문(부채를 제외한 R&D인력, 보행재활로봇, 환자이송로봇, 중재시술로봇, 정형외과 수술로봇 등 관련 사업부문 일체)'를 영업양수하기로 하였습니다. 영업양수는 현물출자 방식으로 진행하며 2017년 4월 27일 개최되는 회사의 임시 주주총회에서 승인을 얻은 후 제3자 배정으로 유상증자를 실시할 예정입니다. 로봇사업부문 양수가액은 11,100백만 원으로 예상되며 영업양수 예정 종료일은 2017년 5월 31일입니다.'

공시 후, 2017년 초 주당 5090원 하던 주식가격이 3월 중순부터 6천 원 대로 20% 상승하였고, 9월 19일에는 1만7650원으로 무려 247%가 오른 후, 이후 하락을 이어오다 현재 42% 하락한 1만300원에 머물고 있다. 그러나 연초에 비해 163%의 주가 상승을 기록하고 있는 상황이다.

에이블씨앤씨

에이블씨앤씨가 1천억 원의 유상증자가 필요한 이유는?

중저가 화장품 브랜드 미샤로 잘 알려진 에이블씨앤씨는 2017년 9월 유상증자로 1089억 원을 조달하여 자체자금 1200억 원과 합해 총 2289억 원을 사업확장에 쓰겠다고 하자, 미래에셋은 기존 주주들의 권리보호를 위해 에이블씨앤씨를 상대로 '신주발행유지 가처분 소송'을 제기하였다. 그러나 법원은 11월 10일 이를 기각하였다.

최대주주(서영필 대표이사)가 지분매각을 공시한 4월 21일 이후 현재 주가는 무려 34% 하락하였고, 미래에셋 소송일 10월 13일 기준으로는 45% 하락하기도 하였다. 바뀐 대주주 ㈜리프앤바인은 아이엠프라이빗에쿼티㈜에 속한 계열회사로 아이엠프라이빗에쿼티는 현재 상장사 에이블씨앤씨를 포함하여 총 3개사, 비상장사는 48개사를 거느리고 있다. 5분 재무제표로 에이블씨앤씨의 실체를 상장 이후 올해 3분까지의 성과로 들여다보자.

에이블씨앤씨 연결재무					단위: 벽만 원
회계법인	삼일	성지	성지	FY17	CF
결산일	FY04	FY15	FY16	3Q	FY05~3Q17
매출	111,422	407,879	434,555	279,628	3,620,246
영업이익	19,655	17,697	24,301	8,085	210,643
순이익	14,703	15,591	18,016	7,135	166,786
매출원천자산	(12,324)	(68,969)	(79,959)	(73,828)	(61,504)
고정자산	(5,740)	(20,901)	(19,112)	(19,362)	(13,622)
목적사업 포지션	(18,064)	(89,870)	(99,071)	(92,939)	91,660
포괄(손)익	(44)	(4)	(1,047)	(106)	(3,183)
무형자산	(4,046)	(2,964)	(2,920)	(2,619)	1,427
비목적사업	(3,939)	(128,605)	(129,764)	(131,778)	(127,839)
관계사투자	(948)	0	0	0	948
자본	27,119	185,425	198,109	199,342	8,620
비목적사업 포지션	18,186	53,856	65,425	64,945	(120,027)
사업포지션	122	(36,014)	(33,646)	(28,247)	(28,369)
현금	(32,699)	(27,153)	(46,103)	(18,206)	14,493
재무포지션	(32,577)	(63,167)	(79,749)	(46,452)	(13,875)
총부채	32,577	63,167	79,749	46,452	13,875
차입금	2,362	1,748	1,886	0	(2,362)
차입금/총부채	7%	3%	2%	4%	
총자산	(59,696)	(248,592)	(277,858)	(245,792)	(186,098)

　상장 이후 현금흐름으로 분석하여 보면 FCF (+)916억 원에도 불구, 비목적사업에서 배당 후 유상증자로 유입한 현금 86억 원은 비목적사업에 1278억 원이 초과 지출되어 (-)1200억의 순현금 부족이 발생하여 사업의 재무포지션은 마이너스 283억 원을 기록하고 있다. 현금자산 145억 원을 감소시켜 부채는 139억 원이 증가하였다. 차입금은 모두 상환되어 3분기 현재 0이다.

　2017년 3분기의 재무구조로 보면 유상증자로 추가로 현금을 조달할 이유는 없어 보인다. 비목적사업자산에 투자한 자산을 현금으로 전환해 사업을 확장한다면 추가로 유상증자를 통해 현금조달이 필요 없기 때문이다. 유상증자를 통해 주가하락을 부추기는 이유를 알 수 없다. 창업주 서영필 전 대표이사는 주식 431만3730주를 1882억 원에 양도하였다고 언론에서 보도된 바가 있다.

9개월의 성과 표이다.

에이블씨앤씨 연결재무			단위: 벡만 원
회계법인	성지	FY17	CF
결산일	FY16	3Q	3Q17 YTD
매출	434,555	279,628	
영업이익	24,301	8,085	
순이익	18,016	7,135	7,135
매출원천자산	(79,959)	(73,828)	6,131
고정자산	(19,112)	(19,362)	(250)
목적사업포지션	(99,071)	(92,939)	13,016
포괄(손)익	(1,047)	(106)	(106)
무형자산	(2,920)	(2,619)	301
비목적사업	(129,764)	(131,778)	(2,014)
관계사투자	0	0	0
자본	198,109	199,342	(5,796)
비목적사업포지션	65,425	64,945	(7,615)
사업포지션	(33,646)	(28,247)	5,399
현금	(46,103)	(18,206)	27,897
재무포지션	(79,749)	(46,452)	33,297
총부채	79,749	46,452	(33,297)
차입금	1,886	0	(1,886)
차입금/총부채	2%	0%	
총자산	(277,858)	(245,792)	32,064

FCF로 조달한 130억으로 배당과 비목적사업자산을 늘려 76억을 사용하고 남은 54억 원과 현금유동성 288억 원을 줄여 부채 333억이 감소되었다. 부채가 감소한 과목은 외상매입금이다.

비목적사업자산을 차지하는 대부분이 단기금융자산 917억과 만기 보유금융자산 308억 원 등 총 1225억 원이라고 감사보고서 주석에 기록되어있다.

단기금융자산 917억 원은 대여금 및 수취채권이라고 되어 있다. 비목적사업자산의 급증(472억 원)은 에이블씨엔씨 사상 최고의 순이익 420억을 기록한 2012년부터이다.

투자자 불신은 단기금융자산 917억 원에 있는 것으로 보인다. 단기금융자산 917억 원을 대여금 및 수취채권이라고 주석에 기록하고 있다. 외부회계감사 '회계법인 성지'는 현금 및 현금성자산도 대여금(Loans) 및 수취채권(Receivables)으로 주석에 기재하고 있다. 단기금융자산 917억이 대여금이라면 그 상대처와 만기일, 이자율 등이 기재되어 있어야 한다. 손익계산서에 이자수입이 명시되어 있어야 한다.

특히 최고경영자는 회수 가능성에 대한 신용리스크를 명시하여 투자자를 보호하는 것이 도리이다. 대여금 917억 원은 에이블씨엔씨 코스닥 입성 후 이룩한 FCF(Free Cash Flows) 917억 원과 일치한다. 회수 가능성에 의혹을 더하는 장면이다. 회수가 불가능하다면 유상증자 없이는 사업확장이 불가능하다.

1200억 원의 현금자산을 보유하고 있으면서 투자자의 불신에도 불구하고 유상증자로 1100억 원의 현금을 추가로 조달하겠다는 PE의 의도는 어디에 있는 것일까?

조달한 현금으로 비상장 계열사를 에이블씨엔씨의 자회사에 넘겨 PE 유동성을 확보하겠다는 것인가?

유증 의혹의 핵심은 금융자산 917억 원이 관계사 부실 대여금으로 추정된다. 실체가 없는 자산은 손실이다.

11

위기에 놓인 기업

삼성엔지니어링

5분 재무제표를 보면 삼성엔지니어링은 2011년부터 대규모 부실을 예고하고 있었다.

2015년 3분기 1.4조 원의 분기손실을 발표하여 금융시장을 놀라게 한 삼성엔지니어링에 국민연금은 2016년 9월 8일 5.08%의 지분(시가 총액기준 1100억 원)을 취득하였다고 공시하였다. 이어 2017년 1월 10일 에 지분을 추가로 취득하여 6.04%로 늘렸다. 삼성SDI 11.69%, 삼성 물산 6.97%에 이어 3대 주주로 등극하게 되었다. 금융감독원 전자공 시시스템에 따르면 국민연금은 2017년 2월 16일 삼성엔지니어링의 주 식 417만8천여 주를 추가 매수했다고 공시했다. 이에 따라 국민연금 의 삼성엔지니어링 지분율은 종전 6.04%에서 8.17%로 2.13%포인트 상승했다.

국민연금은 삼성엔지니어링이 천문학적인 손실을 털고 앞으로 턴어 라운드가 가능할 것으로 판단한 것 같다. 투자부적격 기업에 국민연 금이 대규모로 지분을 투자한 배경에 관심이 높을 수밖에 없다.

플랜트산업으로 특화되어 있는 삼성엔지니어링은 선수금으로 목적 사업을 영위하는 재무적 특성을 가지고 있다. 즉, 목적사업에 지출하는 현금원천이 사업부채의 선수금이다. 따라서 차입금으로 현금을 조달할 필요가 없다. 이는 거대한 고정자산을 요하는 점을 제외하고는 조선산업의 재무적 특성과 매우 유사하다. 매출수익(자본계정)을 장부에 게리하는 시점에서 같은 금액이 선수금(부채계정)에서 차감된다. 그럼에도 불구하고 차입금이 증가한다면 사업의 핵심리스크인 매출원천자산에서 부실이 늘어났기 때문이라고 보면 된다.

삼성엔지니어링이 2015년 4분기에 대규모 결손이 발생하기까지의 재무히스토리를 현금자산과 차입부채의 관계를 차트로 만들어 보면 사업의 부실여부를 쉽게 알아 볼 수 있다.

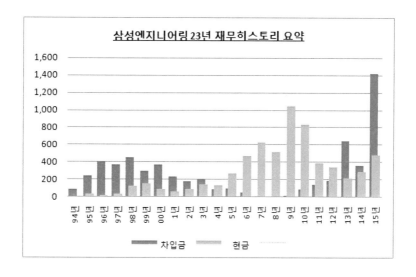

2015년 대규모 결손과 함께 차입금이 1.4조 원으로 기하급수적으로 늘어났다. 현금유동성은 2009년 1조450억 원에서 감소하기 시작

하여 급격히 감소하면서 2011년에는 3900억 원이 되었다. 2년 동안 무려 6550억 원의 현금이 감소하면서 대신 차입금이 증가하고 있다. 이후 지속적으로 차입금이 증가하면서 2013년에는 6480억 원, 2015년에는 1조4160억 원으로 증가하였다. 현금이 고갈되면서 대신 차입금이 늘어난 것이다.

현금유동성에 위기가 온 이유를 순이익과 이익잉여현금흐름(Free Cash Flow) 히스토리로 알아보자.

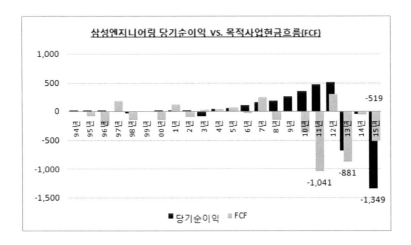

94년부터 2005년까지는 순이익의 성과가 거의 없는 B/E(손익분기점) 경영에 일관해 오다가 2006년부터 가시적인 성과를 올리기 시작하게 되었다. 2010년 순이익 3520억 원, 2011년 4750억 원, 2012년 5100억 원으로 3년 연속 어닝서프라이즈(earning surprise)를 기록하였다. 업계에 떠오르는 스타(Rising Star)가 된 것이다.

그러나 어닝서프라이즈와는 달리 Free Cash Flows는 정반대 방향으로 달려가고 있었다. FCF는 2010년에 (-)3730억 원, 2011년에 (-)1

조410억 원이었다. 어마어마한 마이너스 수지로 실제 현금흐름이 없는 장부상 이익으로 어닝서프라이즈를 구사하여 왔던 것이다. 2011년 결산 이후, 2012년 어닝서프라이즈를 구실로 AA-의 최고 신용등급을 매입(부의 현금흐름 대비전략)하였다.

삼성엔지니어링의 22년 재무 히스토리와 2016년 3분기의 성과를 5분 재무제표로 알아보자.

단위: 십억 원	94년~2015년 22년		FY16			
FY	FY15	CF	1Q16	2Q16	3Q16	CF
매출	4,922	64,222	1,099	1,609	1,288	3,996
영업이익	(1,136)	1,661	(29)	83	38	92
순이익	(1,349)	38	4	81	64	149
매출원천자산	(2,377)	(2,221)	(2,335)	(2,370)	(2,480)	(103)
고정자산	(648)	(635)	(638)	(628)	(630)	18
목적사업 포지션	(3,026)	(2,818)	(2,974)	(2,999)	(3,110)	64
포괄(손)익	75	103	5	(1)	(1)	3
무형자산	(48)	(48)	(45)	(107)	(99)	(51)
비목적사업 자산	(1,044)	(955)	(1,113)	(1,117)	(1,107)	(63)
관계사투자	(16)	(16)	(38)	(18)	(18)	(2)
자본	(431)	(619)	925	1,004	1,066	1,345
비목적사업 포지션	(1,540)	(1,535)	(273)	(238)	(158)	1,232
사업포지션	(4,566)	(4,353)	(3,248)	(3,238)	(3,269)	1,296
현금	(481)	(476)	(455)	(364)	(360)	121
재무포지션	(5,047)	(4,829)	(3,703)	(3,602)	(3,629)	1,417
부채	5,047	4,830	3,703	3,602	3,629	(1,417)
차입금	1,416	1,328	1,627	1,656	942	(474)
차입금/부채	28%	27%	44%	46%	26%	33%
자산	(4,618)	(4,351)	(4,629)	(4,606)	(4,696)	(80)

삼성엔지니어링이 22년 간 번 돈은 380억 원이다. 배당금으로 6190억 원을 지불하고 목적사업에서 눈덩이처럼 불어난 매출원천자산의 증가와 사옥 취득 등으로 목적사업의 잉여현금흐름은 무려 (‐)4조 3530억 원이다. 차입금 총액은 22년 동안 1조3280억 원이 불어났다. 영업이익과 순이익에서 무려 ‐1조6230억 원의 차이가 난다. 2015년 대규모 결손을 2016년 1분기에 유상증자로 1조3450억 원을 충당하여 연명하고 있다. 경영관리가 전무한 기업이었다.

3분기 누적순이익 1490억 원은 매출원천자산 증가부문의 1030억 원을 차감하면 실제 수지는 460억 원이다.

어닝서프라이즈로 2008년 말부터 주가는 39,080원에서 급등하여 2011년 6월에는 255,000원까지 올랐다. 2012년 3월까지 고가를 유지하고 있다. 이후 가파르게 하락하면서 2014년 말에는 37,900원이 되었다. 255,000원 대비 무려 85%나 하락하였다.

2011년 당시 위기 경보가 계속 울리고 있었음에도 주가는 반대로 상승행진을 거듭하고 있었다.

대한항공

유가 상승은 항공운송사업의 영업비용에 가장 큰 비중을 차지한다. 유류연료비, 최신 장비와 비행기를 위한 항공기리스료, 보험비 등은 항공기 운항에 필수적인 요소로 모두 외화로 결제가 이뤄지므로 구조적으로 환율변동의 위험이 크다.

또한 항공기 도입의 자본적 지출을 주로 금융차입금(Aircraft financing)에 의존하는 산업이기도 하다.

대한항공은 '원리금 지급능력이 우수하다고 정의한 A-'의 신용등급을 국내 평가사로부터 받아 낮은 금리의 차입금을 조달해 운용하고 있다.

대한항공			단위: 10억
결산	94년	2016년	성과
매출	3,058	11,503	180,303
영업이익	273	1,079	8,251
순이익	52	(591)	(3,129)
매출원천자산	(734)	(1,974)	(1,240)
고정자산	(3,579)	(16,266)	(12,687)
목적사업포지션	(4,313)	(18,240)	(17,057)
포괄(손)익	8	(31)	730
무형자산	(60)	(379)	(319)
비목적자산	(322)	(2,086)	(1,763)
관계사지분	(154)	(1,138)	(984)
자본	621	1,653	3,432
비목적사업포지션	85	(1,949)	1,095
사업포지션	(4,228)	(20,189)	(15,962)
현금	(117)	(864)	(746)
재무포지션	(4,345)	(21,053)	(16,708)
총부채	4,345	21,053	16,708
차입금	3,370	17,272	13,902
차입금/총부채	78%	82%	0
총자산	(4,966)	(22,706)	(17,740)

22년 누적영업이익은 8조2510억, 순손실은 3조1290억 원이다. 11조8000억의 차이가 난다. 22년 간의 지급이자는 9조4632억 원이다. 22년 긴 영업이익으로도 이자를 지급하기에도 어렵다.

1999년에 실시한 고정자산 재평가 전입액은 2조5754억 원이다. 4500억 원의 유상증자를 진행 중이며, 2016년 신종자본증권으로 유입한 자본만도 8222억 원이었다.

국내 평가사들은 신용등급을 A-에서 BBB-로 하향조정을 예고하고 있다. 자기자본으로 비목적사업에 소진해 1조9490억이 부족한 가운데 목적사업자산 18조2400억을 차입부채에 의존하고 있다.

지난 2015년 연결기준 대한항공의 영업이익 대비 목적사업의 수익률은 4.47%이다. 지급이자율은 2.07%였다.

순이익의 시현은 전술회계가 없이는 불가능한 재무상태이다. 이러한 재무구조 하에서 과거 한진해운을 지원해온 원천은 모두 차입금이었다. 2016년의 대규모 손실(한진해운 대여금 2천억 원, 지분투자 4448억 원)은 불가피한 것이었다.

워렌 버핏이 미국 4대 항공사인 아메리칸항공그룹과 델타항공, 사우스웨스트항공, 유나이티드콘티넨탈홀딩스 주식을 각각 20억달러(약 2조2800억 원) 매수하였다. 고위험산업인 항공사의 지분매입에 대한 보도가 나간 이후 당해 항공사들의 주식은 가파르게 오르고 있었다.

가치투자의 귀재인 워렌 버핏이 고위험 항공산업의 주식을 대거 매수한 배경은 목적사업의 수익률에 근거한 것으로 아래 표에 잘 나타나 있다.

구분	영업이익	목적자산 및 수익률		차입금	PBR	신용등급	EWIS
AAL	5,284	34,486	15.32%	24,344	6.38	BB-	
LUV	3,760	18,237	20.62%	7,332	4.03	Baa1	
DAL	6,952	26,572	26.16%	7,332	2.98	Baa3	
UAL	4,338	24,186	17.94%	11,759	2.57	BB-	
대한항공	1,079	18,240	5.92%	17,272	1.08	A-	BB+
아시아나	257	5,307	5.17%	4,720	0.85	BBB+	BB-

무디스, S&P **국내 평가사 등급 목적사업자산 수익률

아메리칸항공이 77년의 역사를 뒤로하고 파산을 신청한 2011년 11월 29일 당시 기록한 목적사업자산의 수익률은 1.8%였다. 채권자에 의하여 합병된 후 2015년의 수익률은 15.32%를 기록하여 안정궤도에 진입하였다. 44년 연속 22억 불의 순이익을 시현하고 있는 사우스웨스트항공의 목적사업자산 수익률은 무려 20.62%이다. 그럼에도 신용등급은 Baa1에 불과하다.

목적사업수익률로 비교해보면 대한항공과 아시아나항공이 얼마나 심각한 경영위기에 놓여있는지 알 수 있다. 그러나 국내 신용평가사로부터 대한항공은 원리금 상환능력이 우수한(??) A- 등급으로 싸게 돈을 빌려 연명하고 있다. 오랫동안 거대한 외환손실 및 관계사 지분 투자 손실을 감안하면 아직까지 경영을 지탱하고 있는 것이 신기할 따름이다.

항공산업은 수익을 내지 못하면 곧 바로 도태되는 치열한 경쟁 상태에 있다. 아메리칸항공의 파산사태가 이를 잘 보여주고 있다. 합병 후 목적사업자산의 손상규모가 무려 20억 불을 넘기도 하였다. 항공산업은 타 산업과 비교하면 엄청난 고정자산의 투자를 요하는 고위험산업이므로 신용등급이 타 산업에 비하여 엄격하여야 한다.

아시아나항공

산업은행 등 채권단이 아시아나항공에 대한 실사를 추진한다는 보도 자료가 나왔다. 아시아나항공의 빚이 과도하게 늘고 있고, 또한 수익성 역시 악화되면서 선제적으로 채권단이 대응하려는 것 같다. 실사 후 재무건전성 회복에 대한 방안을 구상하여 아시아나항공과 협의를 진행할 방침이라고 한다. 아시아나항공의 재무 건전성 회복을 위한 조치인 것으로 분석된다.

아시아나항공의 12년 간 재무제표를 가계부 현금출납부 형식으로 변환하여 읽어보자. 목적사업 성과는 한마디로 마이너스 4조8천억 원이다.

단위: 10억

FY 95~16	현금성과
매출	75,286
영업이익	2,452
순이익	(878)
매출원천자산	(665)
고정자산	(3,247)
FCF	(4,790)
포괄(손)익	267
무형자산	(8)
비목적사업자산	(1,419)
관계사투자	(302)
자본	1,319
NFCF	(144)
NCF	(4,934)
현금(증가)	(95)

재무(악화)	(5,029)
부채증가	5,029
차입금증가	3,681
차입금비중	73%
자산(증가)	(5,737)

12년 간 매출 75.3조 원, 영업이익 2.5조 원, 순손실이 0.8조 원이다. 매출원천자산(매출을 일으키기 위해 지출한 현금으로 매출채권, 재고자산, 기타수취채권으로 구성)과 고정자산(주로 항공기)에 지출되고 난 후의 목적사업의 현금흐름은 (-)4.8조 원이다.

자본조달을 통해 만들어진 현금은 비목적사업과 관계사투자에 소진하여 1440억 원의 현금이 초과 지출되어, 순 사업상의 현금흐름은 (-)4.9조 원이다. 현금자산 950억 원을 합하여 부채는 5조 원이 늘어났고 차입금은 3.7조 원이 증가된 상태이다.

2017년 상반기 결산 후 재무상태 및 현금흐름은 다음과 같다.

단위: 10억

FY	FY15	FY16	2Q 17	2Q CF
매출	5,204	5,401	2,741	2,741
영업이익	9	235	60	60
순이익	(152)	56	24	24
매출원천자산	(656)	(814)	(803)	11
고정자산	(4,315)	(4,463)	(4,520)	(57)
목적사업포지션	(4,971)	(5,277)	(5,323)	(22)
포괄(손)익	(8)	(14)	20	20
무형자산	(31)	(32)	(33)	(1)

비목적사업자산	(1,256)	(1,485)	(1,578)	(93)
관계사 지분투자	(619)	(302)	(302)	0
자본	634	726	770	(0)
비목적사업포지션	(1,271)	(1,092)	(1,143)	(75)
사업포지션	(6,242)	(6,370)	(6,467)	(96)
현금	(48)	(112)	(92)	20
재무포지션	(6,290)	(6,482)	(6,560)	(76)
총부채	6,290	6,482	6,560	78
차입금	4,945	4,980	4,891	(89)
차입금/총부채	78.6%	76.8%	74.6%	
총자산	(6,924)	(7,209)	(7,331)	(122)
목적사업수익률 영업이익/목적사업자산	0.19%	4.44%	2.25%	

2017년 상반기 분석

순이익 240억 원에도 불구하고 목적사업의 FCF는 고정자산의 증가로 인해 (-)220억 원이다. 비목적사업자산의 증가로 인해 750억 원이 지출되어 순 사업상에 발생한 현금흐름은 (-)960억 원이다. 현금유동성 200억 원을 줄여 부채가 약 780억 원이 늘어난 반면에 차입금은 890억 원이 감소하였다. 이는 차입금의 회수 혹은 언론보도에서 지적했듯이 채권자들이 추가지원에 난색을 표명했기 때문이었다는 것을 짐작할 수 있다.

재무상태

자본상태(목적사업 지원 여유)는 자기자본을 초과하여 비목적사업에 운용한 결과로 (-)1.1조 원이다. 목적사업 재무상태 (-)5.3조 원에 더하여 총 (-)6.5조 원이다. 현금유동성 920억 원을 포함하여 총 부채는 6.6조 원이다.

지속경영이 가능한 재무건전성은 일차적으로 목적사업에서 현금수익이 발생하여 부채를 줄여나갈 수 있어야 한다. 그러나 아시아나항공은 자본금 전액을 비목적사업에 초과 운용하여, 펀더멘털부터 흔들리고 있는 구조이다. 비목적사업자산은 주로 유가증권과 같은 투자자산으로 구성되었다. 상반기의 감사보고서에 의하면 비목적사업자산은 주로 다음과 같이 구성되어 있다.

단위: 10억 원

매도 가능한 금융자산	322
보증금	733
장기선급비용	296
이연법인세자산	176
투자부동산	40

투자부동산 400억 원과 매도 가능한 금융자산 3220억 원이 현금으로 전환이 가능해 보인다.

채권단은 관계사 지분투자 3020억 원을 포함하여 현금으로 전환이 가능한 자산을 모두 처분하여 자본상태를 여유상태로 전환시킬 수 있는 방안을 마련하는 것이 우선되어야 할 것 같다.

2017년 11월 27일에 만기되는 회사채 1000억 원은 채무증권 600억원을 발행(신용등급 BBB)하고, 그 차액은 현금보유고로 충당해 상환한다고 10월 25일에 공시하였다. 금리는 5.26%였다.

목적사업의 수익성

2015년 영업이익 90억 원 대비 목적사업자산 수익률은 0.19%에 불과하다. 2016년 수익률은 4.44%, 2017년 상반기는 2.25%에 불과하다. 최근 3년 간의 수익률은 차입금리 5.26%의 절반에도 미치지 못한다. 미국 항공사의 목적사업 수익률은 모두 15% 이상을 초과한다.

대우건설

대우건설은 코스피 시가총액 3조1500억 원으로 순위는 84위이다. 산업은행이 KDB밸류 제6호를 통해 대우건설 지분 50.75% 인수에 총 3조1785억 원을 투입했다. 업계에서는 현재 주식 지분가치에 경영권 프리미엄을 더해 적정 매각가로 2조 안팎으로 추산하고 있다.

산업은행이 2010년 대우건설 주식 210,931,199주를 매입하는 데 3조 원을 지불하였지만 당시의 재무제표를 읽어보면 이미 손실이 예견된 거래였음을 알 수 있다.

2000년 대우건설이 대우그룹에서 회생기업으로 분류된 이후, 2017년 2분기까지 재무성과는 흑자를 내고 있다. 아래와 같이 2001년~2007년(흑자), 2008년~2011년(적자 시작, 산은 인수), 2012년~2016년(적자폭 증가)과 현재시점인 2017년 2분기(흑자 시현)로 나누어 분석해 보자.

2001년~2007년

순이익 2조3150억 원, FCF 2조2680억 원으로 배당금 및 관계사투자 및 비목적사업자산에 8460억 원을 지출한 후, 1조4220억 원의 현금을 유입시켜 현금자산에 8600억 원을 확보하고 부채를 5600억 원(차입금 7150억) 감소시켰다. 2006년 12월 금호그룹은 흑자흐름에 고무되어 대우건설을 인수하였다.

2008년~2011년(산은 경영권 인수 시점)
순손실 2600억 원, FCF 8420억 원 적자를 기록하였다. 비목적사업자산이 무려 1조9600억이 증가하면서 유상증자를 단행했음에도 불구하고 비목적사업자산에 1조9600억 원을 지출하였다.

순유출 현금은 2조3500억 원으로 현금자산 감축 후, 부채는 1조9820억(차입금 1조8230억)이 증가하였다. 차입금증가는 비목적사업 리스크 자산 취득 1조9600억 원으로 재무상태가 악화되기 시작하였다.

2010년 12월 13일 산업은행이 대우건설 지분인수를 위해 2조2178억 원(단가 18,000원)을 지불하였고, 12월 29일에는 1조 원(단가 15,069원)을 더 추가하여 대우건설의 평균 매입가는 15,069원이 되었다.

순손실과 FCF 적자 및 비목적사업자산의 투자로 순현금흐름이 (-)2조3500억 원이 되면서 재무상태가 악화일로인 시점이었다.

현금흐름

대우건설				단위: 십억
결산	FY01~07	FY08~11	FY12~16	FY17.2Q
매출	32,373	27,424	47,292	5,669
영업이익	2,880	676	396	469
순이익	2,315	(260)	(1,093)	350
매출원천자산	(557)	(929)	340	(4)
고정자산	510	347	(185)	55
FCF	2,268	(842)	(938)	401

포괄(손)익	359	(118)	(216)	(21)
무형자산	(3)	(19)	13	0
비목적사업자산	(794)	(1,960)	(485)	51
관계사투자	(384)	(88)	39	(47)
자본	(524)	677	(37)	0
비목적사업 포지션	(846)	(1,508)	(688)	(17)
사업포지션	1,422	(2,350)	(1,626)	384
현금	(860)	367	(103)	68
재무포지션	562	(1,983)	(1,729)	452
총부채	(559)	1,982	1,729	(452)
차입금	(715)	1,823	176	(421)
총자산	(1,590)	(2,281)	(383)	123

2012년~2016년 (산은 인수 이후 현재)

순손실 1조930억 원, FCF ( )9380억 원, 비목적사업의 현금유출 6880억 원으로 순현금흐름은 ( )1조6260억 원이 발생하였다. 현금자산 1030억 원을 포함한 부채는 1조7290억(차입금 1760억)이 증가하였다.

2017년 2분기 현재 (차입금 감소 4210억 원) 순이익 3500억 원 및 FCF 4010억 원을 시현하여 순현금흐름 4520억 원을 유입시켜 부채는 4520억(차입금 4210억)이 감소되었다.

2017년 상반기 재무제표로 자산의 질을 점검하여 보자.

대우그룹에서 회생기업으로 분류된 당시와 현재의 재무제표를 비교하여 보면, 자본금은 9110억에서 2조3430억으로 늘어났다. 부채는 4조2010억에서 6조9020억으로 증가하면서 총 자산은 5조1130억에서 9조2450억으로 증가하였다. 자산의 대부분이 부채로 조달되었다.

2분기 재무제표에 의하면 자본금은 비목적사업자산에 3조3740억 원 운용되어 자본상태는 마이너스 1조5670억 원이다.

비목적사업자산 3.4조 원 중에는 리스크자산 장기 대여금 및 미수금이 약 1조 원, 이연법인세 자산 8천억 원, 총 1조8천억 원(자본금 대비 77%)이 포함되어 있다.

대우건설의 신평사의 2017년 기업신용등급은 "원리금 지급능력은 우수하지만 상위등급(AA, AAA)보다 경제여건 및 환경악화에 따른 영향을 받기 쉬운 면"이 있다는 A-이다. 하지만 5분 재무제표 23년간 실증(Empirical Validation)해온 PD등급은 투자부적격 하위인 Caa1(부도 확률 17.43%)으로 10단계의 차이가 있다.

		단위: 십억
결산	FY00	FY17-2Q
매출	28	5,669
영업이익	(1)	469
순이익	1	350
매출원천자산	(3,192)	(4,343)
고정자산	(1,037)	(311)
목적사업포지션	(4,229)	(4,654)
포괄(손)익	0	(21)
무형자산	(46)	(56)
비목적사업자산	(685)	(3,374)
관계사투자	0	(480)
자본	911	2,343
비목적사업포지션	179	(1,567)
사업포지션	(4,049)	(6,221)
현금	(152)	(680)
재무포지션	(4,201)	(6,902)

총부채	4,201	6,902
차입금	2,703	2,470
차입금/총부채	64%	36%
총자산	(5,113)	(9,245)

　5분 재무제표로 읽어 본 대우건설은 2001년 12월29일 1차 디폴트 이후, 2010년 한 해(Baa3)를 제외하고는 줄곧 투자부적격이다. 2017년 PD 17.43% Caa1의 국제표준규범에 의한 예상손실 비율(Expected Loss)은 18.47%(LGD, Loss Given Default; 45%)이다. 예상손실률을 9월말 총자산 9조4650억 원에서 현금자산을 차감한 9조3350억 원에 적용하면 1조5920억 원이 대손충당금이 설정된다. 2017년 3분기 자본 2조4600억 원에서 대손충당금을 차감하면 실제 가치자본(Intrinsic Value)은 8680억 원이 된다. 산은이 실제 가치 8680억 원에 불과한 대우건설을 1조6천억 원에 인수우선협상대상자로 단독 입찰한 호반건설을 선정하자 '헐값매각논란'이 일파만파다.

　호반건설의 경영진이 엄격한 실사를 통하여 대우건설의 실체를 정확하게 파악한 후, 혈세를 먹는 고래가 되어버린 대우건설을 적정가격에 인수하여 사회정의를 실현하는 기업으로 탈바꿈시킬 수 있으면 좋겠다.

　산업은행은 '산은우리'에 가두어 둔 수많은 기업들에게 혈세로 더 이상 낭비하지 말고 적정가 M&A로 모두 주인을 찾아주는 2018년 한해가 되기를 소망해본다.

12

상장폐지 벼랑에 선 기업

지난 2015년 감사 의견을 '의견 거절'이나 '한정'을 받은 상장사들은 이달 말까지 정해진 기간 안에 의견거절 또는 한정의견에 대한 회계 문제를 해소하지 못하면 상장폐지가 확정된다.

감사의견이란 공인회계사가 대상기업의 재무제표를 감사하여 회계 사의 의견을 표명하게 되어 있는데, 이들의 감사의견은 적정의견, 한 정의견, 부적정의견, 의견거절 등을 표명하게 된다. 적정의견의 경우 는 문제가 없지만 반면에 '한정의견' 이하인 경우에 정상적인 회계처 리를 하면 부실이 늘어날 가능성이 크기 때문에 이들 회사는 문제가 있다고 보아 한정의견, 부적정의견, 의견거절을 통틀어 '비적정의견'이 라고 한다.

2016년 3월 상장폐지 사유로 문제가 되었던 15개사 중에 나노스, 리켐, 알파홀딩스 3개사는 매매거래가 재개되었다. 그러나 8개사는 기업심사위원회의 결정을 기다리고 있는 중이며, 나머지 4개사는 상 장폐지 결정 후에 정리 매매로 끝났다.

상장폐지 사유로 문제가 되었던 기업을 5분 재무제표로 들여다 보자.

NO.	회사명	감사의견	5분 PD	5년 누적		최종 주가	5분읽기 주가
				FCF	유상증자		
1	나노스	한정	CCC	(6,803)	19,646	11,400	253
2	리켐	한정	CCC	(37,151)	23,207	1,825	329
3	에스제이케이	한정	B-	(16,868)	15,881	1,115	48
	매매재개		소계	(60,822)	58,734		
1	알파홀딩스	한정	B-	(41,540)	42,997	9,560	2,208
2	비덴트	한정	B-	(15,350)	48,607	4,115	2,344
3	트루윈	거절	B-	(52,956)	29,639	5,870	695
4	세미콘라이트	거절	BB-	(36,674)	31,370	1,305	542
5	썬코어	거절	CCC	(69,269)	47,785	1,360	136
6	엔에스브이	거절	BB-	(183)	10,122	937	1,032
7	제이스테판	거절	BB-	930	86,270	643	385
8	아이이	거절	CCC	(72,940)	162,280	332	261
	상장폐지 심의		소계	(287,982)	459,070		
1	우전	거절	CC	(129,323)	29,932	40	(3,794)
2	비엔씨컴퍼니	한정	B	(29,457)	46,474	70	703
3	신양오라컴	거절	CC	(41,426)	37,815	17	45
4	에스에스컴텍	거절	CC	(52,667)	83,738	28	(262)
	상장폐지			(252,873)	197,959		

코스닥 상장폐지 위기의 기업 FCF의 실체

11개사

매매거래가 재개된 3개사와 상장폐지의 심의를 기다리고 있는 8개사는 2016년 연말 기준 5년 동안 유상증자로 5178억 원을 조달하여 목적사업의 FCF에서 3488억 원의 현금적자(손실 2851억 원)를 기록,

1690억 원을 남겨 이중에서 1090억 원을 현금으로 보유하고 있다. 부채는 4611억 원으로 부채 대비 24%의 유동성을 확보하고 있다.

제이스테판의 경우 부채 566억 원의 93%인 527억 원을 현금으로 보유, 11개사 전체 보유현금의 절반을 차지하고 있다.

11개사의 총 자산은 9679억 원, 4611억 원은 부채로 구성되어 있다. 2017년 1분기 11개사의 총 손실은 201억 원이다. 적자행진을 지속하고 있다. 매매거래를 재개한 3개사를 제외한 8개사는 이달 안에 상장폐지 여부가 결정될 예정이다.

상장폐지 4개사

5년 간 1979억 원을 유상증자로 조달하고 FCF 2579억 원 적자로 549억 원을 부채로 지탱하여 왔다. 자산 2392억 원에 부채는 3001억 원으로 608억 원 자본잠식이다. 현금보유금은 204억 원으로 부채 3001억 원의 7%였다.

15개사 현금보유 비율

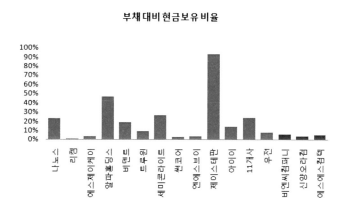

부채대비 현금보유 비율

부도확률(PD)로 본 리스크

나노스 & 제이스테판의 부도확률에 의한 신용등급(EWIS PD등급)은 각각 CCC, BB-이다. 그러나 시장에서 평가한 부도확률 빈도로 본 EDF등급은 각각 AA, A+이다. 최종주가 대비 주당가치에 의한 PBR 는 나노스는 45.06, 제이스테판은 거래정지일 3월 20일 기준 1.67이었다.

PD등급	BB+	BB	BB-	B	B-	CCC	CC
PD (부도확률)	1.14%	2.21%	3.71%	4.90%	14.74%	17.43%	33.18%
RISK	보통				높음		

등급별 부도확률 PD

5분 재무제표 PD는 1995년 이후부터 실증된 부도율을 글로벌신용평가사(S&P, 무디스)의 등급별 부도율과 매핑한 등급이다.

최종주가를 보면 상장폐지 4개사를 제외한 11개사의 주가는 엔에스브이를 제외하고 모두 본질가치를 상회한다.

기업의 실체를 파악하는 가장 확실한 방법은 Free Cash Flows (True Profitability)를 확인하는 것이다. 워렌 버핏은 과거 GAAP(IFRS포함) 회계원칙을 믿지 말라고 하였다. 투자한 기업의 실체는 필히 FCF로 확인하는 습관을 들여야 한다는 의미이다.

상장폐지 심의 8개사

상장폐지의 기로에 선 8개사의 평균 신용등급은 CCC(PD 17.43%)이다.

2016년 말, 부채 3357억 원으로 보유하고 있는 현금자산은 959억 원이다. 현금자산을 제외한 자산 3334억 원의 FCF는 마이너스 2800억 원이다.

한편, 상장폐지 심의 8개사가 보유하고 있는 현금의 절반을 차지하고 있었던 제이스테판의 현금 527억 원은 목적사업에서 창출된 것이 아니고 주주로부터의 유상증자에서 온 것이다. 상반기에도 전환사채의 전환권 행사로 103억 원(전환사채)의 유상증자에 성공하였다. 현금 보유비율은 전년도 93%에서 올 상반기 223억 원으로 57% 하락하였다. 527억 원과의 차이 304억 원은 특수관계자 대여금에 사용되었다. 순손실 10억 원, FCF는 (-)73억 원이다. 목적사업의 성과가 전무한 가운데 상반기 재무제표는 전년도에 이어 의견거절(특수관계자 거래내역 확인 불가)인 상황이다.

13

국가신용등급 권력기관 신용평가사
Moody's Investors Service

Moody's는 John Moody에 의하여 1909년에 창립되어 100년이 넘는 역사를 가지고 있다. 미국 최대 정보업체인 D&B(NYSE: DNB)가 1962년 인수하였다. 1975년 미국의 SEC가 신용평가기관 인정제도를 도입하면서 S&P와 함께 무디스는 SEC의 보호아래 독과점적인 지위를 향유하면서 무소불위의 권력을 가지고 있다. 그러나 무디스가 '미국판 대우사태'인 엔론의 신용등급을 조작했다는 여론이 일자 2000년에 D&B는 기업을 분할하였다.

MCO(Moody's Corporation)는 신용평가사 Moody's Investors Service (MIS)와 재무분석 및 관련 소프트웨어 회사인 Moody's Analytics(MA)의 모기업이다. 2007년 Moody's는 뉴욕증권거래소에 MCO라는 명칭으로 상장하였다. MCO보다는 Moody's로 우리에게 더 잘 알려져 있다.

Moody's는 2017년 초 프랑크푸르트 소재의 SCDM을 인수하여 구조화 금융(Structured Finance)의 데이터 분석업무를 확충한 데 이어 네덜란드 소재의 정보제공업체인 브르반디지크(Bureau van Dijk)를 30억 Euro(33억$)에 인수한다고 2017년 5월 16일에 발표하였다.

브르반디지크를 인수한 것은 무디스 역대 M&A 규모 중 가장 크다. 인수자금은 해외에 나가 있는 현금과 빚(Debt Finance)으로 조달할 것이라고 한다.

Moody's는 브르반디지크 인수로 신용평가사업의 리스크를 낮추면서 데이터 및 분석사업을 확장하여 2018년 중에 수익의 일부에 기여하고, 2019년부터는 본격적으로 수익을 높일 계획이라는 것이다. Moody's가 국가와 초대형기업의 신용등급사업이 매출의 90%를 차지하고 있는 한계를 극복하고 소규모 회사와 개인신용정보사업으로 글로벌시장을 장악하겠다는 의도로도 보인다.

Moody's는 2001년에 발생한 미국 최대 회계부정사건 엔론에 이어 5년 만에 또다시 글로벌 금융위기를 촉발한 서브프라임 모기지 담보증권의 신용등급을 부풀렸다는 비판을 받았다. 2006년 서브프라임 모기지 CMBS, CDO에 신용등급 Aaa를 부여하였으나 금융위기 직전인 2008년에 만기 최대 20년인 거래등급을 적격(83%)에서 정크로 한꺼번에 강등시키면서 투자자의 피해를 유발시켰다.

Moody's가 2006년 금융위기의 단초를 제공하기 시작한 해부터 2017년 1분기까지 11년 1분기 동안의 재무성과를 5분 재무제표로 읽어보고 부채의 상환능력을 평가해보자.

11년 3분기 재무성과

무디스				단위: 백만 불
FY	FY06	FY16	3Q17	성과
순매출	2,037	3,604	3,039	29,288
영업이익	1,260	(473)	1,346	10,428

순이익	754	(429)	320	4,064
매출원천자산	(475)	(887)	(1,208)	(732)
고정자산	(62)	(326)	(332)	(270)
목적사업포지션	(537)	(1,213)	(1,540)	3,062
포괄손익	12	(53)	52	(334)
영업권	(176)	(1,024)	(3,722)	(3,546)
무형자산	(66)	(296)	(1,633)	(1,567)
비목적사업	(235)	(570)	(339)	(104)
자본	167	(1,027)	(157)	(4,055)
비목적사업포지션	(309)	(2,917)	(5,851)	(9,606)
사업재무포지션	(847)	(4,129)	(7,391)	(6,544)
현금유동성	(484)	(2,225)	(1,071)	(588)
재무포지션	(1,330)	(6,354)	(8,462)	(7,131)
부채	1,330	6,552	8,462	7,131
차입금		3,363	5,721	5,721
차입금부채비중		51%	68%	80%
총자산	(1,498)	(5,327)	(8,305)	(6,807)

누적순이익은 44억9300만 불, FCF는 34억9000만 불이다. 포괄손실과 기타자산 취득 후 자본재정의 현금흐름은 마이너스 100억3400만 불이다. 사업상 순현금흐름은 마이너스 65억4400만 불이다. 현금유동성 5억8800만 불을 확보한 후의 재무흐름은 (‒)71억3100만 불이다. 부채로 (‒)재무흐름을 충당하고 있다. 차입금은 동기간 57억2100만 불이 증가하였다.

2007년 무차입에서 현재 전형적인 차입경영으로 전환되었다. 2006년 재무포지션 (‒)13억 불에서 2017년 1분기에 (‒)85억 불로 악화되었다. 2007년 매출 23억 불에서 2017년 3분기 30억 불로 7억 불이 증가하는데 부채가 71억 불 증가하였다.

2016년 영업손실로 전환된 것은 8억6380만 불에 달하는 금융위기 위법에 대한 민사합의금 지불에 기인한 것이다. 현재 현금유동성 10억 불은 전년에 비하여 10억 불 감소하였다. 전년에 비하여 부채가 20억 불 증가하였다. 영업권과 무형자산의 증가에서 왔다.

Moody's의 총 자본은 2017년 3분기 1억5700만 불 자본잠식 상태이다. 그 이유는 11년 동안 지급한 배당금 18억7400만 불과 자사주 매입정책 때문이다.

2017년 3분기 현재 상장주식의 44.21%에 달하는 151,821,294주를 자사주로 보유하고 있다. 매입잔액은 82억4000만 불이다. 자사주를 빚으로 사들인 것이다. 자사주를 현재 시가로 시장에 모두 내다팔면 엄청난 시세차익을 챙길 수도 있는 현상을 보여주고 있다. 무디스 주식의 94%를 기관투자가들이 들고 있다. Moody's 경영진이 주가 경영에 매진하는 배경이다.

암스테르담에 본사를 두고 있는 브르반디지크의 2016년 매출은 2억8100만 불, 상각 전의 세전 이익은 1440만 불이라고 한다. 브르반디지크가 보유하고 있는 비상장 글로벌기업의 데이터 수는 2억2천만 개라고 한다. 기업 데이터 당 매출은 $1.00이나 Moody's는 15배인 개당 $15.00에 매입하였다. 대기업 신용등급 장사에서 중소기업으로 신용등급 장사를 확장하여 글로벌시장을 장악하겠다는 야심찬 계획으로 보인다.

Moody's의 시가총액은 2018년 1월 현재 289억 불로 1년 전 주가 95불에서 153불로 60% 급등하였다.

2008년 글로벌 금융위기의 단초를 제공하여 기소된 Moody's는 겨우 8억6400만 불의 벌금으로 모든 법률문제를 해결했다. Moody's의 지속기능경영의 핵심은 사업에 의존한 사업확장으로 본을 버는 주가경영보다는 신용등급의 질과 분석능력을 발전시켜 글로벌 신용질서를 지키는 일이 우선되어야 한다. 핵심사업에 집중하고 있는 S&P(NYSE: SPGI)는 매출 56억 불에 순이익 약 20억 불을 시현하고 있다. 비상장기업의 마케팅 지원 및 결제시스템으로 북미시장을 장악하고 있는 D&B의 2016년 매출은 17억 불에 순이익 약 1억 불이었다.

금융위기 후 선진 금융감독당국의 수장들이 모여 내린 결론은 매입한 신용평가사의 신용등급에 의존하여 묻지마 거래를 지양하고, 필히 방법론이 상이한 기법에 의한 모형으로 벤치마킹한 등급과 비교하여 상이한 원천을 조사 분석하는 것이 선제적으로 리스크관리를 하는 것이라고 결의한 바 있다. 신용위기를 방지하는 최선책이 상이한 방법론에 의한 벤치마킹이라고 하였다.

Moody's는 우리나라 국가신용등급은 물론, 국내은행의 자기자본의 산출에도 크게 영향을 미치고 있다. 국내은행의 소요자기자본을 산출하는 내부(신용평가)모형은 재무비율모형인 Moody's RiskCalc를 변형하여 Moody's의 자회사인 한신평이 제공한 것을 사용하고 있다. 국내평가사의 신용등급과 국내은행의 내부모형은 재무비율에 의존한 결과 천편일률적인 등급에 의존하고 있다.

5분 재무제표 읽기는 재무비율을 사용하지 않는 정성적 재무분석 기법이다. 5분 재무제표로 본 Moody's 신용등급은 BBB(부정적)이다.

부록

1

5분 재무제표와 비교하여 본 SEC에 공시한 아마존닷컴 현금흐름표

5분 재무제표와 비교하여 본 SEC에 공시한 아마존닷컴 현금흐름표

현금흐름표는 발생주의회계(Accrual Accounting)에 의하여 만들어진 순이익과 재무제표에 숨겨진 부실을 찾아낼 수 있는 분석 툴이라고 할 수 있다. 손익계산서와 대차대조표를 연결시켜 보면 기업의 실체가 드러난다. 복식부기의 대차일치(Debit Credit Equation)의 원칙에 의해서이다. 어떻게 연결하여 읽느냐에 따라 실체의 모습이 달라질 수도 있다.

현금흐름표 작성방법에는 직접법(Direct Method)와 간접법(Indirect Method)이 있다. 직접법은 매출에서 출발해 순이익에 이르는 전 과정에서 발생한 관련 자산과 부채를 연결하여 만든다. 간접법은 영업이익 또는 순이익에서 출발해 관련된 자산과 부채를 연결시키는 차이점이 있다. 이때에 자산은 현금유출, 부채는 현금유입으로 조정하여 현금흐름을 구한다. 현금흐름이 없는 장부상의 비용인 감가상각 또는 무형자산의 상각비용은 영업활동현금흐름에 현금유입으로 계상하였

다가 투자활동현금흐름에서 다시 현금유출로 표시하여 FCF에는 변동이 없다. 영업활동현금흐름에서 그 크기가 커지는 착시현상이 발생한다. EBITDA로 이자상환능력을 체크하기도 하는 개념과 같다. 과거 영업활동현금흐름으로 이자를 상환할 수 있는지를 확인하는 데에 사용하기도 하였다.

현금흐름표가 모두 간접법으로 만드는 이유는 순이익으로 취득한 자산을 확인하기 위한 것인데 현재의 현금흐름표의 포맷으로는 추가 분석에 노력을 들이지 않고는 목적을 달성하는 것이 쉽지 않다.

순이익이 매출(수익)을 증대하기 위한 수익적 지출(Revenue Expenditure)인 매출원천자산에 수년간 머물고 있다면 이는 분식된 것이라고 설명하여왔다. 그 이유는 순이익으로 일상적인 지출을 감당하지 못한다면 차입이나 부채로 현금을 유입하지 않고는 사업을 지속할 수 없기 때문이다. 실제 매출에서 현금창출이 없는 기업은 목적사업에서 실패한 기업이다.

97년 IMF 당시에 도산한 기업들이 한결같이 순이익을 시현하고 있었지만 일상적인 지출(증가하는 매출원천자산)을 감당하지 못하여 도산한 것과 같다. '5분 재무제표'에서는 이런 기업들을 실체가 없는 기업이라고 정의하고 있다.

현재 우리가 읽는 현금흐름표는 GAAP에서 규정한 형식에 따라 거래부채와 차입금을 모두 현금유입으로 표시하고 있다. 추가 분석이 없이는 실체를 파악하는 것이 불가능하다. 그리고 GAAP 현금흐름표는 현금잔액의 변동에 초점이 맞추어져 있다.

현금흐름표를 최초로 만들어 활용한 이는 James Chanos 이다. Billionaire로 현재 Kynikos Associates(short selling전문기업) 설립자이자 대표로 활동하고 있다. 짐 차노스는 시카고에 있는 소형 증권사 Gilford Securities에서 애널리스트로 근무할 당시(27세)에 127년 역사의 거대 복합기업이었던 Baldwin-United을 현금흐름으로 분석하여 볼드윈의 순이익이 분식회계로 만들어진 것이라고 뉴욕 월스트리트에서 부실 예측보고서를 내며 Sell을 주장하였다. 이듬해 Baldwin-United은 90억 불의 부채(당시 기업역사상 최대 규모)를 갚지 못해 1984년 파산하였다. 짐 차노스는 엔론의 분식회계스캔들에서도 엄청난 수익을 내기도 하였다. 순이익을 분식한 기업을 조기에 발견하여 관련기업의 채권(주식 또는 채무증권)을 빌려 최고점에 매도한 다음, 부실이 드러나 가격이 바닥일 때 채권을 매입해 되갚는 방법으로 수익을 내는 투자가이다. 워렌 버핏이 '펀드멘탈+장기보유' 투자가라면 짐 차노스는 '부실기업조기발견+장기보유'로 수익을 내는 역발상 투자가이다.

한편, 미국 FASB는 볼드윈-유나이티드 사태발생 3년 후인 1987년에 이르러서야 GAAP 재무제표로 제출하여오던 자금원천 및 운용표(sources and application of funds)를 폐지하고 현금흐름표 제출을 의무화하였다. US GAAP와 IAS(International Accounting Standard)에서 요구하는 현금흐름표에 표시해야 하는 항목이 분석포커스에 따라 조금씩 다르지만 실제로 상이한 것은 없다.

현금흐름으로 손익성과를 분석해보면 기업의 실체가 정확하게 드러나야 함에도 엔론사태와 같은 거대 분식회계가 끊이지 않는 이유는 무엇일까? 그것은 현재 규정하고 있는 현금흐름표가 거래부채를 사업활동에서 발생한 현금유입으로 현금흐름표를 작성하고 있기 때문이다. 거래부채를 현금유입으로 인정한 후에 부족한 현금을 차입금으로 충당하고 있는지에 초점이 맞추어져 있기 때문이다.

글로벌 표준 현금흐름 재무제표의 구조는 다음과 같다.

전기 현금 및 현금성자산 잔액
① 영업활동에서 창출한 현금흐름
② 투자활동에서 발생한 현금흐름
③ 금융활동에서 발생한 현금흐름
④ 순현금흐름(1+2+3)
　당기 현금 및 현금성자산 = 전기 현금 및 현금성자산 + 4

1. 영업활동현금흐름
순이익 또는 영업이익에서 현금유출이 없는 감가상각비 및 무형자산 상각비를 현금유입으로 처리하고, 영업활동과 관련된 매출원천자산과 매출원천부채를 현금흐름에 현금유출입으로 조정한 후의 잔액을 영업현금흐름으로 표시한다. 이때에 매출원천부채가 크면 클수록 영업활동현금흐름은 좋아진다.

2. 투자활동현금흐름
영업활동에서 현금유입으로 처리한 감가상각비 및 무형자산 상각비용에 더하여 기중에 취득한 고정자산과 무형자산을 포함하여 현금유출로 표시한다. 유가증권투자 및 대여금과 같은 금융취득자산도 투자활동현금흐름으로 표시한다.

3. 금융활동현금흐름

유상증자(현금유입) 및 배당금(현금지출)을 금융활동에 포함하고있다. 그리고 차입금의 상환(현금유출)으로 상환능력을 체크하고 신규차입금(현금유입)으로 차입능력을 금융활동현금흐름으로 표시한다. 금융활동현금흐름으로 소위 Financial Flexibility를 평가한다.

4. 순현금흐름

1+2+3이 현금자산의 변동, 즉 순현금흐름이다. 전기 현금잔액에서 현금자산의 변동금액을 조정하면 당기현금잔액이 된다. 현금변동에 '현금흐름' 초점이 맞추어져 있다. 금융활동현금에는 유상증자와 차입금을 모두 포함하고 있다. 차입금이나 유상증자 금액이 크면 클수록 유동성은 좋아진다. 이에 반하여 '5분 재무제표'는 유동성의 원천이 어디에서 왔는지를 쉽게 파악할 수 있다. 유상증자로 조달한 현금자본은 최대 리스크자산인 무형자산, 유가증권투자, 대여금 등과 매치(match)시켜서 분석하여야 자본구조(Capital Structure) 또는 자본상태(Capital Position)를 보다 쉽게 알 수 있다.

세계3위의 회계법인 EY이 감사한 아마존닷컴의 현금흐름표로 아마존의 실체를 알아보자.

아마존 2017년 SEC 제출 현금흐름 재무제표		단위: 백만$
현금 FY16		19,334
순이익	3,033	
영업활동현금흐름		18,434
투자활동현금흐름		(27,819)
금융활동현금흐름		9,860

순현금흐름	475	
현금자산 달러환산이익	713	
현금변동		1,188
2017년 말 현금잔액		20,522

영업활동에서 184억 불을 유입시켜 투자활동에 278억 불을 사용
하여 94억 불이 부족하자 99억을 금융으로 조달한 결과, 순현금흐름
은 약 5억 불이 잉여이다. 현금자산의 달러환산이익 7억 불을 더한
12억 불을 현금유입으로 처리, 전기현금 193억 불에 더한 2017년 기
말 현금잔액은 205억 불이다. 번 돈을 사업확장에 모두 사용하고 모
자라는 금액을 금융으로 조달한 것으로 분석된다.

5분 재무제표 현금흐름표로 아마존의 실체를 알아보자.

아마존 5분 재무제표 현금흐름	FY 17	단위: 백만$
순이익	3,033	
매출원천자산	(9,411)	
1. 영업현금흐름	(6,378)	
2. 고정자산투자	(19,752)	
이익잉여현금흐름 (FCF)▲	(26,130)	
포괄손익	501	
영업권	(9,566)	
비목적사업	(4,174)	
3. 비목적사업 현금흐름	(13,239)	
4. 유상증자 (배당)	4,890	
증자 후 비목적사업현금흐름▲	(8,349)	
순현금흐름	(34,479)	
현금유동성자산	FY16	변동	FY17
현금	(19,334)	(1,188)	(20,522)
단기유가증권	(6,647)	(3,817)	(10,464)
재무포지션	(64,117)	(39,484)	(103,601)

부채	64,117	39,484	103,601
거래부채	48,904	16,771	65,675
차입금	15,213	22,713	37,926
차입금/거래부채	0	1	1
고정자산	(29,114)	(19,752)	(48,866)
영업권 무형자산	(3,784)	(9,566)	(13,350)
자산합계	(83,402)	(47,908)	(131,310)

순이익 30억 불에서 창출한 현금은 없고 현금유출 64억 불이다. 현금유출 상태에서 고정자산 198억 불을 취득한 결과, FCF는 무려 261억 불이 적자이다.

M&A프리미엄으로 96억 불, 기타자산취득에 41억 불을 지출, 포괄이익 5억 불을 포함한 비목적사업에서 지출된 현금은 총132억 불이다. 유상증자로 유입된 현금 49억 불을 포함하여 비목적사업에서 발생한 순유출 현금은 83억 불이다.

FCF적자 261억 불과 비목적사업(주로 M&A인수비용)에 유출된 83억 불을 합하여 사업활동에서 유출된 순현금흐름은 345억 불이다. 현금자산 12억 불, 단기유가증권 38억 불 증가로 인한 재무상태는 2016년에 비하여 394억 불이 악화되었다. 부채의 증가원인은 사업활동 순현금흐름 345억 불에 기인한다. 증가한 부채 중에서 차입금은 227억 불, 거래부채는 167억 불이다.

목적사업에서 현금유입이 없는 상태에서 사업확장(M&A)에 필요한 돈을 모두 차입에 의존하고 있다. 비목적사업자산 42억 불은 대부분이 무형자산으로 5년 내에 영업비용으로 처리할 예정이어서 기타자산으로 계리한 것이라고 주석에서 설명하고 있다.

아마존의 2017년 영업활동현금흐름은 순이익 30억 불 보다 많은 94억 불이 매출원천자산에 지출되어 부의현금흐름 64억 불을 기록하였다. 아마존의 부의 영업현금흐름은 97년 이후 계속 진행형이다.

M&A비용 96억 불, CAPEX로 198억 불은 Whole Market Foods를 인수에서 왔다. WMF인수는 목적사업인 인터넷소매사업이 아니다. 번 돈이 아닌 차입으로 몸집을 불리는 문어발 경영을 연상케 한다. 무디스는 아마존의 마이너스 영업현금흐름에도 EY가 감사한 현금흐름표 영업활동현금흐름 180억 불의 유입에 근거하여 높은 현금창출력과 현금유동성(현금 및 단기유가증권)을 평가하여 투자적격 Baa1을 부여하였다고 등급평정보고서에 명시하고 있다.

EY가 감사하여 SEC에 제출한 현금흐름표와 5분 재무제표와의 상이부분을 체크해보자. SEC에 제출한 EY가 감사한 현금흐름표와 같은 형태로 '5분 재무제표' 현금흐름표를 배열해 보았다.

1. SEC는 영업현금흐름에서 매출채권, 재고자산과 같은 매출원천자산을 현금유출, 외상매입, 미지급비용, 선수금과 같은 매출원천부채를 현금유입으로 하였다. 이는 5분 재무제표보다 매출원천자산에서 1억42백만 불의 현금유출이 적다. 매출원천부채에서는 현금유출이 오히려 58억71백만 불이 많다. 그러나 장기미지급금, 이연부채 등의 부채에서는 13억92백만 불로 현금유입이 더 많다. 결과적으로 SEC영업현금흐름은 '5분 재무제표' 보다 현금유입이 34억37백만 불이 적다.

2. 투자현금흐름에서는 상각비용을 포함하여 '5분 재무제표'에서는 투자지출이 487억87백만 불임에도 SEC에서는 278억19백만 불이 지출된 것으로 보고한 결과, 무려 209억68백만 불의 차이가 난다.

고정자산과 영업권에 지출한 합계금액이 240억 불로 상각비용 115억 불을 차감하면 실제 투자지출은 125억 불에 불과하다. 상각 후 변동금액을 사용하는 '5분 재무제표'의 고정자산투자 197억 불, 영업권 96억 불 총293억 불 보다 적은 240억 불이다. 단기무형자산 42억 불을 감안하면 차이는 무려 95억 불로 늘어난다. 단기유가증권에서도 차이가 발생하고 있음을 볼 수 있다. 결론적으로 상각비용을 추가한 '5분 재무제표'와 투자현금흐름과의 차이는 211억 불로 SEC자료에서는 덜 유출된 셈이다.

3. 금융활동에서는 차입금에서 128억 불, 자본변동(유상증자)에서 54억 불 총182억 불이 차이가 난다. SEC자료는 차입금증가는 98억 불에 불과하다고 기록하고 있다.

현금흐름 상이원인 분석	SEC	5분	단위: 백만$
현금 FY16	19,334	19,334	차이
1. 목적사업영업활동:			
순이익	3,033	3,033	0
고정자산 감가상각, 영업권상각	11,478	11,478	0
매출채권	(4,786)	(4,825)	39
재고자산	(3,583)	(4,586)	1,003
외상매입	7,175	9,307	(2,132)
미지급비용	283	4,431	(4,148)
선수금	738	329	409

장기 미지급금, 이연부채 등	4,096	2,704	1,392
① 영업현금흐름	18,434	21,871	(3,437)
2. 투자활동:			
고정자산 감가상각, 영업권상각	0	(11,478)	11,478
고정자산	(10,058)	(19,752)	9,694
영업권	(13,972)	(9,566)	(4,406)
단기유가증권투자	(3,789)	(3,817)	28
단기무형자산, 이연법인세 등	0	(4,174)	4,174
② 투자현금흐름	(27,819)	(48,787)	20,968
3. 금융활동:			
차입금	9,860	22,713	(12,853)
자본변동	0	5,391	(5,391)
③ 금융현금흐름	9,860	28,104	(18,244)
순현금흐름(①, ②,③)	475	1,188	(713)
현금자산 외환환산	713	0	713
현금변동	1,188	1,188	0
현금 FY17	20,522	20,522	0

상이한 내용을 요약해보면 다음과 같다.

1. SEC 제출 현금흐름표는 대차대조표의 거래자산과 부채에서 34억 불이 적다
   - 현금유출 34억 불
2. 고정자산과 무형자산에서 유출한 현금이 210억 불 적다
   - 현금유입 211억 불
3. 차입금에서 129억 불이 적다. 유상증자 자본변동 54억 불 누락
   - 현금유출 182억 불

수치로 다시 정리하면,

1. 영업현금흐름 (-) 34억 불
2. 투자현금흐름 (+) 210억 불
3. 금융현금흐름 (-) 182억 불 차이 (-)6억 불: 현금자산외화환산
   차이

증가한 투자현금흐름에서 201억 불 축소하여 발생한 차이를 영업현금과 차입금을 축소하여 대차를 일치시켰다.

2017년 Whole Market Foods 인수로 늘어난 고정자산, 영업권 및 무형자산 450억 불을 240억 불로 축소한 현금흐름표를 SEC에 제출하였다. 210억 불의 현금흐름을 왜곡한 가운데 이를 상쇄하기 위하여 차입금과 유상증자로 유입된 현금을 줄여 대차를 일치시켰다.

2017년 SEC에 제출한 아마존의 3년 동안의 현금흐름표와 '5분 재무제표'의 동기간 현금흐름을 비교하여보자.

SEC 현금흐름

3년간 순이익 60억 불에서 창출한 현금은 477억 불, 투자로 지출한 현금은 441억 불, 금융에서 조달한 현금은 22억 불이다. 현금자산은 외환환산이익을 포함한 결과 2014년 보다 146억 불이 늘어난 205억 불이다.

- SEC 현금흐름 분석

목적사업에서 창출한 현금으로 투자를 확대하고도 남은 현금 36억

불과 금융에서 조달한 현금22억 불을 합하여 총 58억 불의 현금잉여를 기록하고 있다.

- '5분 재무제표' 현금흐름

3년간 순이익 60억 불에서 창출한 현금은 적자 93억 불이다. 투자로 지출한 현금은 CAPEX. 319억 불, 영업권, 단기유가증권을 177억 불을 포함하면 496억 불이 투자활동에 지출되었다. 영업현금 93억 불을 더하여 총 589억 불의 현금이 3년 동안 유출되었다. 차입으로 조달한 현금은 223억 불, 유상증자 109억 불을 더하여 조달한 금융은 총332억 불이다. 금융으로 조달한 332현금과 유출현금 589억 불의 차이 순현금흐름은 (-)257억 불이다. 증가한 거래부채는 375억 불이다. 초과부채 118억 불이 2014년 현금자산 87억 불에 더해져 2017년의 현금자산은 205억 불이다.

- '5분 재무제표' 현금흐름분석

목적사업에서 순이익 60억 불을 시현하고 있으나 목적사업에서 창출한 현금은 전무하다. 현금적자 93억 불에도 불구하고 사업을 확장하는 데에 필요한 498억 불을 차입금으로 223억 불, 유상증자로 109억 불, 거래부채 375억 불로 충당하였다. 목적사업 적자 (-)93억 불, 사업 확장 (-)498억 불, 유상증자 109억 불로 일부 충당하고 3년 동안 발생한 부족한 현금은 480억 불이다. 현금유동성으로 118.6억 불을 확보함으로서 재무상태는 599억 불이 악화되었다. 악화된 재무상태 599억 불을 부채로 충당하고 있다. 증가한 부채 중에서 차입금이 273억 불, 거래부채는 325억 불이다. 증가한 현금유동성의 원천은 모두 부채에서 왔다. 완벽한 부채경영이다. 유상증자를 포함한 추가금융 또는 상거래부채를 지속적으로 늘리지 못하면 도산할 수밖에 없는 재무구소이나. SEC에 제출한 현금흐름 재부제표와는 완전히 상이하다. 상환능력을 논할 수 있는 상황이 아니다.

- 조기경보(Early Warning Signal)
Whole Foods Market인수와 관련하여 조달한 차입금 무보증장기채의 금리는 최저 1.9%에서 최대 5%이었다. 평균 금리는 3.72%이다. 이는 투자적격 Baa1에 어울리지 않는 고금리이다,

현금흐름표의 순기능에 대하여

현금흐름표의 순기능은 현금의 원천의 분석과 함께 목적사업에 창출한 현금으로 차입금을 비롯한 상거래부채를 상환할 수 있는지를 평가하는 데에 있다. 글로벌표준으로 사용하는 현재의 현금흐름표는 현금유동성의 변동성만을 확인하는 역할이 전부이다. 아마존이 SEC에 제출한 현금흐름표가 이를 실증한다.

'5분 재무제표' 현금흐름(성과)표는 순이익에서 매출원천자산을 차감한 순수하게 창출된 현금으로 고정자산 사이클에서 발생하는 지출을 감내할 수 있는지를 쉽게 확인할 수 있다. 그리고 현금자산의 원천이 목적사업 영업활동에서 온 것인지 아니면 부채에서 온 것인지 빠르고 쉽게 확인할 수 있는 분석 툴(Analytic Tool)이다.

2001년 10월 엔론사태 당시, 앤더슨은 수 톤에 달하는 회계 관련 서류를 갈아버리고 3만 통에 달하는 메일을 지워 공모흔적을 없애버

렸다. 엔론은 공인회계사를 고용하여 FASB 회계규정과 GAAP의 빈틈(loophole)을 파고들어서 분식포착기회를 찾아 도움이 되면 과감하게 실행하여왔다. 그러나 5분 재무제표로 읽어보면 분식회계로 만들어진 재무제표임을 금방 알 수 있다.

엔론이 손익계산서와 재무상태표를 분식한 것과는 달리 아마존은 손익계산서와 재무상태표를 온전히 만들어 놓고 현금흐름표에서 자산과 부채를 축소하여 분식하였다.

현금흐름표를 창안한 James Chanos는 엔론사태 당시 'Short Selling'에서 번 엄청난 수익에 이어 아마존 대박을 위한 'Short Position' 타이밍을 기다리며 침묵하는 지도 모르겠다.

한편, 세계3대 신용평가사 무디스는 세계 3위 회계법인 EY가 감사한 현금흐름 재무제표에 근거하여 아마존의 현금창출력을 높게 평가하고 시장은 열광하고 있다. 아마존은 시가총액 세계 4위로 3위기업인 마이크로소프트를 추월하기도 하였다. 가계부를 분식회계로 만드는 가정은 이 세상에 없다. '5분 재무제표'의 핵심인 현금흐름 성과표는 가계부 현금출납장과 똑 같이 만들어져 있다. 가계부 현금출납장 형식으로 읽어본 아마존닷컴은 실체가 없는 기업이다.

2

분식회계 찾기 테스트: 상장기업 XY7

사례로 읽어본 경험으로 다음 기업을 읽어보고 분식회계가 이루어진 곳이 어디인지 알아보자.

테스트 기업은 상장기업으로 아직 건재하고 있다. 지인이 회사채를 매입하겠다고 문의하여 온 기업이었다.

이 기업의 신용등급 추이는 아래와 같다.

결산	2011년	2012년	2013년	2014년	2015년	2016년
평가3사 등급	A-	BBB+	BBB+	BBB	BBB-	BB+
5분 재무제표	BB-	B-	B-	BB-	BB-	B-

2015년 투자적격에서 2016년 부적격으로 전이되었다.

5분 재무제표 등급별 부도확률이다.

구분	5분 등급	PD	S&P
투자적격	AA+	0.00%	AA+
	AA	0.00%	AA
	A+	0.00%	A+
	A	0.00%	A
	BBB	0.00%	BBB
	BBB-	0.06%	BBB-
투자부적격	BB+	1.14%	BB+
	BB	2.21%	BB
	BB-	3.71%	BB-
	B	4.90%	B
	B-	14.74%	B-
	CCC	17.43%	CCC
	CC	33.18%	CC

*PD: 1년 내에 부도발생 확률

XYZ는 신평사 등급이 A-이었으나 5분 재무제표에서는 2011년부터 투자부적격이다. 5분 재무제표이다.

XYZ 회사

결산일	2011년	2012년	2013년	2014년	2015년	2016년	5Y 성과
매출	2,633	2,229	2,188	2,288	1,737	1,274	9,717
영업이익	(309)	(453)	55	144	(169)	12	(411)
순이익	(293)	(614)	(33)	(33)	(497)	(371)	(1,551)
매출원천자산	(2,124)	(1,381)	(1,670)	(1,786)	(1,246)	(864)	1,259
고정자산	(519)	(519)	(661)	(817)	(580)	(293)	225
목적사업 포지션	(2,643)	(1,901)	(2,332)	(2,603)	(1,827)	(1,158)	(66)
포괄(손)익	(68)	(1)	109	7	(9)	12	118
무형자산	(27)	(23)	(333)	(328)	(315)	(5)	22

비목적사업	(1,197)	(1,216)	(1,318)	(1,335)	(1,333)	(1,340)	(142)
관계사투자	(387)	(388)	(417)	(305)	(315)	(178)	209
자본	1,220	605	2,009	2,009	1,486	1,125	1,335
비목적사업 포지션	(392)	(1,023)	(59)	38	(477)	(399)	1,544
사업포지션	(3,036)	(2,925)	(2,391)	(2,565)	(2,304)	(1,557)	1,478
현금	(430)	(203)	(113)	(103)	(51)	(78)	351
재무포지션	(3,466)	(3,128)	(2,504)	(2,668)	(2,356)	(1,636)	1,830
총부채	3,466	3,128	2,504	2,668	2,356	1,636	(1,830)
차입금	2,007	1,850	1,245	1,308	1,044	600	(1,406)
차입금/총부채	58%	59%	50%	49%	44%	37%	77%
총자산	(4,687)	(3,733)	(4,514)	(4,678)	(3,842)	(2,761)	1,926
자본변동		0	1,328	26	(17)	(2)	1,335

XYZ 기업은 2001년 3월 2일 부도 경험이 있는 회사이다.

경영성과를 보면 누적손실 1조5480억 원에서 매출원천자산과 고정자산의 감소로 FCF는 620억 원이다. 2013년 유상증자 1조3280억 원으로 관계사투자 축소 등, 비목적사업에서 조달한 현금은 1조5410억으로 (-) FCF 후, 남은 현금 1조4790억 원과 현금유동성 3520억 원을 축소하여 부채 1조8300억 원을 줄였다. 차입금은 1조4060억 원이 줄었다.

현재 신주인수권의 전환으로 1486억 원을 조달할 예정이다.

자본 1조1250억 원에서 자본잉여금이 차지하고 있는 비중은 92%이고 감자차익이 자본잉여금의 93%를 차지한다. 2016년 총 부채는 1조6360억 원, 차입금은 6000억 원이다. 재무상태에 분식회계 의혹의 답이 있다.

3

재무제표 빠르게 읽는 법

재무제표를 읽는 목적은 기업의 성과를 정확히 파악하여 분식회계로 만들어진 성과가 아닌지 확인하는 데에 있다. 미국의 엔론사태, 대우조선해양 사태와 같이 대부분 세계적인 명성을 가진 회계법인이 재무제표가 적정하게 작성되었다는 증명서와 같은 '적정의견'을 받은 재무제표에서 대형분식이 빈번하게 이루어지고 있다. 미국은 엔론사태 이후 만들어진 SOX법에 의하여 재무제표가 보다 더 정확하게 만들어지면서 신뢰성을 회복하고 있다.

아더앤더슨이 사라지고 현재는 세계 빅4는 Deloitte, PwC, EY, KPMG 순으로 회계감사 시장을 장악하고 있다. 대우조선해양은 Deloitte 브랜드 모자를 쓴 국내법인이 저질렀다. 당연히 Deloitte는 무관하다고 발뺌을 하고 있다. 재무제표의 해석을 회계법인의 감사의견에 의존하는 것은 고양이에게 생선을 맡기는 것과 같이 위험하다. 과거 대우그룹의 분식회계는 KPMG의 브랜드를 가진 산동회계법인 저질렀다. 삼성바이오로직스 IFRS로 4조 원의 가치를 더해준 곳도 KPMG이었다.

투자하고 있는 기업은 분기별로 재무제표가 공시될 때마다 다음과 같이 읽고 성과의 실체를 확인하여야 한다.

1. 유동자산에서 현금성자산을 차감한다. 차감한 잔액이 대체로 매출원천자산이다.
2. 전기의 유동자산에서 현금성자산을 차감한 잔액을 당기 매출원천자산에서 차감한다.
3. 그 결과 당기 매출원천자산의 증가금액이 당기 순이익을 초과하면 순이익이 생활비를 벌지 못하고 있다는 증거이다.
4. 유형자산으로 표시되어 있는 당기 고정자산에서 전기 고정자산을 차감하여 주거비를 산출한 다음, 3번의 결과와 연결하여 최종 성과를 확인한다.
5. 매출원천자산과 고정자산을 포함하여 산출한 순이익이 FCF, 당기의 이익잉여현금흐름이다.

재무구조가 좋은 우량기업에서 부정적인 결과(생활비를 못 버는 상태)가 나왔을 때에는 일시적인 현상일 수도 있다. 그러므로 5년 주기로 FCF를 확인하여야 하는 배경이다.

5분 재무제표 설계도면

	목적사업자산	목적사업 재무상태	자본
	비목적사업자산	비목적사업 재무상태 여유자본	
자산	자본		부채 (거래부채+차입부채)
	현금자산	현금원천	
	재무상태		

부채 = (목적사업자산+비목적사업자산)+자본+(현금자산)

1. 자산을 목적사업자산과 비목적사업자산으로 구분하면 지출구조를 쉽게 확인할 수 있다.
2. 목적사업자산이 바로 목적사업의 재무상태(목적사업재무포지션)이다.

3. 비목적사업자산은 목적사업보다 리스크가 큰 위험자산이다. 그러므로 자본에서 지출하여야 한다.

4. 비목적사업자산을 자본으로 충당하고 난 잔액이 비목적사업재무상태(비목적사업재무포지션)이다. 여유자본을 알 수 있다.

5. 현금자산은 목적사업지출을 원활하게 하는 결제수단이다.

6. 현금의 원천이 어디에서 온 것인지를 바로 확인할 수 있다. 차입부채와 비교하여 보면 유동성을 금방 알 수 있다.

7. 최종 재무상태는 총 부채와 일치한다.

8. 부채의 변동은 바로 재무상태의 변동과 일치한다.

9. 재무상태의 변동이 목적사업에서 온 것인지 비목적사업에서 온 것인지 확인하여 순이익과 연결하여 읽으면 재무제표 읽기는 끝난다.

책을 마무리하며

IMF위기가 거의 끝나가는 시점인 2001년 은행의 도산으로 인한 선의의 예금자를 보호하기 위하여 바젤II(신용리스크관리) 도입에 관한 논의가 글로벌시장에서 활발하게 진행되었다. 관변단체를 포함한 관변 교수들은 도입을 강력하게 반대하였다. 선진국의 음모로 한국을 또다시 위기에 빠트리려는 함정이라는 주장이었다. 당시 우리 금융기관들은 부실을 국민세금으로 정리하여 깨끗한 장부를 가지고 있었다. 오히려 바젤II 도입은 글로벌 선진금융국으로 진입하는 절호의 기회였다.

미국은 2001년 엔론사태에 이은 이듬해 월드콤 분식회계 사태로 인하여 시장이 공황상태에 있을 때에 재무제표의 정확성과 신뢰성을 높이기 위하여 SOX법을 제정하였다. 핵심은 감사회계법인이 재무컨설팅을 하지 못하도록 하는 것이었다.

기업의 회계사기를 범하였을 때에는 가혹하리만치 엄격한 형집행이 가능하도록 하는 한편, 최고경영자와 재무최고책임자는 분기마다 재무제표의 무결성(Integrity)을 승인함과 동시에 확인하는 책무를 더하였다.

재무제표의 투명성을 높이게 되면 뉴욕시장에 상장하는 기업이 줄어들고 런던시장 등으로 신규상장이 늘어나 경쟁력을 잃을 것이라는 반대가 있었다. 그럼에도 불구하고 루스벨트 대통령이 승인한 법 이래 최대수의 찬성으로 법안이 통과되었다. 이후, 한동안 신규상장이 줄어들었지만 17년이 지난 지금 뉴욕주식시장의 신뢰성이 높아져 활황을 이어오고 있다.

우리 금융시장은 잊을 만하면 대형 분식회계 사건이 발생하여 선의의 투자자들에게 손해를 입히고 있다. 5분 재무제표로 읽어보면 분식회계인지 아닌지 쉽게 파악할 수 있다. 시장 참여자들이 분식회계를 감시하는 것이 가장 효율적이다. 대우조선해양 사태를 근로자들이 재무제표를 읽고 감시하였다면 갑자기 일자리를 잃는 사태까지 이어지지는 않았을 것이다.

IMF위기 당시 상장기업의 투자적격 비중이 40%에 불과하였으나 지금은 70%를 넘는다. 그러나 투자적격 등급이 전체 여신에 차지하는 비중은 절반이다. 제2의 IMF사태가 오지 않도록 시장참여자에 의한 지속적인 감시가 필요하다.

글로벌표준 4원칙이 엄격하게 실증된 부도확률(PD)모형으로 신용등급을 출력한 결과 코스닥기업의 경우 투자적격이 차지하는 비중은 37%에 불과하다. 하지만 시가총액으로 산출한 매일 매일의 부도확률(EDF)로 보면 66%가 투자적격이다. 시가총액이 순자산보다 많아 단기부도위험이 없다. KOSPI는 PD등급의 투자적격이 차지하는 비중이 66%로 EDF와 동일하다.

한편, K-OTC는 투자적격이 22%에 불과하고 EDF로는 투자적격이 10%에 불과하다. KONEX의 경우 80%가 투자부적격이지만 EDF로 보면 투자부적격은 34%에 불과하다. 코스닥과 마찬가지로 시장에서 평가한 투자적격의 비중은 66%에 이른다.

과거 부도경험이 있는 기업이 차지하는 비중은 K-OTC 76%, 코스피 19%, 코스닥 6%, KONEX 0% 순이다.

IMF 당시 신용리스크 지배구조를 포함한 신용리스크 측정에 핵심이 되는 부도율(PD) 측정모형을 개발하여 신용위험을 측정하는 기법 개발은 물론, 자비를 들여 관련 서적을 최초로 출판하여 무료로 배포하였다.

그리고 '바젤II는 기회'라는 제목으로 금융감독원을 위시하여 주요 은행에 강조하여 왔다. 그 결과, 선진국들과 같은 시기에 도입하게 되었다. 국제표준규범에 비추어 만족할 수준은 아니지만 IMF 당시와는 비교가 안될 만큼 신용리스크 관리가 향상되었다. IMF 이후 기업들의 피나는 노력으로 거대기업에 의한 금융위기가 재발할 위험은 거의 없다.

가치투자에서 비롯하여 단기수익을 목표로 하는 차티스트(Chartist)에 이르기까지 개인투자자들의 위험선호도(Risk Appetite)는 다양하다. 차트흐름 또는 사이클로 투자하는 차티스트도 5분 재무제표로 기업의 실체를 파악한 후에 차트흐름을 살핀 다음 투자를 한다면, 손실리스크를 한층 줄일 수 있을 것으로 생각된다.

개인투자자를 위한 5분 만에 읽는 재무제표는 5분 재무제표 읽는 방법에서 시작하여 가치투자 기업, 투자매력 기업, 단기투자 시점을 쉽게 포착할 수 있는 기업, 현금부자 기업, 배당주 기업, 위기의 기업, 전술회계 기업, 분식회계 기업 등을 사례로 해당기업들을 분석하여 실체를 파악하여 보았다.

주식투자 시장에서 개인투자자가 항상 돈을 잃는 이유는 비대칭정보 때문이라고 한다. 비대칭정보에 의존하기보다는 기업의 실체를 바로 읽고 투자하는 것이 대칭정보라 생각한다. 부도가 예상되는 기업에 투자하여 투자한 돈을 모두 날리는 것이 비대칭정보의 오류다. 도산이 예상되는 기업은 생계비도 벌지 못하는 기업이다. IMF 도산 기업은 100%가 생계비도 벌지 못하면서 순이익이 난 좋은 기업이라고 비대칭정보로 속여 온 기업들이었다. 유동성 위기가 금융권에 전이되자 돈 빌릴 곳이 없어져 도산한 기업들이다.

5분 재무제표는 금융감독원에 자료가 공시되면 www.ewis.co.kr에서 기관투자가들에 제공하고 있다. 개인투자자에게도 서비스를 제공하는 방법을 구상 중이다. 5분 재무제표에 사례로 든 기업들은 http://paranpeter.blog.me/에 지속적으로 업데이트할 예정이다.

만약 대한민국 국민이 모두 5분 재무제표를 읽고 기업의 실체를 파악하는 상황에 이르게 된다면 어마어마한 금융강국이 될 것이다.

사기대출은 물론이고 자본시장의 정의도 개인들에 의하여 이루질 것이다. 개인투자자들이 5분 재무제표로 기업분석 능력이 기관투자가를 능가하게 된다면 시장을 개인이 주도하게 될 것이다. 더 이상 비대칭정보가 존재할 수 없을 것이다.

기업의 근로자들이 5분 재무제표로 재무제표를 읽을 수 있는 능력을 가지고 있다면 기업에 생계를 의지하기보다는 스스로 계획을 세울 수 있을 뿐만 아니라 기업의 미래도 아울러 의논할 수 있다. 갑자기 도산하여 일자리를 잃는 일도 없을 것이다. 워렌 버핏이 한 말 중에 가장 인상이 남는 부분이 바로 "Purchase business with honest managers."이다. 5분 재무제표의 복식부기 철학으로 무장된 직원이 근무하는 기업이 바로 정직한 기업이다.

중세 신학자이자 철학자로 언어의 선구자인 로저 베이컨(Roger Bacon)이 말하기를 "인간은 언어에 의해 의사소통을 하지만, 언어는 여러 사람들의 머리로 만들어 내어 합의한 것이므로, 불완전하고 부적합한 언어의 사용은 인간의 정신에 놀라운 장애를 일으킨다."고 하였다.

재무제표는 비즈니스언어로 만들어졌다. 거짓 비즈니스언어로 만든 재무제표는 기업을 파산에 이르게 함은 물론 국민정서에도 엄청난 재앙을 초래한다. 5분 재무제표로 무장된 직원들이 근무하는 기업에서는 전체 직원을 속이기 전에는 거짓으로 재무제표를 만들 수가 없다. 정직한 기업들로 구성된 사회가 정착된다. 경영학의 아버지 피터 드러커는 기업은 사회정의를 실현하는 도구이라고 하였다.

미국 상장기업 재무제표의 정확성과 신뢰성을 더 높인 SOX(사베인즈옥슬리법)를 우리는 정부가 아닌 개미군단의 힘으로 만들어 보자. 사회정의를 실현하는 기업에 투자하는 문화로 개미군단이 바꾸어 보자.

시장참여자에 의한 감독으로 거짓으로 쓰인 재무제표인지 아닌지를 가려내어 개미군단의 힘으로 금융의 정의를 넘어 시장의 정의가 정착되는 한해를 만들자.